»Alles am Weibe ist ein Rätsel...«

Friedhelm Moser

»Alles am Weibe
ist ein Rätsel...«

Der philosophische Blick auf die Frau

Eichborn.

Die Deutsche Bibliothek – CIP-Einheitsaufnahme

Moser, Friedhelm:
»Alles am Weibe ist ein Rätsel ...« : der philosophische Blick auf die
Frau / Friedhelm Moser. – Frankfurt am Main : Eichborn, 1998
ISBN 3-8218-3446-3

© Eichborn GmbH & Co. Verlag KG,
Frankfurt am Main, März 1988.
Lektorat: Palma Müller-Scherf.
Umschlag: Christina Hucke.
Gesamtherstellung: Fuldaer Verlagsanstalt, Fulda
ISBN: 3-8218-3446-3

Verlagsverzeichnis schickt gern:
Eichborn Verlag, Kaiserstr. 66, D-60329 Frankfurt.
http://www.eichborn.de

Einsichten

Schon der Anblick der weiblichen Gestalt lehrt, daß das Weib weder zu großen geistigen noch körperlichen Anstrengungen bestimmt ist. Es trägt die Schuld des Lebens nicht durch Thun, sondern durch Leiden ab, durch die Wehen der Geburt, die Sorgfalt für das Kind, die Unterwürfigkeit unter den Mann, dem es eine geduldige und aufheiternde Gefährtin seyn soll.

Arthur

Alle Männer sind Schweine.
Alle Philosophen sind Männer.
Alle Philosophen sind Schweine.

Barbara

In beiden Geschlechtern spielt sich dasselbe Drama von Körper und Geist, von Endlichkeit und Transzendenz ab. An beiden nagt die Zeit, beiden lauert der Tod auf, sie sind beide gleich aufeinander angewiesen. Und ihre Freiheit kann zu gleichem Ruhm führen. Wenn sie sie zu kosten verständen, fühlten sie sich nicht mehr versucht, sich um trügerische Vorrechte zu streiten. Und dann könnte die Brüderlichkeit zwischen ihnen entstehen.

Simone

Inhalt

Vorschau

Urteilen und Verstehen

Es geht in diesem Buch um Männer; es geht um »die Frau« in den Köpfen dieser Männer; und es geht um die Frauen im Leben dieser Männer, um ihre Freundinnen, ihre Gattinnen, ihre Mütter, Schwestern und Töchter.

Es geht darum, diese Männer einerseits zu betrachten und andererseits den Blick aus ihrer Perspektive nachzuvollziehen, es geht um Beurteilen *und* um Verstehen.

Streng genommen schließen Urteil und Verstehen einander aus. Es ist wie bei dem bekannten Bild, das entweder die Gestalt einer jungen, eleganten Frau zeigt oder eine Alte mit Hakennase. Sieht man die Alte, verschwindet die junge Frau, und umgekehrt. Wenn wir uns in einen Menschen hineinversetzen und seine Motive vollkommen verstehen, verlieren wir den Maßstab des Richters. Um zu urteilen, müssen wir unsere Empathie ausblenden. Aber Gerechtigkeit lassen wir den Menschen nur dann widerfahren, wenn wir beide Perspektiven berücksichtigen.

Männersache Philosophie

Der Feminismus erobert die Philosophie. Die Frauen haben es satt, die Werke der kanonischen »Phallosophen« (Mary Daly) wiederzukäuen. Sie suchen nach eigenen Möglichkeiten des Denkens und Fühlens. Gleichzeitig unterziehen sie die überlieferte Philosophie einer systematischen Chauvinismus-Kritik. Dabei sind die feministischen Ansätze vielgestaltig und zum Teil heterogen. Doch fast alle Untersuchungen kommen zum gleichen Ergebnis:

Erstens: Die Tradition der philosophischen Hauptströmungen betrachtet und wertet die Menschen einseitig aus männlicher Perspektive. Zweitens: Sie legitimiert und propagiert die Vorrangstellung des männlichen Geschlechts. Und drittens: Sie hat dadurch wesentlich zur Unterdrückung der Frau in Geschichte und Gegenwart beigetragen.

Es stimmt, die überlieferte Philosophie ist, ihrem grammatischen Geschlecht zum Trotz, männlich, allzu männlich. In Raffaels »Schule von Athen« entdecken wir zwei Dutzend bärtige Grübelköpfe, auch ein paar engelhafte Schüler, aber keine einzige kluge Hetäre, keine weise Diotima. Und in Metzlers »Philosophen-Lexikon« von 1989 werden, abgesehen von ein paar randständigen Alibidamen – Hannah Arendt und Simone de Beauvoir, Hildegard von Bingen und Margaret Mead, Agnes Heller und Rosa Luxemburg – auch nur Männer porträtiert. Jenes akademische Fach, das lange Zeit als die Königsdisziplin des menschlichen Geistes galt, hat immer nur die eine Hälfte der Menschheit vertreten.

Vier unterschiedliche Argumentationen versuchen, diese Unausgewogenheit zu erklären:

Im Jahre 1900 veröffentlichte der Nervenarzt Möbius eine Schrift mit dem Titel »Über den physiologischen Schwachsinn des Weibes«. Hauptthese des Bestsellers: Stirn- und Schläfenlappen, also die Teile des Gehirns, die für problemlösendes, kreatives Denken zuständig sind, seien beim Mann stärker entwickelt als bei der Frau. Daher sei diese vielleicht eine fleißige Schülerin und zuverlässige Assistentin, aber auf den Funken der Genialität, auf den welterhellenden Geistesblitz, auf den Panthersprung der Phantasie warte man bei ihr vergebens – ein Mangel, der sie für die Mutterrolle prädestiniere. Damit waren gleichlautende Aussagen von Schopenhauer & Co. auch medizinisch untermauert.

»Unsinn!« protestierte die Soziologie. Biologisches Geschlecht und Geschlechterrolle seien zwei paar Schuhe. Die Unterlegenheit des weiblichen Geistes, sofern es sie überhaupt gebe, sei keineswegs angeboren, sondern eine Folge von Domestizierung und Diskriminierung. Den Mädchen werde autonomes Denken und offensives Argumentieren schon in der Kinderstube ausgetrieben. In der Schule entmutige und beschäme man sie, sobald sie sich auf vermeintlich männliches Terrain (Naturwissenschaften, Mathematik, Philosophie) vorwagten. Im akademischen Leben würden sie vom männlichen Establishment systematisch ausgegrenzt. Nur so sei es zu erklären, daß es auch heute noch weit mehr Professoren als Professorinnen gibt.

Eine dritte Argumentation relativiert das männliche Übergewicht und behauptet, es existiere sehr wohl ein weiblicher Strang in der

Philosophiegeschichte. Der reiche von Diotima, der Lehrmeisterin des Sokrates, über Olympe de Gouges, die Märtyrerin der Französischen Revolution, bis hin zur wortgewaltigen »Gyn-Ökologin« Mary Daly. Die weibliche Seite der Philosophie sei jedoch von den Gelehrten aller Epochen entweder totgeschwiegen oder als Marginalie abgetan worden.

Theorie Nummer 4 schließlich dreht den Spieß um. Die Philosophie-Abstinenz der Frauen sei mitnichten eine Fehlleistung, sie zeige vielmehr die Überlegenheit des weiblichen Geschlechts. Nicht die Frau weise ein Defizit auf, sondern die männlich geprägte Philosophie. Diese sei verkopft, weltfremd und lebensfeindlich. Daher werde sie von den Frauen, die sich eine natürliche Weltsicht und ein klares, Kopf und Bauch integrierendes Urteilsvermögen bewahrt hätten, als öde empfunden. Der klassische Philosoph sei eine Witzfigur, ein Seelenkrüppel mit hypertrophem Gehirn, das Opfer einer mentalen und lingualen Elephantiasis.

Als klassisches Symptom dieser Berufskrankheit gilt den Vertreterinnen der vierten Theorie die gestörte Beziehung der Philosophen zum weiblichen Geschlecht. Das beginne mit Thales und seiner thrakischen Magd, setze sich fort mit der Dämonisierung der Frau im christlichen Mittelalter und ende mit Schopenhauer, Nietzsche und dem unseligen Otto Weininger lange noch nicht. Weil dem Philosophen die feminine Seite des Menschseins unzugänglich sei, verunglimpfe er die Frau als Mängelwesen. Weil ihre Natürlichkeit seiner Monstrosität den Spiegel vorhalte, müsse er ihr Infantilität und Tierhaftigkeit nachweisen. Weil er spüre, daß sie ihn nicht ernst nimmt, müsse er sich über sie lustig machen.

Dem normalen Mann, der Tag für Tag seine Herrschaft gegen aufbegehrende Frauen verteidigen müsse, sei die Munition aus der philosophischen Rüst- und Rumpelkammer willkommen. Die Philosophie bilde demnach – das ist die wichtigste Ableitung der vierten Theorie – eine besonders tückische Speerspitze der Misogynie. Sie liefere unter dem Deckmantel der Wahrheitsliebe die theoretischen Grundlagen für die epochen- und kulturenübergreifende Verschwörung gegen die Frauen.

Der Philosoph und die Frau

Die biologistische Argumentation à la Möbius wurde und wird überwiegend von Männern vertreten oder im Herzen gehegt. Frauen favorisieren die übrigen drei Argumentationen. Denen ist gemeinsam, daß sie den Vorwurf der Unterdrückung erheben: Mal läßt die patriarchalische Gesellschaft weibliches Denken nicht zur Entfaltung kommen. Mal nimmt das männliche Gelehrten-Establishment die Leistungen von Philosophinnen nicht zur Kenntnis. Mal spannt sich die Philosophie vor den Karren der allgegenwärtigen Frauenfeindlichkeit und zieht ihn, wenn es opportun scheint, bis zum Scheiterhaufen.

Die Unterdrückungstheorien haben nicht unrecht. Doch sie bewegen sich fast ausschließlich auf der Ebene des Urteilens. Das Verstehen kommt zu kurz. Deshalb bilden sie nur die halbe Wahrheit ab.

Das läßt sich exemplarisch an dem Sammelband »Was Philosophen über Frauen denken« von Annegret Stopczyk (München 1980) demonstrieren. Das Buch zitiert, mit knappen Erläuterungen, siebzig verschiedene Stimmen zum Thema. Im Nachwort heißt es zur Methode: »*Beim Lesen der Philosophen stellte ich ihnen die Frage: ›Und was denkst du über Frauen?‹*« Die Methode bestimmt das Ergebnis. Als die Autorin ausgelesen hat, ist sie erstaunt »*über die Einfachheit, ja fast Einfalt der Denkprodukte berühmter und weniger berühmter Philosophen. … Sie philosophieren zu sehr als Männer, zu wenig als Mensch.*«

Wer die Aussagen eines Aristoteles, eines Augustinus, eines Rousseau nur an den emanzipatorischen Standards von heute mißt, macht sich die Sache zu einfach. Was aus heutiger Sicht als moralisches Versagen erscheint, kann in Wirklichkeit ein Problem der Wahrnehmung gewesen sein. Aussagen, die in unserem Jahrhundert völlig abwegig klingen, waren zu ihrer Zeit vielleicht progressiv. Die Überlieferung durch die Jahrhunderte funktioniert ähnlich wie das Kinderspiel »Stille Post«: Die ursprüngliche Botschaft wird von Generation zu Generation mehr entstellt.

Aristoteles, Augustinus und Rousseau waren weder Dummköpfe noch Frauenhasser. Um das einzusehen, muß man in ihre Zeit, in ihr soziales Umfeld, in ihr Privatleben zurückgehen. Dann wirken ihre »Denkprodukte« auch nicht mehr gar so »einfach oder einfältig«, jedenfalls nicht einfacher oder einfältiger als manche Aussagen ihrer vehementesten Kritikerinnen.

Philosophisches Panoptikum
Der verklemmte Dionysos – Nietzsche

Lou, Paul und Friedrich

Leben und Lieben:

1844   Nietzsche wird als Sohn eines Landpfarrers in Röcken (Sachsen) geboren.

1849   Der Vater stirbt. Die Mutter heiratet nicht wieder.

1858   Nietzsche geht für sechs Jahre ins Internat Schulpforta.

1864   Beginn des Studiums (Theologie und Klassische Philologie).

1869   Berufung an die Universität Basel als außerordentlicher Professor.

Besuch bei Richard Wagner. *Erste Begegnung mit Cosima.*

1872   »Die Geburt der Tragödie aus dem Geist der Musik«.

1876   *Freundschaft mit Malwida von Meysenbug; Heiratspläne; er macht Mathilde Trampedach einen Antrag.*

1879   Krankheit und Aufgabe seines Professorenamtes.

1882   *Liebe zu Lou von Salomé.*

1883   »Also sprach Zarathustra«.

1889   Geistiger Zusammenbruch. Mutter und Schwester pflegen ihn.

1900   Nietzsche stirbt in Weimar.

(Abkürzungen in den Stellenangaben: HKG – Historisch-Kritische Gesamtausgabe 1934-40; KSA – Kritische Studienausgabe 1980; EH – Ecce Homo; FW – Der Fall Wagner; JGB - Jenseits von Gut und Böse; M – Morgenröte; MA – Menschliches, Allzumenschliches; Z – Also sprach Zarathustra; Janz – C. P. Janz, Friedrich Nietzsche, 1979)

*

1844: In Nietzsches Geburtsjahr gestaltet der Frankfurter Arzt Heinrich Hoffmann als Weihnachtsgeschenk für seinen dreijährigen Sohn ein Bilderbuch, den »Struwwelpeter«. Das erste Kapitel handelt vom »bösen Friederich«:

> *»Und höre nur, wie bös er war,*
> *er peitschte seine Gretchen gar!«*

Auch Friedrich Nietzsche zeigt sich bisweilen bitterböse gegenüber dem weiblichen Geschlecht. Im »Zarathustra« rät er: »*Du gehst zu Frauen? Vergiß die Peitsche nicht!*«

Doch Nietzsche ist kein Sadist wie sein Namensvetter aus dem Kinderbuch. Seine Peitsche ist aus Wörtern geflochten. Er geißelt die Frau in Aphorismen. Einige davon sind geistreich, die meisten jedoch – besonders im Spätwerk – offenbaren eine verblüffende Primitivität. So räsonniert er in »Ecce Homo«: »*Hat man meine Antwort auf die Frage gehört, wie man ein Weib kuriert – ›erlöst‹? Man macht ihm ein Kind.*«

Wie kommt Nietzsche zu dieser »Weisheit«?

Die Peitsche

Eines Abends im Frühjahr 1882 liest Elisabeth Nietzsche ihrem augenkranken Bruder die Erzählung »Erste Liebe« von Iwan Turgenjew vor. Sinaida, die Heldin der Geschichte, ist 21 Jahre alt, und ein Schwarm von Verehrern liegt ihr zu Füßen. Mit masochistischem Vergnügen gehorchen die Männer den Launen des Mädchens, doch alle Schmeicheleien, alle Demonstrationen von Unterwürfigkeit lassen Sinaida kalt: »*Nein, ich kann solche Leute nicht lieben, auf die ich herabsehen muß. Ich brauche einen Mann, der mich selbst zahm machen könnte.*« Sinaida testet, wie weit ihre Galane sich erniedrigen lassen, und wenn es sie überkommt, kostet sie ihre Macht mit kindlicher Grausamkeit aus: »»*… geben Sie Ihre Hand her, ich werde eine Stecknadel hineinstecken. Es wird Ihnen weh tun, Sie müssen aber dazu lachen.‹ Luschin errötete, wandte sich ab, biß sich die Lippen und mußte endlich doch die Hand hinhalten. Sie stach ihn mit der Nadel, und in der Tat lachte er dazu … sie lachte auch, indem sie die Nadel noch tiefer hineindrückte und ihm in die Augen blickte, die er vergebens abzuwenden versuchte …*«

Es kommt, wie es – jedenfalls in der Literatur – kommen muß: Sinaida ihrerseits verliebt sich in den Vater des Erzählers, einen reifen, leidenschaftlichen Mann, der nicht mit sich spaßen läßt: »*Mein Vater erhob auf einmal die Reitgerte, mit welcher er den Staub von den Schößen seines Rocks abgeklopft hatte – es fiel ein lauter, scharfer Schlag auf Sinaidas bis an den Ellbogen entblößten Arm … Sie schrak zusammen, heftete schweigend einen Blick auf meinen Vater, und den Arm an die Lippen führend, küßte sie die rot angelaufene Schramme.*«

Die Widerspenstige ist gezähmt, die Zaubermacht der Jungfrau gebrochen, die schöne Sinaida reif für die Ehe.

Nietzsche ist schockiert von dieser Szene. Er protestiert: Eine wehrlose Frau zu schlagen! Mit der Reitpeitsche! Ein solcher Akt der

Barbarei ist unverzeihlich! Doch Elisabeth klärt ihn auf: »*Es gibt Frauennaturen, die nur durch die brutale Machtbetonung des Mannes im Zaume gehalten werden und die, sobald sie nicht jene symbolische Peitsche über sich fühlen, frech und unverschämt werden und mit dem allzuguten Manne, der sie anbetet, Fangball spielen.*«

Ein Jahr später. Wieder Leseabend im Hause Nietzsche. Elisabeth trägt den ersten Teil des »Zarathustra« vor. Darin verkündet der Prophet, Nietzsches Sprachrohr, einem alten Weib seine Lehre über die Geschlechter. Die entscheidende Maxime lautet: »*Das Glück des Mannes heißt: ich will. Das Glück des Weibes heißt: er will.*« Die Alte stimmt Zarathustra zu. Sie weiß, was für Luder ihre Geschlechtsgenossinnen sind, und gibt dem Propheten noch einen Rat mit auf den Weg: »*Du gehst zu Frauen? Vergiß die Peitsche nicht!*« (Z I, Von alten und jungen Weiblein)

Als Elisabeth an diese Stelle kommt, fällt es ihr wie Schuppen von den Augen: »Oh Fritz, das alte Weibchen bin ich!« ruft sie, erschrocken-stolz. Da lacht der Philosoph. Er weiß, wie er seiner Schwester eine Freude machen kann.

Die Katzenfrau

Es gibt unterschiedliche Motive, die Peitsche zu schwingen. Der Sadist gebraucht sie, um Schmerzen zuzufügen, der Sklavenhalter, um zu schnellerer Arbeit anzutreiben, der Dompteur, um sich die Raubkatzen vom Leibe zu halten und ihnen zu zeigen, wer der Herr im Käfig ist. Nietzsche fühlt sich als Tierbändiger. Zwar blickt er mit Verachtung auf die Frauen, wenn es um ihre intellektuellen und moralischen Fähigkeiten geht, doch fürchtet er das Animalische, das in ihnen schlummert:

»*Das, was am Weibe Respekt und oft genug Furcht einflößt, ist seine Natur, die ›natürlicher‹ ist als die des Mannes, seine echte, raubtierhafte, listige Geschmeidigkeit, seine Tigerkralle unter dem Handschuh, seine Naivität im Egoismus, seine Unerziehbarkeit und innere Wildheit, das Unfaßliche, Weite, Schweifende seiner Begierden und Tugenden ... Was, bei aller Furcht, für diese gefährliche und schöne Katze ›Weib‹ Mitleiden macht, ist, daß es leidender, verletzbarer, liebebedürftiger und zur Enttäuschung verurteilter erscheint als irgendein Tier. Furcht und Mitlei-*

den: *mit diesen Gefühlen stand bisher der Mann vor dem Weibe …* (JGB 239)

Ein berühmtes Foto aus dem Jahre 1882, eine Studioaufnahme, zeigt Nietzsche zusammen mit Paul Rée und Lou von Salomé. Die zwei Männer ziehen einen Leiterwagen, während die schöne Lou hinter den beiden steht und eine winzige, mit einem Fliederzweig geschmückte Peitsche schwingt. Es war Nietzsche, der die Dreiergruppe arrangierte und Lou die Peitsche in die Hand gab. Was wollte er damit ausdrücken? Daß Lou die beiden Freunde vor ihren Karren gespannt hatte? Daß das Trio ein Herz und eine Seele war, eine platonische Seele mit ihren drei Teilen Mut, Begierde und lenkender Vernunft? Daß er und Paul Rée es genossen, die Liebessklaven einer jungen, attraktiven Frau zu sein?

Nietzsche liebte Lou, und daß sie seine Gefühle nicht erwiderte, war die schmerzlichste Enttäuschung seines Lebens. Er war am Boden zerstört, doch *Gelobt sei, was hart macht!* (Z 3, Der Wanderer) Unmittelbar, nachdem es zum endgültigen Bruch mit der gelehrten Russin gekommen war, schrieb er den ersten Teil des »Zarathustra«, das Evangelium der heroischen Einsamkeit.

In der Phantasie des Philosophen sind Lou und Turgenjews Sinaida zu einer Katzenfrau verschmolzen, die mit den Männermäusen ihr grausames Spiel spielt. Vor solchen Frauen darf man sich keine Blöße geben: »*Du gehst zu Frauen? Vergiß die Peitsche nicht!*«

Das Lama

Elisabeth ist knapp zwei Jahre jünger als Friedrich und sein erster Fan: »*Die Einzige, die von frühester Kindheit an in Fritz etwas Unvergleichliches sah und dies ausdrückte, war ich …. Was er sagte, war richtig, mochten alle Erwachsenen das Gegenteil behaupten. … Von frühester Jugend an besaß ich eine sogenannte ›Schatzkammer‹, worin ich alles aufbewahrte, was ich von beiseitegelegten Niederschriften meines Bruders irgendwie erreichen konnte.*«

Friedrich mag das gescheite Mädchen, ihr kann er alles anvertrauen, und sie ist ein williges Objekt seiner Erziehungsversuche. Die beiden sind Spielkameraden, aber die Rollen sind durch Geschlecht und Altersunterschied festgelegt: Er ist der Meister, sie die staunende Jüngerin. Schon als Grundschüler gefällt Nietzsche sich darin, mit schwungvoller Geste den Schleier der Maja vom Menschlichen-All-zumenschlichen zu reißen: »›Lisbeth‹, sagte eines Tages Fritz sehr würdig, ›rede nicht solchen Unsinn mit dem Storch. Der Mensch ist ein Säugetier. Als solches bringt er lebendige Junge zur Welt.‹«

Überlegenheitsgefühle können sich auf mancherlei Weise ausdrücken, zum Beispiel auch, indem man jemandem einen Spitznamen verpaßt. Ein Spitzname charakterisiert, stempelt ab und nimmt in Besitz. Elisabeth aber ist stolz auf den Titel, den Friedrich ihr verliehen hat: »›Lama‹ war der Scherzname meines Bruders für mich seit frühester Kindheit her und stammte mit seiner Eigenschaftserklärung aus einer alten Naturgeschichte: ›Das Lama ist ein merkwürdiges Tier; freiwillig trägt es die schwersten Lasten, wenn es aber übel behandelt wird und gezwungen werden soll, so verweigert es, Nahrung zu sich zu nehmen und legt sich in den Staub, um zu sterben.‹«

Ein weniger heroisches Charakteristikum, das in Schoedlers »Buch der Natur« ebenfalls erwähnt wird, hat Elisabeth wohlweislich ausgelassen: »Eigentümlich ist es, daß das Lama als Mittel der Verteidigung seinen Speichel und halbverdautes Futter auf den Gegner spritzt.«

Auch wenn Elisabeth in ihrem späteren Leben als Frau Förster-Nietzsche virtuos um sich spucken wird, als kleines Mädchen ist sie tatsächlich eher das Opferlama, und Nietzsche verwendet den Spitznamen in seinen Briefen nur, wenn er auf die gutmütige, einfältige Seite seiner Schwester anspielt.

Wenigstens einmal hat sie sich tatsächlich »in den Staub« gelegt, »um zu sterben«. Das war 1858, als ihr Bruder ins traditionsreiche Elite-Internat Pforta eintrat und sie in Naumburg zurückließ. Elisabeth war damals zwölf Jahre alt. Was sie bedrückte, war sicherlich nicht allein die räumliche Trennung. Ihr muß klar gewesen sein, daß ihr Bruder, auch wenn Pforta nur einen Spaziergang von Naumburg entfernt lag, nun in einer anderen Welt lebte, in der für Männer reservierten Welt der Bildung. Während Friedrich sich hinter den Klostermauern des Internats mit Platon und Vergil, Geschichte und Mathematik beschäftigte, durch Streitgespräche mit Lehrern und aufgeweckten Kameraden seinen Verstand schärfte und den sprachlichen Ausdruck schliff, blieb für Elisabeth nur Fräulein von Pareskis Privatschule für junge Mädchen: Dort lernte sie Lesen, Schreiben,

Rechnen und etwas Französisch, vor allem aber gute Umgangsformen. Ein halbes Jahr in einem Dresdener Mädchenpensionat vollendete die gesellschaftliche Politur. Die Mädchen des 19. Jahrhunderts mußten *eines* ganz besonders lernen: einem heiratswilligen Mann zu gefallen. Ein weiter Horizont, Scharfsinn und Ernsthaftigkeit wären im Kampf um einen Bräutigam so überflüssig wie ein Kropf gewesen. Der gutsituierte Junggeselle, der sich auf dem Heiratsmarkt umsah, suchte einen naiven, charmant plaudernden, bewundernd zu ihm aufblickenden Backfisch – noch keine zwanzig Jahre alt und sexuell eine *terra incognita*.

Elisabeths Schmerz war grausam: Während ihr Bruder intellektuell aufblühen durfte, sollten ihre Gaben verkümmern.

Die Frauenrechtlerin und Nietzsche-Freundin Malwida von Meysenbug (1816–1903) hat in ihren Memoiren festgehalten, wie es damals in vielen Mädchen aussah: *»Es gehört gewiß zu den größten moralischen Martern, wenn ein junges Wesen sich mit Inbrunst zu den unbekannten Regionen des Wissens und des Ideals hinsehnt und weder Mensch noch Gott findet, um seinen Wunsch zu erhören und diesen Schrei der Sehnsucht nach dem Manna in der Wüste zu befriedigen. Das sind die Märtyrer der erwachenden Intelligenz, die Führer und Antworten verlangen, und statt dessen unter dem Druck der Mittelmäßigkeit, die sie umgibt, oder der Lasttierarbeit, die man ihnen auferlegt, ersticken.«*

Das Lama hatte sich hingelegt, um zu sterben, doch es starb nicht. Elisabeth schien ihr Schicksal zu akzeptieren, jedenfalls vorerst, und wuchs zu einem ansehnlichen Backfisch heran. Sie war klein, zierlich, mit zarten Händen und einem hübschen Gesicht. In ihrem Kopf spukte – wie bei den meisten Mädchen des 19. Jahrhunderts – das tränenselige Gartenlaube-Idyll, das Adelbert von Chamisso in seinem Zyklus »Frauen-Liebe und Leben« ausgemalt hatte: demütiges Warten auf den »Einen«, Traum vom Mutterglück, Entsagung.

Inbrünstig sang sie mit ihren Freundinnen das Schumann-Lied:

»Er, der herrlichste von allen,
Wie so milde, wie so gut!
Holde Lippen, klares Auge,
Heller Sinn und fester Mut.

So wie dort in blauer Tiefe,
Hell und herrlich, jener Stern,
Also er an meinem Himmel,
Hell und herrlich, hoch und fern.

Wandle, wandle deine Bahnen;
Nur betrachten deinen Schein,
Nur in Demut ihn betrachten,
Selig nur und traurig sein!

Höre nicht mein stilles Beten,
Deinem Glücke nur geweiht;
Darfst mich niedre Magd nicht kennen,
Hoher Stern der Herrlichkeit!

Nur die Würdigste von allen
Soll beglücken deine Wahl,
Und ich will die Hohe segnen,
Segnen viele tausend Mal.

Will mich freuen dann und weinen,
Selig, selig bin ich dann,
Sollte mir das Herz auch brechen,
Brich, o Herz, was liegt daran!«

Die anderen Mädchen träumen bei diesem Lied von einem ro-
mantischen Bräutigam. Elisabeth denkt an ihren Bruder. Da sie
nicht häßlich ist, aus einer respektablen Familie stammt und über
ein kleines Privatvermögen verfügt, fehlt es nicht an Verehrern,
doch sie zeigt allen die kalte Schulter. Der »Stern der Herrlichkeit«,
für den sie sich opfern will, heißt Friedrich. Der Gedanke, als alte
Jungfer zu enden, schreckt sie nicht. *»Du verschmähst die Schütten*
(d.h. das Korn) *und bekommst ein Strohbündel!«* warnt die Mutter, die
es gut meint und nichts versteht. Elisabeth kontert: *»Oder gar niemanden!«*

Die Zuneigung beruht auf Gegenseitigkeit. Friedrich ist gern mit
seiner Schwester zusammen. Ostern 1862 verbringen die beiden zwei
Wochen in Dresden, Arm in Arm wandeln sie durch den Großen

Garten, besuchen die Gemäldegalerie im Zwinger und fahren mit einem Ausflugsdampfer die Elbe hinauf. Sie sind ein schmuckes Pärchen, der siebzehnjährige Gymnasiast mit altkluger Miene und die fünfzehnjährige Dame, die an seiner Seite trippelt. Ihm macht es Spaß, sein Wissen zu zeigen, gönnerhaft weiht er sie in seine kühnsten Überlegungen ein, mit fröhlicher Ketzerei attackiert er ihre braven Vorstellungen: Ein gütiger Gott im Himmel? Mein liebes Lama, den gibt es ebensowenig wie den Klapperstorch! Sinn des Lebens, christliche Moral? Illusion und Aberglaube! Der Mensch – ein Raubtier! Die Welt – ein Jammertal …

Elisabeth saugt ihm jedes Wort von den Lippen. Was er in pubertärem Übermut daherdoziert, imponiert ihr. In ihrem Kopf vermischt sich Chamissos Frauenideal mit Friedrichs Freigeisterei: »Du hast an mir mit deinen eigentlich sehr traurigen Ansichten eine zu gelehrige Schülerin gefunden; daß ich wie Mama sagt: auch eine Überkluge geworden bin, da ich jedoch meine Lamanatur nicht vergessen kann, so bin ich voll von Verwirrung, und denke lieber gar nicht daran, weil nur Unsinn herauskommt …«

Ein Interview

Sagen Sie, Herr Nietzsche, was würden Sie davon halten, wenn Ihre Schwester Elisabeth die gleichen Bildungschancen bekäme wie Sie und ein Gymnasium besuchen dürfte?

Nietzsche: »Um alles in der Welt nicht noch unsere Gymnasialbildung auf die Mädchen übertragen! Sie, die häufig aus geistreichen, wißbegierigen, feurigen Jungen – Abbilder ihrer Lehrer macht!« (MA I 409)

Es müßte ja nicht unbedingt ein Institut wie Schulpforta sein. Wie sehen Sie denn überhaupt die Bildungsmöglichkeiten der Frau?

Nietzsche: »Man kann in den drei oder vier zivilisierten Ländern Europas aus den Frauen durch einige Jahrhunderte von Erziehung alles machen, was man will, selbst Männer, freilich nicht im geschlechtlichen Sinne, aber doch in jedem anderen Sinne. Sie werden unter einer solchen Einwirkung einmal alle männlichen Tugenden und Stärken angenommen haben …« (MA I 425)

Wäre es da nicht ein Gebot der Fairneß, den Frauen die Schulen und Universitäten zu öffnen?

Nietzsche: »… *Aber wie werden wir den dadurch herbeigeführten Zwischenzustand aushalten, welcher vielleicht selber ein paar Jahrhunderte dauern kann, während denen die weiblichen Narrheiten und Ungerechtigkeiten, ihr uraltes Angebinde, noch die Übermacht über alles Hinzugewonnene, Angelernte behaupten? Diese Zeit wird es sein, in welcher der Zorn den eigentlich männlichen Affekt ausmacht, der Zorn darüber, daß alle Künste und Wissenschaften durch einen unerhörten Dilettantismus überschwemmt und verschlammt sind, die Philosophie durch sinnverwirrendes Geschwätz zu Tode geredet, die Politik phantastischer und parteiischer als je, die Gesellschaft in voller Auflösung ist …*« (MA I 425)

Herr Nietzsche, wir danken Ihnen für das Gespräch!

Die Elfenbeinfestung

Als Nietzsche die Aphorismen über »Weib und Kind« seiner Freundin Malwida vorlegt, ist sie verärgert: »*Ich sagte ihm, daß er, besonders was die Frauen beträfe, noch keine endgültigen Aussprüche fällen dürfe, weil er noch viel zu wenig Frauen wirklich kenne. Die französischen Moralisten hätten das Recht gehabt, positive, durchaus gültige Urteile auszusprechen, weil sie die Gesellschaft, in der sie lebten, bis auf den Grund kannten, und ihre Bemerkungen wohl auch nur auf diese anwendeten; aber ohne eine solche langjährige genaue und vielseitige Beobachtung sei es nicht ratsam für höhere Intelligenzen, sich über psychologische Vorgänge so bestimmt und ein für allemal auszusprechen.*«

Nietzsche ignoriert den Einwand. Was verstehen Frauen schon von männlich-philosophischer Intuition! Er ist sich seiner selbst absolut sicher und bemerkt nicht, daß Malwida ihm genau das attestiert, was er der weiblichen Philosophie prophezeit: Dilettantismus.

Nietzsche hält seinen Dilettantismus für Genialität. Er geht von einer einfachen Voraussetzung aus: »Friedrich Nietzsche ist der weiseste Mensch aller Zeiten.« Daraus folgt: »Friedrich Nietzsche kann nichts Wesentliches von anderen Menschen lernen.« Daraus folgt: »Friedrich Nietzsche muß sich weder mit anderen Philosophen befassen noch auf den neuesten Stand der Naturwissenschaften bringen, sondern kann in genialischer Abgeschiedenheit seinen Eingebungen lauschen.« Wenn man ihn kritisiert, zeigt das nur, daß man ihn nicht verstanden hat. Noch nicht! Das Unverständnis der Zeitgenossen wird für ihn zum Wahrheitskriterium: Das Kopfschütteln beweist, wie weit Friedrich Nietzsche seiner Zeit voraus ist. Die Elfenbeinfestung ist unangreifbar.

Das Lama gehörte zu diesem Wahnsystem. Klein-Lisbeth war der erste Mensch, der Nietzsche bewunderte, ohne ihn zu verstehen. So wie er als Schuljunge das kleine Mädchen durch seine Naturkunde-Kenntnisse verblüfft hatte, so versuchte er als Philosoph die Menschheit mit seinen Machtworten zu konsternieren. Er forderte die gleiche Anbetung, die er von seiner Schwester bekommen hatte, auch von der Welt.

Nietzsches Vater starb, als Friedrich vier Jahre alt war. Die Mutter erzog ihn im Bemühen, ihm den Vater zu ersetzen, streng und unnahbar. Sie wurde zu einer Art »Vatermutter«. Die Rolle der »verwöhnenden Mutter« war dadurch vakant. An diese Stelle schlüpfte Klein-Lisbeth, von nun an eine »Mutterschwester«. Ist es ein Zufall, daß das Wort »Lama« als Kombination aus »L-isbeth« und »M-ama« gelesen werden kann? Wenn es kein Zufall ist, dann eine Freudsche Höchstleistung.

My Sister and I

Im 18. und 19. Jahrhundert blühte der Geniekult. Als Obergenie wurde Lord Byron gefeiert, der romantisch-verwegene Dichter des »Don Juan«, dessen Liebesleben ebenso legendär war wie sein Märtyrertod in den Sümpfen von Missolunghi. Selbstverständlich war auch Nietzsche ein Byron-Fan.

Im Jahre 1869 – Friedrich und Elisabeth Nietzsche waren Mitte Zwanzig, Byron bereits 45 Jahre tot – erschien in »Macmillan's Magazine« eine Enthüllungsstory, für die Harriet Beecher-Stowe, die Autorin von »Onkel Toms Hütte«, verantwortlich zeichnete: Gestützt auf vertrauliche Mitteilungen ihrer Freundin Lady Byron, beschuldigte sie den Lord, ein inzestuöses Verhältnis mit seiner Halbschwester Augusta unterhalten zu haben.

Man hat Mrs. Beecher-Stowe nur allzu gern geglaubt. In Byrons Werk taucht das Inzest-Motiv wiederholt auf, und einem Genie ist alles zuzutrauen.

Nietzsche und seine Schwester hatten ein sehr enges Verhältnis.

Elisabeth führte ihrem kranken Bruder in Basel den Haushalt. Und der Philosoph Nietzsche predigte die Brechung aller Tabus.

1951 erschien in einem obskuren New Yorker Verlag das Buch »My Sister and I«, ein Text, den der geistesverwirrte Nietzsche angeblich 1889 in der Psychiatrischen Klinik von Jena geschrieben hatte. Der Verlag – auf pornographische Bücher spezialisiert – enttäuschte seine Leserschaft nicht:

»Ich liebte und verabscheute die innige Vertrautheit, mit der Elisabeth mich in jenen Nachtstunden unerwartet beglückte. Meistens war ich mitten im tiefsten Schlaf, wenn sie sich in mein Bett stahl, und wenngleich mich das Spiel ihrer dicken Fingerchen entzückte, bedeutete es doch, daß sie mich stundenlang wach hielt.«

Das Bekenntnis wurde schon bald als dummdreiste Fälschung enttarnt. Es spricht kaum etwas dafür, daß jemals eine sexuelle Beziehung zwischen Friedrich und Elisabeth bestanden hat. Auch die Spekulationen über Nietzsches Pädophilie lassen sich schwerlich beweisen. Ein Wunder, daß noch niemand auf die Idee gekommen ist, den Kavalleristen Nietzsche als Tierschänder zu entlarven. Immerhin hat er doch in Turin diesen Droschkengaul umarmt ...

König Eichhorn, Euphorion, Superman

Man darf allerdings darauf wetten, daß der kleine Fritz stolz war, im Stehen pinkeln zu können. Elisabeth schildert in ihren Memoiren ein aufschlußreiches Detail: Zentrum der Spiele im Hause Nietzsche war ein daumengroßes rotes Porzellan-Eichhörnchen, das von den beiden Kindern »König Eichhorn der Erste« genannt wurde: *»Wir haben nie den geringsten Anstoß daran genommen, daß ein Eichhörnchen eigentlich nichts Königliches an sich hatte, wir fanden, daß es eine durchaus verehrungswürdige Persönlichkeit sei ... Alle Bauten meines Bruders waren König Eichhorn zu Ehren errichtet, alle musikalischen Produktionen verherrlichten ihn; zu seinem Geburtstag gab es großartige Aufführungen: Gedichte wurden vorgetragen, Theaterstücke gespielt, alles von meinem Bruder verfaßt.«*

Indem sie König Eichhorn (Eichel + Horn) verehrten, zelebrierten die beiden Kinder unwissentlich einen heidnischen Phalloskult. Dionysos läßt grüßen.

Als 17jähriger entwarf Nietzsche eine Novelle mit dem Titel »Euphorion«. Der verehrte Lord Byron hatte dabei Pate gestanden. Berauscht von der eigenen Verruchtheit, schickte Nietzsche das »Monstrummanuskript«, wie er es nannte, an einen Schulkameraden. Der las: »… *Mir gegenüber wohnt eine Nonne, die ich mitunter besuche, um mich an ihrer Sittsamkeit zu erfreuen. Sie ist mir sehr genau bekannt, vom Kopf bis zur Zehe, genauer als ich mir selber. Früher war sie Nonne, dünn und schmächtig – ich war Arzt und machte, daß sie bald dick wurde. Mit ihr wohnt ihr Bruder zusammen in zeitlicher Ehe, der war mir zu fett und blühend, den hab ich mager gemacht – wie eine Leiche. Er wird in diesen Tagen sterben – was mir angenehm – denn ich werde ihn secieren….*« (HKG II 70 f.)

Eine pubertäre Phantasie, ob nun ernst gemeint oder nicht. Die Häufung der Motive fällt auf – Blasphemie, Inzest, Homosexualität, Nekrophilie – wie aus einem Katalog der Schwarzen Romantik. Wichtiger als der Geschlechtsverkehr mit der Nonne ist die Tatsache, daß er sie splitternackt gesehen, ja sogar untersucht hat. Wer einen Körper aber genau kennenlernen will, muß ihn »secieren« … Aufgrund des »Euphorion«-Fragments könnte man spekulieren, daß der 17jährige Nietzsche noch keine nackte Frau gesehen hatte.

Auch der Amerikaner Jerry Siegel dürfte in diesem Alter wenig sexuelle Erfahrung gehabt haben. Er war ein schmächtiger, kurzsichtiger Teenager, als er 1933 einen edlen und unbesiegbaren Comic-Helden schuf, den er »Superman« = »Übermensch« nannte. (Den Original-»Übermenschen« hatte fünf Jahrzehnte zuvor der kränkelnde, halbblinde Neurotiker Friedrich Nietzsche erfunden.)

Superman hat keinen Penis. Unter seinem hautengen Slip zeichnet sich kein Geschlechtsteil ab. Superman braucht keinen Penis, weil er ein Penis *ist*. Jede Verwandlung vom schüchternen Clark Kent in den fliegenden Mann aus Stahl ist eine bildhafte Erektion.

Nietzsche ist seine eigene Comic-Figur, halb »mad scientist«, halb »Superman«: Im Umgang mit dem anderen Geschlecht, vor allem wenn Sexuelles ins Spiel kommt, zeigt er sich schüchtern und unbeholfen. Seine geistigen Höhenflüge aber sind hemmungslose Potenz- und Fruchtbarkeitsdemonstrationen. Die ganze Schubkraft der Hormone geht in sein Werk ein. Er philosophiert »mit dem Hammer«.

Die Mänade

Der Phallos spielte eine wichtige Rolle bei den dionysischen Festen im alten Griechenland. Kräftige Männer, sogenannte *phallophóroi*, trugen einen überdimensionalen Holzpenis, das Symbol für Fruchtbarkeit und Lebensfreude, durch die feiernde Menge. Die weniger muskulösen *ithýphalloi* hatten sich mächtige Dildos umgeschnallt, die sie bei ausgelassenen Tänzen schwenkten.

Dionysos, in dessen Namen der Phallos verehrt wurde, ist Nietzsches Lieblingsgott und Identifikationsfigur. Bereits im ersten Baseler Semester läßt der junge Professor seine Studenten die »Bakchen« von Euripides lesen, ein blutrünstiges Drama, das den Dionysoskult verherrlicht. Mit seiner Schrift »Die Geburt der Tragödie« wird Nietzsche zum Apostel des dionysischen, d.h. irrationalen und rauschhaften Lebens. Der wahnsinnige Nietzsche schließlich verschmilzt mit dem Gott zu einer einzigen Person. Seine letzten Briefe sind mit »Dionysos« unterzeichnet.

Warum identifizierte sich der Pastorensohn aus Naumburg mit dem thrakischen Gott der Orgien? Ein Grund dürfte gewesen sein, daß dem Dionysos die Frauen in Scharen nachliefen. Beschwipst, efeubekränzt, mit Rehfellen bekleidet, den Thyrsosstab schwingend – so trafen sich die Mänaden in den Bergwäldern zu grausigen Mysterien, und Dionysos hatte den Vorsitz bei diesem vorchristlichen Hexensabbat.

Auch den deutschen Dionysos zog es in die Berge. Doch seine Mysterien waren ein einsames Vergnügen jenseits der Baumgrenze. Nur die Murmeltiere wurden Zeugen seiner Ekstasen. Und als sich tatsächlich einmal eine Mänade bei ihm einfand, geriet Nietzsche in Panik:

Im Frühling 1873 wird er von einer gewissen Rosalie Nielsen aufgesucht. Sie ist geschieden, hat als Revolutionärin am italienischen Freiheitskampf teilgenommen und lebt nun in einer Leipziger Dachkammer, wo sie für die Zeitschrift »Salon« Artikel über Zigeunermusik verfaßt. Als sie »Die Geburt der Tragödie« liest, glaubt sie im Verfasser eine gleichgestimmte Seele zu erkennen. Sie bombardiert Nietzsche mit Briefen und belagert ihn schließlich persönlich.

Nun ist es eine Sache, sich von geträumten Backfisch-Bakchen vergöttern zu lassen. Eine andere Sache jedoch, wenn plötzlich eine leibhaftige Mänade vor der Tür steht und prompte Begeisterung, wenn nicht Begattung, einfordert. Zumal, wenn sie fortgeschrittenen Alters ist und so schmuddelig aussieht wie Rosalie Nielsen.

Nietzsche jedenfalls fällt angesichts dieser Verehrerin aus der Dionysosrolle und vergißt sogar seine guten Manieren. Leider kennen wir den Höhepunkt der Affäre nur aus dritter Hand: »*Nietzsche soll sich, entsetzt über den äußeren Habitus der Dame, schon nach Sekunden wieder aus dem Zimmer entfernt haben, nachdem er ihr nur die theatralische Phrase ins Gesicht geschleudert hatte: ›Scheusal, du hast mich betrogen!‹*«

Von nun an wird er die Frau »das Gespenst Nielsen« nennen. Das ist auffällig. Sonst greift er bei jeder Gelegenheit auf Vergleiche aus der griechischen Mythologie zurück, und die griechische Mythologie ist voll von abstoßend häßlichen und gemeingefährlichen Frauengestalten, von Graien, Gorgonen und schlangenköpfigen Erinyen. Warum nennt er sie nicht »die Meduse« oder »die Megäre Nielsen«?

Vermutlich will er sie sich auch geistig vom Leibe halten. Nietzsche lebt in einer mythischen Welt, er selbst versteht sich als mythologische Gestalt. Wen immer er mit einem Namen aus der griechischen Mythologie belegt, dem verschafft er Zugang zu seinem Privatreich. Eine »Megäre« könnte in das Heiligtum des Dionysos eindringen, das »Gespenst Nielsen« muß draußen bleiben.

Auch wenn die Beziehung zu Rosalie Nielsen mit einem Fiasko endete, Nietzsche hat viel daraus gelernt. Das »Gespenst Nielsen« wird für ihn zur Horrorvision der emanzipierten Frau. Das folgende Fragment aus dem Nachlaß bedarf keines Kommentars: »*Bei der ›Emancipation des Weibes‹ wollen die Weiber, welche nicht zu Gatten oder Kindern kommen, die Gesamtstellung des Weibes zum Mann wesentlich beeinflussen d.h. die mißrathenen Elemente (welche der Zahl nach überall im Übergewicht sind) wollen die Stellung der Art ändern d.h. zu Gunsten der Zahl soll die Qualität der Art verringert werden: (Man denke über die Eine Consequenz nach: daß nun auch die häßlichen Weiber die Befriedigung ihrer Triebe durch die Männer verlangen – der unbewußt treibende Grund dieser Bewegung) …*« (KSA 11, 513)

Frühlingserwachen

Zwei Instanzen sind es, die das Frauenbild des jungen Nietzsche prägen: einerseits das christlich-biedermeierliche, von sittsamen Frauen beherrschte Elternhaus, andererseits das klösterliche Internat Pforta.

Zu Hause wurde ihm beigebracht, daß Frauen etwas Zartes, Reines, Verehrungswürdiges seien, unantastbare Hüterinnen der Tugend, leicht zu kränken und schwer zu begreifen.

Bei den klassischen Autoren las er, daß Philosophie und Freundschaft, Intimität und Eros Männersache seien, während der Lebenssinn der Frau darin bestehe, dem Gatten Erben, dem Staat Krieger zu schenken.

Träumte sich der pubertierende Zögling vor dem Einschlafen in die Arme einer Hetäre? Hatte Richard Wagner recht, als er Nietzsche für einen verkappten Pädophilen hielt? Interessierte sich der Junge vielleicht doch nur für die Musen?

Wie dem auch sei, mit achtzehn Jahren schwärmt Nietzsche für eine gewisse Anna Redtel, die Schwester eines Mitschülers. Die beiden spielen vierhändig Klavier, und er komponiert Lieder für sie – leider ohne Resonanz, wenn man von Elisabeths spöttischen Bemerkungen einmal absieht. Anscheinend ist er nicht Fräulein Redtels Typ. Lyrisch begräbt er seine erste Liebe:

>*Die Sonne blickt aufs Schneegefild,*
>*In meinem Aug' die Träne quillt -*
>*Vorüber!«*

Als Student geht Nietzsche ins Leipziger Theater. Dort verguckt er sich – nein, nicht in irgendeine Ballettratte, sondern in den Bühnenstar Hedwig Raabe. Die ist zwar noch blutjung, wird aber schon als »der blonde Engel« in ganz Deutschland gefeiert. Meyers Konversations-Lexikon (1889) zufolge nennt man sie eine »Repräsentantin des Backfischtums in seiner idealen Verklärung«.

Nietzsche bringt den Mut auf, dem idealen Backfisch einen Huldigungsbrief zu schreiben. Ob er ihn jemals abgeschickt hat, ist nicht klar. Immerhin hat er bei der Beurteilung von weiblicher Schönheit nun das Maß aller Dinge gefunden: »Beinahe so reizend wie Hedwig Raabe«, ist fortan sein höchstes Lob.

Das, was Elisabeth als »die vulgäre Liebe« bezeichnet, wird Friedrich weder in Hedwigs Garderobe noch auf Annas Klavierschemel kennengelernt haben. Mindestens eine wachsame Anstandsperson war bei jedem Rendezvous zugegen. Unter diesen Umständen war nicht einmal an einen verstohlenen Kuß zu denken. Wohin mit den überfließenden Körpersäften?

Friedrichs erster Bordellbesuch endete mit einem Desaster. Sein langjähriger Freund Deussen erinnert sich:

»Nietzsche war eines Tages, im Februar 1865, allein nach Köln gefahren, hatte sich dort von einem Dienstmann zu den Sehenswürdigkeiten geleiten lassen und forderte diesen zuletzt auf, ihn in ein Restaurant zu führen. Der aber bringt ihn in ein übel berüchtigtes Haus. ›Ich sah mich‹, so erzählte mir Nietzsche am anderen Tag, ›plötzlich umgeben von einem halben Dutzend Erscheinungen in Flitter und Gaze, welche mich erwartungsvoll ansahen. Sprachlos stand ich eine Weile. Dann ging ich instinktmäßig auf ein Klavier als auf das einzige seelenhafte Wesen in der Gesellschaft los und schlug einige Akkorde an. Sie lösten meine Erstarrung, und ich gewann das Freie.‹ Nach diesem und allem, was ich von Nietzsche weiß, möchte ich glauben, daß auf ihn die Worte Anwendung finden, welche Steinhardt in einer lateinischen Biographie des Platon uns diktierte: mulierem numquam attigit.«

Der letzte Satz – »Er hat nie eine Frau berührt« – darf bezweifelt werden. Nietzsche selbst hat (allerdings erst nach seinem Zusammenbruch) angegeben, er habe sich als Student in einem Leipziger Bordell die Syphilis geholt und sei deshalb in ärztlicher Behandlung gewesen.

Doppelmoral

Moralische Bedenken, in ein Bordell zu gehen, hätte Nietzsche wohl nicht gehabt. Er wußte zuviel über Hetären und Tempeldienerinnen, als daß er die Prostituierten von Köln und Leipzig mit gutem Gewissen hätte verachten können. Er sah keinen großen Unterschied zwischen leichten Mädchen und höheren Töchtern, wohl aber einen zwischen »Ehrbarkeit und Ehrlichkeit: – Jene Mädchen, welche allein ihrem Jugendreize die Versorgung für's ganze Leben verdanken wollen und deren Schlauheit die gewitzten Mütter noch soufflieren, wollen ganz *das Selbe wie die Hetären, nur dass sie klüger und unehrlicher als diese sind.«* (MA I 404)

Man kann in diesem Aphorismus eine Ehrenrettung der Prostituierten sehen, aber ebenso eine Anschwärzung des ganzen weiblichen Geschlechts: Alle Mädchen sind Huren, alle Mütter Kupplerinnen. Das ist typisch Nietzsche: Er geißelt die Unehrlichkeit der bürgerlichen Frauen, ignoriert aber die Tatsache, daß für die Mädchen des 19. Jahrhunderts nur eine einzige Möglichkeit besteht, sich und ihre zukünftigen Kinder angemessen zu versorgen: die »gute Partie«. Statt der Gesellschaftsanalyse liefert er die moralisierende Pointe.

Der Gipfel der Doppelmoral ist erreicht, wenn Nietzsche selbst offen nach einer wohlhabenden Frau Ausschau hält, um ohne finanzielle Sorgen philosophieren zu können. 1877 schreibt er aus Sorrent an seine Schwester: »*Der Plan nun, welchen Fräulein von Meysenbug als unverrückbar im Auge zu behalten bezeichnet und an dessen Ausführung Du mithelfen mußt, ist der: Wir überzeugen uns, daß es mit meiner Baseler Universitätsexistenz auf die Dauer nicht gehen kann … Freilich werde ich den nächsten Winter in diesen Verhältnissen dort noch zubringen müssen, aber Ostern 1878 soll es zu Ende sein, falls die andere Kombination gelingt, d.h. die Verheiratung mit einer zu mir passenden, aber notwendig vermöglichen Frau. ›Gut, aber reich‹, wie Fräulein von Meysenbug sagte, über welches ›Aber‹ wir sehr lachten.*« (Brief vom 25.4.1877)

Der Mann hat Humor.

Es ist feierlich still

Es gibt seltsame Zufälle: Nietzsche trifft am 17. Oktober 1865 in Leipzig ein, um bei Professor Ritschl Altphilologie zu studieren. Als er sich am folgenden Tag immatrikulieren will, erfährt er, daß sich fast auf den Tag genau hundert Jahre zuvor der junge Goethe für sein Jura-Studium eingeschrieben hat. Ein Vorzeichen künftiger Größe? Nietzsche liebt solche Winke des Schicksals.

In seiner Hochstimmung dürfte ihm entgangen sein, daß vom 16. bis 18. Oktober die Stadt Leipzig Schauplatz eines epochalen Ereignisses war: 120 Frauenrechtlerinnen aus ganz Deutschland (u.a. Louise Otto und Auguste Schmidt), dazu einige handverlesene Männer wie z.B. der Sozialdemokrat August Bebel, waren zu einer ersten nationalen Frauenkonferenz zusammengekommen, und der Allgemeine Deutsche Frauenverein (ADF) wurde gegründet. Die Leipziger Konferenz gilt als Geburtsstunde der organisierten Frauenbewegung in Deutschland.

Die konservative »National-Zeitung« mokierte sich: »*Es ist eine auffallende und dem deutschen Geschmack wenig zusagende Erscheinung, Frauen auf einem so hohen Piedestal zu sehen und mit so weithin tönender Stimme reden zu hören.*«

Nietzsche hörte offenbar keine von diesen tönenden Stimmen. Am 19.10. schrieb er an einen Freund: »*Ich habe einen Antiquar zum Wirth, der außer Büchern leider auch kleine Kinder hat, die ziemlich viel schreien. Die Luft ist rein, Blumengärten liegen herum, es ist feierlich still, nur eine Geldschrankfabrik macht Getöse und die besagten kleinen Kinder.*«

Ein paar Tage nach seiner Ankunft in Leipzig – die Frauenrechtlerinnen waren wieder abgereist – stieß Nietzsche im Antiquariat seines Hauswirts zufällig auf ein Buch, das sein Denken maßgeblich beeinflussen sollte: »Die Welt als Wille und Vorstellung«, das Hauptwerk des misogynen Arthur Schopenhauer.

Ariadne

Wir schreiben das Jahr 1869: Nietzsche ist der neue Stern am Himmel der Altphilologie. Gerade 24 Jahre alt, wird der Student auf den Lehrstuhl für Alte Sprachen an der Universität Basel berufen, ohne ordnungsgemäße Promotion, ohne Habilitation: ein atemberaubender Karrieresprung. Was seine Freunde erst nach jahrelanger Plackerei erreichen, fällt Nietzsche in den Schoß: die Lebensstellung, das satte Gehalt, der Ruf der Genialität. Fachlicher Erfolg und weiterer gesellschaftlicher Aufstieg sind nur eine Frage der Zeit. Mütter heiratsfähiger Töchter sind entzückt.

Wer einen hohen Berg bestiegen hat, ist stolz auf seine Leistung. Doch die Freude des Alpinisten währt nicht lange, wenn er auf einem benachbarten, sehr viel höheren Gipfel eine fröhliche Gesellschaft beim Picknick entdeckt. Nietzsche besucht, kaum daß er in Basel angekommen ist, Richard Wagner in dessen Villa am Vierwaldstätter See. Dort begegnet er auch Cosima von Bülow, Wagners Lebensgefährtin.

Der Komponist ist auf dem Höhepunkt seiner Schaffenskraft, 56 Jahre alt, berühmt in ganz Europa, eine beeindruckende Persönlichkeit und für Nietzsche eine machtvolle Vaterfigur. Wagner residiert samt Familie, Personal und vielen Haustieren in einem luxuriösen, dreistöckigen Gutshaus. Das Gehalt von Professor Nietzsche würde gerade mal die Miete decken. Und Cosima – blühende 31 Jahre alt – ist eine leibhaftige Baronin, eine Tochter des berühmten Franz Liszt, klug, vornehm, willensstark, phantasievoll, charmant, eine liebevolle Mutter und weltgewandte Hausherrin, eine *Hohe Frau*.

Die ehrbare Gelehrtenexistenz, die Nietzsche in Basel erwartet, verblaßt vor diesem Gesamtkunstwerk. Was ihn besonders beeindruckt, ist die Rigorosität, mit der Cosima und Richard sich über alle Konventionen hinwegsetzen. Der Komponist Wagner geht mit religiösem Sendungsbewußtsein künstlerisch neue Wege und betreibt eine Revolutionierung des Musiktheaters; Cosima, die immer noch mit dem Dirigenten Hans von Bülow verheiratet ist, lebt offen mit Wagner zusammen und bietet sämtlichen Klatschmäulern Deutschlands die Stirn. Die beiden strahlen nicht nur einen gesellschaftlichen Glanz aus, der dem Kleinbürger Nietzsche völlig abgeht, sie umgeben sich auch mit dem Flair von Genie und Abenteuer, das Nietzsche so anzieht.

Das Landgut Tribschen wird in Nietzsches Phantasie zur mittelalterlichen Burg. Er spielt den treuen Vasallen, zu jedem Minnedienst für die verehrte *frouwe* bereit. Zum Weihnachtsfest 1869 läuft er sich die Hacken ab, um in Cosimas Auftrag Geschenke zu besorgen. Für die Inszenierung der Weihnachtsfeier braucht sie eine Menge »Tüll mit Goldsternen«. Nietzsche kauft die Stoffe in Basel ein und expediert sie nach Tribschen. Zu Wagners Geburtstag im darauffolgenden Mai beschafft er zwölf blühende Rosenstöcke, mit denen das Treppenhaus dekoriert werden soll.

Im Dezember 1871 dirigiert Wagner in Mannheim. Nietzsche darf Cosima auf der Reise dorthin begleiten und sie ins Konzert führen. Der Mut wächst mit den Aufgaben. Zu Weihnachten schenkt Nietzsche seiner »bestverehrten Frau« eine Eigenkomposition – »Nachklang einer Sylvesternacht« – für Klavier vierhändig …

Nietzsche durchlebt das, was Wagners Wolfram von Eschenbach im »Tannhäuser« über die Hohe Minne singt:

>*Und sieh! Mir zeiget sich ein Wunderbronnen,*
in den mein Geist voll hohen Staunens blickt;
Aus ihm er schöpfet gnadenreiche Wonnen,
durch die mein Herz er namenlos erquickt.
Und nimmer möcht ich diesen Bronnen trüben,
berühren nicht den Quell mit frevlem Mut;
In Anbetung möcht ich mich opfernd üben,
vergießen froh mein letztes Herzensblut!« (2.A. 4.Sz.)

Doch irgendwann beginnt der getreue Vasall zu fragen: Ist Wagner wirklich das größte Genie des Jahrhunderts? Oder nicht vielmehr ein maßloser Egozentriker mit einer Vorliebe für Plüsch? Ist nicht Professor Dr. phil. Friedrich Nietzsche der bei weitem originellere Kopf? Das Minnesänger-Szenario mutiert im Kopf des Unbefriedigten zum Dionysos-Ariadne-Plot.

Ariadne, eine Tochter des kretischen Königs Minos, hatte dem Minotaurustöter Theseus geholfen, wohlbehalten aus dem Labyrinth zurückzukehren. Zum Dank entführte Theseus die Schöne, doch nur, um sie wenig später auf der Insel Naxos sitzen zu lassen. Ariadne vergoß bittere Tränen. Da kam der Gott Dionysos des Wegs und nahm sie zur Frau.

Nietzsche zieht die Parallelen: Der Wüstling Wagner hat Cosima ihrem ersten Mann, dem braven Dirigenten von Bülow, entführt und sie als Ehebrecherin in Verruf gebracht. Irgendwann wird er sie wieder verlassen. Wagner ist ja als Schürzenjäger berüchtigt. Dann wird er, Dionysos-Friedrich, als Tröster zur Stelle sein und das arme Opfer erlösen.

In seinem Gedicht »Klage der Ariadne« malt Nietzsche sich Cosimas Hilferuf und sein Erscheinen als *deus ex machina* aus:

>…
All meine Tränen laufen
zu dir den Lauf
und meine letzte Herzensflamme
dir glüht sie auf.
O komm zurück,
mein unbekannter Gott! mein Schmerz!
mein letztes Glück! …

(Ein Blitz. Dionysos wird in smaragdener Schönheit sichtbar.)«

Für Nietzsche aber gibt es kein Happy-End. Der Augenkranke hat übersehen, daß Richard und Cosima Wagner (sie haben 1870 geheiratet) einander wirklich lieben. Cosimas Liebe endet nicht einmal, als Richard 1883 stirbt. Sie weiht den Rest ihres Lebens – und sie hat noch 47 Jahre vor sich – dem Werk ihres Mannes und stirbt als Hohepriesterin von Bayreuth.

Nietzsche wird vom Paulus zum Saulus: Wagner-Verehrung schlägt um in Wagner-Haß. Cosima aber bleibt seine große, unerreichbare Liebe. Anfang Januar 1889, als sich die Wolken des Wahnsinns bereits um ihn sammeln, schickt er ihr eine letzte Nachricht:

»Ariadne, ich liebe Dich. Dionysos«

Selbstverständlich hat der Psychologe Nietzsche sich auch Gedanken über das Verhältnis zwischen Wagner und Cosima gemacht. Seine Diagnose könnte aus der Feder einer Feministin stammen:

»Freiwilliges Opfertier: Durch nichts erleichtern bedeutende Frauen ihren Männern, falls diese berühmt und groß sind, das Leben so sehr, als dadurch, daß sie gleichsam das Gefäß der allgemeinen Ungunst und gelegentlichen Verstimmung der übrigen Menschen werden. Die Zeitgenossen pflegen ihren großen Männern viele Fehlgriffe und Narrheiten, ja Handlungen grober Ungerechtigkeit nachzusehen, wenn sie nur jemanden finden, den sie als eigentliches Opfertier zur Erleichterung ihres Gemütes mißhandeln und schlachten dürfen. Nicht selten findet eine Frau den Ehrgeiz in sich, sich zu dieser Opferung anzubieten, und dann kann freilich der Mann sehr zufrieden sein, – falls er nämlich Egoist genug ist, um sich einen solchen freiwilligen Blitz-, Sturm- und Regenableiter in seiner Nähe gefallen zu lassen.« (MA I 430)

Es stimmte: Die öffentliche Kritik am ehebrecherischen Verhältnis Wagner-Cosima konzentrierte sich auf letztere; dem gefeierten Komponisten verzieh man alle Extravaganzen. Doch der Aphorismus verriet auch Nietzsches Eifersucht. Außerdem war es nicht gerade charmant, Cosima, die ihren Mann um Haupteslänge überragte, als Blitzableiter zu bezeichnen. Es kann also nicht erstaunen, daß das warmherzige Verhältnis, das die Wagners mit Nietzsche verband, nach der Veröffentlichung von »Menschliches, Allzumenschliches« merklich abkühlte.

Excelsior!

Seit seiner Schulzeit litt Nietzsche an migräneartigen Kopfschmerzen. In den Jahren 1874/75 verschlimmerten sich die Anfälle dermaßen, daß Elisabeth nach Basel kam, um ihrem Bruder den Haushalt zu führen. Nietzsche – äußerlich arriviert und wohlversorgt – durchlebte eine schwere Krise. Seine Schwester ging ihm auf die Nerven. Die Altphilologie ödete ihn an. Seine besten Freunde trugen sich mit Heiratsplänen. Ihm aber drohte ein Leben in freudloser Vereinsamung. Und immer wieder diese gräßlichen Schmerzattacken, die ihn für Stunden, gar für Tage außer Gefecht setzten. Was sollte aus ihm werden? Die Patentlösung wenigstens einiger seiner Probleme schien in der Ehe zu liegen: Er konnte Elisabeth zurück nach Naumburg schicken, das geregelte Leben an der Seite einer ihn verwöhnenden Frau würde vielleicht sogar die Kopfschmerzen vertreiben …

Da wurde ihm in Genf die 23jährige Mathilde Trampedach vorgestellt, dunkelblond, schlank, mit grünen Augen. Die junge Frau hatte einen Hang zum Höheren. Sie schenkte ihm die Übersetzung eines Gedichts von Henry W. Longfellow:

»Excelsior!

Die Abendschatten sanken jäh.
Durchs Alpendorf in Eis und Schnee
ein Jüngling lief, und in der Hand
hielt er ein Banner, darauf stand -
Excelsior!

›Steig nicht zum Paß!‹ sprach angsterfüllt
ein alter Mann: ›Der Wildbach brüllt,
Vom dunklen Himmel droht Gefahr!‹
Die Antwort klang so laut und klar:
Excelsior!

Ein Mädchen rief: ›Bleib! Warum ruhst
du dich nicht aus an meiner Brust!‹
Ein Tränlein trübte seinen Blick,
Doch seufzend gab er ihr zurück:
Excelsior!

›Vorsicht! Der tote Föhrenast!
Wenn die Lawine dich erfaßt!‹
Das war des Alpenhirts Adieu.
Die Antwort kam aus großer Höh':
Excelsior!

Der Tag bricht an. Im Frühlicht steht
St. Bernhards Haus, wo im Gebet
die Mönchsgemeinde Gott anruft.
Ein Schrei zerreißt die Morgenluft.
Excelsior!

Der treue Bernardinerhund
macht tief im Schneegrab einen Fund.
Die Eishand klammert sich noch dort
ans Banner mit dem fremden Wort:
Excelsior!

Da liegt er in der Dämmerung,
zwar leblos, aber schön und jung.
Und aus dem Himmel kann man hör'n
ein Rufen – wie von einem Stern:
Excelsior!‹«

»Excelsior!« – »Höher hinauf!« – dieser Ruf trifft Nietzsche ins Herz. Fräulein Mathilde, so schließt er, ist die ideale Weggefährtin für ihn, den Gipfelstürmer im Geiste. Sie wird das Ewig-Weibliche verkörpern, das den Mann hinanzieht, und sie wird als anspruchslose Lastenträgerin hinter ihm hertrotten. Er macht ihr umgehend einen Heiratsantrag, nicht kniefällig-feurig, sondern brieflich, in der Pose des Philosophen:

»Nehmen Sie allen Mut Ihres Herzens zusammen, um vor der Frage nicht zu erschrecken, die ich hiermit an Sie richte: Wollen Sie meine Frau werden? Ich liebe Sie und mir ist es, als ob Sie schon zu mir gehörten. Kein Wort über das Plötzliche meiner Neigung! Wenigstens ist keine Schuld dabei … Aber was ich wissen möchte, ist, ob Sie ebenso empfinden wie ich – daß wir uns überhaupt nicht fremd gewesen sind, keinen Augenblick! Glauben Sie nicht auch daran, daß in einer Verbindung jeder von uns freier und

besser werde als er es vereinzelt werden könnte, also excelsior? Wollen Sie es wagen, mit mir zusammen zu gehen, als mit einem, der recht herzlich nach Befreiung und Besserwerden strebt? Auf alle Pfade des Lebens und des Denkens? …« (Janz I 631)

Die Antwort ist: Leider nein. Mathilde Trampedachs Herz ist schon vergeben. Sie wird wenig später ihren Klavierlehrer heiraten.

Grimmig schreibt Nietzsche an seinen besten Freund: *»Man kann den großen Erfolg nur haben, wenn man sich selbst treu bleibt … Mit der Nutzanwendung für Dich, … um keinen Preis eine Konventionsehe … Wir wollen in diesem Punkt der Reinheit des Charakters ja nicht wankend werden! Zehntausendmal lieber immer allein bleiben – das ist jetzt meine Losung in dieser Sache.«* (Janz I 632)

Wie schon viele Philosophen vor ihm hat auch Nietzsche gemischte Gefühle, wenn er an die Ehe denkt. Wenn er sie überhaupt in Erwägung zieht, dann nur seines Werkes wegen. Die Frau, so stellt er sich das vor, wird ihn versorgen und ihm alle unangenehmen Dinge vom Leib halten, damit er sich mit ganzer Kraft seiner Arbeit widmen kann. Aber wird nicht – nagt der alte Junggesellen-Zweifel – die Frau, wenn sie erst einmal seinen Namen trägt, Ansprüche stellen? Wird sie ihn nicht zu geschwätzigen Kaffeekränzchen und enervierenden Familienfeiern nötigen? Wird sie ihm nicht durch Nörgeleien und hysterische Anfälle das Leben zur Hölle machen, so daß seine Kreativität im Ehekrach erstickt? Schrecken über Schrecken …

Und selbst wenn sie sich in allem geduldig dem Diktat seiner Arbeit unterordnen würde, wäre nicht schon allein die Routine des Zusammenlebens fatal? Das Glück der Ehe endet bestenfalls in Klaustrophobie:

»Alles Gewohnte zieht ein immer fester werdendes Netz von Spinnweben um uns zusammen; und alsbald merken wir, dass die Fäden zu Stricken geworden sind und daß wir selber als Spinne in der Mitte sitzen, die sich hier gefangen hat und von ihrem eigenen Blute zehren muß. Deshalb haßt der Freigeist die Gewöhnungen und Regeln, alles Dauernde und Definitive, deshalb reißt er, mit Schmerz, das Netz um sich immer wieder auseinander: wiewohl er infolgedessen an zahlreichen kleinen und großen Wunden leiden wird, – denn jene Fäden muß er von sich, von seinem Leibe, seiner Seele abreißen. Er muß dort lieben lernen, wo er bisher haßte, und umgekehrt. Ja es darf für ihn nichts Unmögliches sein, auf dasselbe Feld Drachenzähne auszusäen, auf welches er vorher die Füllhörner seine

Güte ausströmen ließ. – Daraus läßt sich abnehmen, ob er für das Glück der Ehe geschaffen ist.« (MA I 427)

Wenn Nietzsche nicht geheiratet hat, so deshalb, weil er nicht wollte. Seine tolpatschigen Anträge machen es den Frauen leicht, nein zu sagen. Ihm fällt ein Stein vom Herzen, als Mathilde Trampedach einen anderen nimmt. Denn wenn Nietzsche auch gern eine Haushälterin und Vorleserin hätte, so ist er andererseits süchtig nach Einsamkeit, er lebt für die Euphorie seiner Ideenstürme, für die *unio mystica* mit der göttlichen Wahrheit. Er will kein Professor in Filzpantoffeln sein, sondern ein Heiliger in der Wüste.

Die letzte Versuchung

1882: Nietzsche hat seine Lehrtätigkeit in Basel aufgegeben und irrt als freischaffender, von vielfältigen Krankheitssymptomen geplagter Philosoph, immer auf der Suche nach klarer Luft und wolkenlosem Himmel, durch Italien. Da kommt es im Petersdom zu einer folgenschweren Begegnung. Sein Freund Paul Rée macht ihn mit einer jungen Dame aus St. Petersburg bekannt: Lou von Salomé ist 21 Jahre alt, keine Schönheit nach dem Geschmack der Zeit, aber dafür außerordentlich gebildet, vorurteilsfrei und unerschrocken; kein kichernder Backfisch, keine heiratswütige höhere Tochter, sondern eine junge Frau, deren einzige Leidenschaft das Lernen ist. Ihr Lebenstraum ist nicht die kinderreiche Familie, sondern eine aufgeklärte Zweierbeziehung im Dienste der Wissenschaft, *»eine angenehme Arbeitsstube voller Bücher und Blumen, flankiert von zwei Schlafstuben und – bei uns hin und her gehend – Arbeitskameraden, zu heiterem und ernstem Kreis geschlossen.«*

Nietzsche ist total aus dem Häuschen: Endlich, endlich, mit fast vierzig Jahren hat er seine »Sternenfreundin« gefunden! Ohne Zeit zu verschwenden, läßt er ihr durch Paul Rée einen Heiratsantrag übermitteln. Er hätte keinen ungeeigneteren Liebesboten auswählen können, denn Rée, Lous »ständiger Begleiter«, ist selbst unsterblich in sie verliebt.

Lou aber wird seit ihrem 17. Lebensjahr von Männern verfolgt und ist entsprechend routiniert im Körbegeben. Warum sollte sie ausgerechnet diesen invaliden, nicht besonders wohlhabenden und offensichtlich überspannten Denker zum Mann nehmen? Immerhin scheint er ein origineller Kopf zu sein. Vielleicht kann sie ja etwas von ihm lernen.

Deshalb willigt sie ein, als Nietzsche ihr und Paul Rée einen kühnen Vorschlag macht: eine *menage à trois* im Dienste der Philosophie. Die drei wollen sich an einen idyllischen Ort zurückziehen, um in intensivem Gedankenaustausch zu studieren und zu schreiben.

Nietzsche ist selig, er blüht auf. Einem Freund vertraut er an: *»Lou ist … scharfsinnig wie ein Adler und mutig wie ein Löwe und zuletzt doch ein sehr mädchenhaftes Kind … Wir werden in einem Haus wohnen und zusammen arbeiten; sie ist auf die erstaunlichste Weise gerade für meine Denk- und Gedankenweise vorbereitet. … Übrigens hat sie einen unglaublich sicheren und lauteren Charakter.«* (Janz II 138)

Tatsächlich kommt es im Sommer 1882 zu einer philosophischen Wohngemeinschaft, allerdings nicht zu der geplanten: Lou und Nietzsche reden sich im Pfarrhaus von Tautenburg (bei Jena) die Köpfe heiß, Paul Rée ist verhindert. Statt seiner ist ein eifersüchtiger Anstandswauwau mit von der Partie – Elisabeth.

Mit jedem Waldspaziergang, mit jeder angeregten Diskussion verfällt Nietzsche mehr dem pädagogischen Eros: Er ist nun fest davon überzeugt, daß Lou und er vom Schicksal füreinander bestimmt sind. Sie soll das für ihn sein, was der Apostel Johannes für Jesus war …

Elisabeth, die ihren Einfluß auf den Bruder schwinden sieht, wird fast wahnsinnig vor Eifersucht. Einzig Lou bleibt kühl und beurteilt ihren Verehrer mit psychologischem Gespür: *»In irgend einer verborgenen Tiefe unseres Wesens sind wir weltenfern voneinander –. Nietzsche hat in seinem Wesen, wie eine alte Burg, manchen dunklen Verlies und verborgenen Kellerraum, der bei flüchtiger Bekanntschaft nicht auffällt und doch sein Eigentlichstes enthalten kann. Seltsam, mich durchfuhr neulich der Gedanke mit plötzlicher Macht, wir könnten uns sogar einmal als Feinde gegenüberstehen.«* (Janz II 149)

Prophetische Worte. Die Diskrepanzen zwischen Nietzsches euphorischen Projektionen und der wirklichen Lou treten zutage. Elisabeth sät Zwietracht, wo sie nur kann. Innerhalb von wenigen Monaten kommt es zur völligen Entfremdung. Nietzsche leidet Höllenqualen. Zwischen Selbstmitleid und gekränktem Stolz schwankend, zieht er über Lou her: *»Ein Wesen ohne Ideale, ohne Ziele, ohne Pflichten, ohne Scham. Und auf der tiefsten Stufe der Moral, trotz ihrem* *guten Kopf!« – »Dieses dürre schmutzige übelriechende Äffchen, mit ihren falschen Brüsten!«* Nietzsches große Liebe ertrinkt in einem Schmutzkübel von Bösartigkeit.

Lou zieht sich ohne seelische Blessuren aus der Affäre. Auf die von Elisabeth initiierte Rufmordkampagne reagiert sie mit der ihr eigenen Noblesse. Sie wird später mit Rilke befreundet sein, sich von Sigmund Freud persönlich in die Psychoanalyse einweisen lassen und bis zu ihrem Tode 1937 eine erfolgreiche Schriftstellerin sein.

Der verschmähte Philosoph aber verfällt jetzt endgültig dem Größenwahn. Im Februar 1883 schreibt er innerhalb von zehn Tagen den ersten Teil des »Zarathustra«. Der »Mythos Nietzsche« wird geboren.

Vielleicht geschah es in dieser Zeit der Verbitterung, daß Nietzsche notierte: *»Wir waren bisher so artig gegen die Frauen. Wehe, es kommt die Zeit, wo man, um mit einer Frau verkehren zu können, ihr vorerst auf den Mund schlagen muß.«* (KSA 12, 45)

Die Gans

Elisabeth kommt in den Nietzsche-Biographien schlecht weg. Man kreidet ihr unter anderem an, die Beziehung zwischen Friedrich und Lou torpediert zu haben. Dieser überladene Dampfer aber wäre auch ohne sie untergegangen.

Mit der Lou-Affäre wurde Elisabeth zur tragischen Figur. Sie fühlte sich noch immer – wie unter der Regentschaft von »König Eichhorn« – als engste Vertraute ihres Bruders, als Lieblingsjüngerin des neuen Messias. Sie hatte ihr ganzes Leben auf diese eine Karte gesetzt – und verloren. Denn plötzlich tauchte aus dem Nichts eine Rivalin auf, verdrehte Nietzsche den Kopf und usurpierte den Platz, der nur ihr zustand. Elisabeth fühlte – und Nietzsche ließ es sie fühlen – daß sie ihm nichts mehr bedeutete, daß sie nichts weiter als eine Naumburger Altlast war. Der Platz an seiner Seite gebührte der jungen, hochintelligenten und schockierend unkonventionellen Russin. Elisabeth fiel in ein Loch.

Sie kämpfte um ihren Bruder wie um ihr Leben, und dabei war ihr jedes Mittel recht. Das Lama legte sich nicht hin, um zu sterben, sondern es spuckte Gift und Galle.

Sie hatte kurzfristig Erfolg mit ihren Intrigen. Doch der Schuß ging nach hinten los: Als Nietzsche von ihren Machenschaften erfuhr, brach er mit ihr. Sie war nicht länger das liebe Lama, sondern eine *»tückische Gans«*. Er empfand *»Ekel, mit einer so erbärmlichen Kreatur verwandt zu sein«*. Auch die Mutter bekam eine Breitseite ab: *»Menschen von der Art wie meine Mutter und Schwester müssen meine natürlichen Feinde sein – daran ist nichts zu ändern: der Grund liegt im Wesen aller Dinge.«* (KSA 10, 111)

Elisabeth war robust genug, sich umgehend eine neue Lebensaufgabe zu suchen. Sie heiratete und gründete zusammen mit ihrem Mann, dem antisemitischen Sozialreformer Bernhard Förster, im kriegsverwüsteten Paraguay die Modell-Kolonie »Neu-Germanien«. Die Kolonie machte bald Pleite. Förster brachte sich um. Elisabeth stand zum zweiten Mal vor dem Nichts.

Nietzsche hatte inzwischen den Turiner Droschkengaul umarmt. Während seine Bücher immer populärer wurden, dämmerte der Geistesverwirrte in der Obhut seiner Mutter dem Tod entgegen. Elisabeth sah ihre Aufgabe und ihre Chance. Sie kehrte aus Südamerika zurück, brachte den Nachlaß des Kranken unter ihre Kontrolle und nahm der Mutter die Autorenrechte ab.

Aus dem Lama wurde die absolute Herrscherin des Nietzsche-Archivs. Wie Cosima Wagner in Bayreuth, so hielt Elisabeth in Weimar Hof. Während Nietzsche im Obergeschoß der »Villa Silberblick« dahinvegetierte, bastelte sie eifrig am ewigen Ruhm ihres Bruders. Alle Welt sollte ihn genau so sehen, wie sie ihn sah. Zum Teufel mit der Wissenschaftlichkeit! Sie fälschte Briefe, vernichtete mißliebige Notizen, schrieb ihre sentimentalen Memoiren.

Sie hatte einen sagenhaften Erfolg. Bis zu ihrem Tode im Jahre 1935 galt sie als die maßgebliche Nietzsche-Expertin. Sie wurde hofiert, nicht nur von Hitler. Die Universität Jena verlieh der 75jährigen den philosophischen Ehrendoktor. Ja, sie wurde dreimal von deutschen Gelehrten für den Literatur-Nobelpreis vorgeschlagen.

Dabei hatte Rudolf Steiner, der 1896 ihr Privatlehrer in Philosophie war, geurteilt, *»daß Frau Förster-Nietzsche in allem, was die Lehre ihres Bruders angeht, vollständig Laie ist. Sie hat nicht über das Einfachste dieser Lehre irgend ein selbständiges Urteil ... Frau Elisabeth Förster-Nietzsche fehlt aller Sinn für feinere, ja selbst für gröbere logische Unter-*

scheidungen; ihrem Denken wohnt auch nicht die geringste logische Folge-richtigkeit inne; es geht ihr jeder Sinn für Sachlichkeit und Objektivität ab. Ein Ereignis, das heute stattfindet, hat morgen bei ihr eine Gestalt ange-nommen, die mit der wirklichen keine Ähnlichkeit zu haben braucht, son-dern die so gebildet ist, wie sie sie eben zu dem braucht, was sie erreichen will. Ich betone aber ausdrücklich, daß ich Frau Förster-Nietzsche niemals im Verdacht gehabt habe, Tatsachen absichtlich zu entstellen, oder bewußt unwahre Behauptungen aufzustellen. Nein, sie glaubt in jedem Augenblick, was sie sagt. Sie redet sich heute selbst ein, daß gestern rot war, was ganz si-cher blaue Farbe trug.« (Janz III 173)

Am Ende bestand also kein großer Unterschied zwischen den Ge-schwistern Nietzsche. Auch Friedrich hatte oft genug – in Cosima, in Lou, in sich selbst – nur das gesehen, was er sehen wollte. Beide wa-ren unerhört »kreativ«, was ihr Verhältnis zur Wirklichkeit betraf. Und beide haben eindrucksvoll bewiesen, daß ein monomanischer Glaube wirkungsvoller sein kann als schlichte Tatsachen.

Je älter er wurde, desto klarer dürfte es Nietzsche geworden sein, daß seine Schwester nicht nur *für ihn*, sondern auch *von ihm* lebte. 1888 schrieb er: »*Die Gefahr der Künstler, der Genies … liegt im Wei-be: die anbetenden Weiber sind ihr Verderb. Fast Keiner hat Charakter ge-nug, um nicht verdorben – ›erlöst‹ zu werden, wenn er sich als Gott behan-delt fühlt: – er condescendirt alsbald zum Weibe. – Der Mann ist feige vor allem Ewig-Weiblichen: Das wissen die Weiblein. – In vielen Fällen der weiblichen Liebe, und vielleicht gerade in den berühmtesten, ist Liebe nur ein feinerer Parasitismus, ein Sich-Einnisten in eine fremde Seele, mitun-ter selbst in ein fremdes Fleisch – ach! wie sehr immer auf ›des Wirthes‹ Ko-sten!* —«* (FW 3)

Der Vorwurf des Parasitismus liegt nahe, besonders wenn man die spätere Entwicklung bedenkt. Aber man darf nicht vergessen, daß die Beziehung zwischen Friedrich und Elisabeth lange Zeit eine sym-biotische war. Er verfügte bedenkenlos über sie, solange er sie brauchte. Und zweifellos hat sie ihn – auf ihre Weise – wirklich ge-liebt.

Die Mutter

Franziska Nietzsche ist bei der Geburt ihres ersten Sohnes gerade 18 Jahre alt. Nach dem Stammhalter Friedrich bekommt sie noch zwei weitere Kinder, Elisabeth und Joseph. Mit 23 Jahren wird sie Witwe. Kurz nach dem Tod ihres Mannes – der Pastor Karl Ludwig Nietzsche ist an einer rätselhaften Gehirnkrankheit gestorben – muß sie auch den kleinen Joseph zu Grabe tragen.

Franziska heiratet nicht wieder, sondern widmet die nächsten Jahre der Erziehung der beiden Kinder. Elisabeth hat vielleicht ein wenig idealisiert, doch bestimmt nicht nur gelogen, als sie schrieb: »*Wir empfanden unsere liebe, junge Mutter immer mehr als eine geliebte, ältere, wenn auch strenge Schwester, die unsere jugendlichen Empfindungen teilen und all unseren Unternehmungen nahestehen konnte.*« (Janz I 63)

Natürlich ist Franziska stolz auf ihren begabten Sohn. Er soll Geistlicher werden wie sein Vater, eine Stütze protestantischer Rechtschaffenheit. Die Entwicklung, die Friedrich tatsächlich nimmt, kann und will sie nicht begreifen. Dionysos-Schwärmerei, Haß auf das Christentum, moralischer Nihilismus – all das ist für sie »Philosophie«, ein Synonym für verantwortungslose, nicht ganz ernst zu nehmende Gedankenakrobatik. Irgendwann wird der Junge schon wieder zum rechten Glauben zurückfinden. Bis es soweit ist, sorgt sie sich mit entwaffnendem Pragmatismus um sein leibliches Wohl und seine gesellschaftliche Stellung.

Nietzsche reagiert mit zunehmender Gereiztheit auf ihre Ratschläge. In jedem Brief aus Naumburg liest der Möchtegern-Gott zwischen den Zeilen ein mahnendes: »Vergiß nicht, wo du herkommst!« Gerade das aber will er vergessen. Mutter und Schwester sind schließlich die lebenden Beweise, daß er ein normaler Sterblicher ist. – »*Wenn ich den tiefsten Gegensatz zu mir suche*«, geifert er, »*so finde ich immer meine Mutter und Schwester – mit solcher canaille mich verwandt zu glauben, wäre eine Lästerung auf meine Göttlichkeit.*«

Und doch bittet er am nächsten Tag Franziska, ihm einen Topf Honig zu schicken oder »*aus der Apotheke an der Herrenstraße 100 Gramm Rhabarber in Stücken. Und bitte, sobald als möglich.*« (Janz II 537)

Nietzsche hat, wie er es selbst sieht, die Ketten der Moral zerbrochen, die Zwangsjacke der Religion abgestreift, zuletzt sogar auf einen festen Wohnsitz verzichtet. Soviel Freiheit, fürchtet er, muß den

Neid der *Kettenträger* erregen. In der »Morgenröte« warnt er sich selbst: *»Vorsicht vor allen Geistern, die an Ketten liegen! Zum Beispiel vor den klugen Frauen, welche ihr Schicksal in eine kleine, dumpfe Umgebung gebannt hat und die darin alt werden. Zwar liegen sie scheinbar träge und halbblind in der Sonne da: aber bei jedem fremden Tritt, bei allem Unvermutheten fahren sie auf, um zu beißen; sie nehmen an Allem Rache, was ihrer Hundehütte entkommen ist.«* (M 227)

Die Hundehütte steht für die »Naumburger Tugend« von Schwester und Mutter. Nietzsche selbst ist derjenige, der entkommen ist. Aber warum schleicht er dann noch um die Hundehütte? Um sich beißen zu lassen? Weil er sich am Freßnapf der Kettenhunde bedienen will? Oder weil er an einer Leine liegt, die nicht so leicht zerreißt wie die Kette der Moral, an der elastischen Leine der Verwöhntheit?

Als Nietzsche den Verstand verliert, ist es die inzwischen 64jährige, allein lebende Pastorenwitwe, die ihn aus der Anstalt holt. Sie pflegt den Geisteskranken, ohne zu jammern, mit Einfühlungsvermögen und unerschütterlichem Gottvertrauen.

Die goldene Wiege

Zwischen seinem 5. und 11. Lebensjahr hat der kleine Fritz in einem reinen Frauenhaushalt gelebt. Zwischen seiner Großmutter Erdmuthe, seinen Tanten Rosalie und Auguste, dem Hausmädchen Mine, Mutter und Schwester war er das einzige männliche Wesen – ein hochmütiger Held in einem schwarzgekleideten Harem.

Auch in seinem späteren Leben hat Nietzsche immer wieder die Nähe von Frauen gesucht und genossen – solange diese Frauen sein Werk bewunderten, ihm nicht in seine Arbeit hineinredeten und nicht mit ihm ins Bett wollten. Malwida von Meysenbug, die Autorin der vielgelesenen »Memoiren einer Idealistin«, verbrachte mit ihm schöne Tage in Sorrent und suchte für den Heiratswilligen nach passenden Partien. Marie Baumgartner, die Mutter eines seiner Schüler, schrieb seine Manuskripte ins reine und übersetzte seine Werke ins Französische. Auch andere Freundinnen durften ihn beraten oder bemuttern – solange sie seine intellektuelle Überlegenheit anerkannten.

Doch die Bemutterung rief auch immer wieder unwirsche Reaktionen hervor, wie der folgende Passus zeigt: »*Der Freigeist wird immer aufathmen, wenn er sich endlich entschlossen hat, jenes mutterhafte Sorgen und Bewachen, mit welchem die Frauen um ihn walten, von sich abzuschütteln. Was schadet ihm denn ein rauherer Luftzug, den man ängstlich von ihm wehrte, was bedeutet ein wirklicher Nachtheil, Verlust, Unfall, eine Erkrankung, Verschuldung, Bethörung mehr oder weniger in seinem Leben, verglichen mit der Unfreiheit der goldenen Wiege, des Pfauenschweif-Wedels und der drückenden Empfindung, noch dazu dankbar sein zu müssen, weil er wie ein Säugling gewartet und verwöhnt wird? Deshalb kann sich die Milch, welche die mütterliche Gesinnung der ihn umgebenden Frauen reicht, so leicht in Galle verwandeln.*« (MA I 429)

Es ist immer wieder das gleiche: Baby-Nietzsche läßt sich von hilfsbereiten Frauen verwöhnen, um ihnen im nächsten Augenblick vorzuquengeln, daß sie ihn nicht wie einen erwachsenen Mann behandeln. Er interpretiert die eigene Regression als weibliche Aggression.

Die Töchter der Wüste

Nietzsche gleicht einem Kaleidoskop. Mal erscheint er als Minnesänger, mal als Don Juan, mal als asketischer Prophet. Wer will, kann auch einen kleinen Pascha in ihm sehen. Die folgenden Zeilen stammen aus seinem Gedicht »Die Wüste wächst«:

> »*Da sitz' ich nun,*
> *in dieser kleinsten Oasis,*
> *einer Dattel gleich,*
> *braun, durchsüßt, goldschwürig,*
> *lüstern nach einem runden Mädchen-Maule,*
> *mehr aber noch nach mädchenhaften*
> *eiskalten, schneeweißen, schneidigen*
> *Beißzähnen; nach denen nämlich*
> *lechzt das Herz allen heißen Datteln. Sela.*
>
> *Den genannten Südfrüchten*
> *ähnlich, allzuähnlich*

liege ich hier, von kleinen
Flügelkäfern
umtänzelt und umspielt,
insgleichen von noch kleineren
törichteren boshafteren
Wünschen und Einfällen, -
umlagert von euch,
ihr stummen, ihr ahnungsvollen
Mädchen-Katzen
Dudu und Suleika
– umsphinxt, ...«

Der Löwe träumt von den Töchtern der Wüste. Im Frühjahr 1882 plant er, zusammen mit Paul Rée, eine Expedition in die algerische Oase Biskra. Was ihn daran reizt, dürfte nicht nur das trockene Klima sein. In seinen Aufzeichnungen findet sich eine aufschlußreiche Notiz: *»In der Sahara-Stadt Biskra lebte eine Zeitlang jedes Mädchen der benachbarten Völker von der Prostitution ...; der Erwerb wird dann den Eltern überbracht, und es würde als unmoralisch, ja als unverzeihlich gelten, wenn jemand nicht auf diese Weise seine Pietät ausdrückte.«*

In der Oase Biskra vermählt sich – ähnlich wie im Dionysos-Kult – das Sexuelle mit dem Sakralen, hier sind die Prostituierten keine syphilitischen, von der Gesellschaft geächteten Puffmamsells, sondern unschuldige Naturkinder, hier könnte der Prophet mit der Peitsche, in dem immer noch ein kleiner Pastor steckt, ohne moralische Bedenken zum »Don Juan« werden. Aber Biskra ist weit, und Dionysos von Sokrates vertrieben.

Der mitteleuropäische Junggeselle des 19. Jahrhunderts steckt in einer Zwickmühle. Geht er nicht ins Bordell, plagen ihn seine Hormone, geht er doch, plagt ihn das Gewissen. Er mag die Kenntnis vom sozialen Elend der Prostituierten für die Dauer seines Besuchs verdrängen, aber ein schlechter Nachgeschmack bleibt.

Nietzsche sieht das Problem und sinnt auf Reformen:

»Die Prostitution schafft man nicht ab. Es giebt Gründe selbst zu wünschen, daß man sie nicht abschafft. Folglich sollte man sie ennobilieren ... Woran hängt es aber, daß etwas verächtlich wird? Daran, daß es lange verachtet wurde. Man höre damit auf, die Huren zu verachten; dann wer-

den sie keinen Grund mehr haben, sich zu verachten. Zuletzt steht es überall in diesem Punkte bereits besser als bei uns: die Prostitution ist in der ganzen Welt etwas Unschuldiges und Naives. Es giebt Culturen Asiens, wo sie sogar hohe Ehren genießt. Die Infamie liegt durchaus nicht in der Sache, sie ist erst durch die Widernatur des Christenthums hineingelegt, jener Religion, welche selbst noch den Geschlechtstrieb beschmutzt hat!« (KSA 13, 402)*

»Bravo, Herr Professor!« – würde man ausrufen, wenn man nicht den Verdacht haben müßte, daß Nietzsche mit dieser Forderung einmal mehr egoistische Ziele verfolgt: Wenn die Huren »ennobiliert« sind, muß man sich seiner Bordellbesuche nicht mehr schämen.

Endstation

Noch einen dritten Ort gibt es – neben der Oase Biskra und dem versunkenen Reich des Dionysos –, wo sich ein unverheirateter Mann offen zu seiner Sexualität bekennen darf, und dieser Ort liegt mitten in Europa, mitten in jedem von uns …

Als Nietzsche in die Baseler Universitätsklinik eingeliefert wird, hält das Krankenjournal fest: *»Patient ist gewöhnlich aufgeregt (…) verlangt beständig zu essen, dabei ist er nicht im Stande etwas zu leisten und für sich zu sorgen, behauptet ein berühmter Mann zu sein, verlangt fortwährend Frauenzimmer …«* Und in der Jenaer Anstalt gibt Nietzsche zu Protokoll: *»Nachts sind 24 Huren bei mir gewesen.«*

Liebe und Haß

Thomas Mann schreibt: *»Man kann sagen, daß Nietzsches Verhältnis zu den Vorzugsgegenständen seiner Kritik schlechthin das der Leidenschaft war: einer Leidenschaft, im Grunde ohne bestimmtes Vorzeichen, denn das negative wechselt beständig ins positive hinüber.«*

Dieses leidenschaftliche Verhältnis hat Nietzsche zu Wagner, zum Christentum – und zu den Frauen: Er ist Frauenverehrer und Frauenverächter, so wie er Wagnerfan und Wagnerfeind, »kleiner Pastor« und »Antichrist« ist.

Allerdings pendelt er nicht gleichmäßig zwischen Zuneigung und

Ablehnung hin und her. Gelegentlich mag es zwar ein Umschlagen ins Positive geben – doch viel häufiger ist das folgende Schema:

1. Schritt: Kennenlernen einer Person oder Sache, maßlose Idealisierung und Identifizierung, Euphorie.

2. Schritt: Konfrontation der Idealisierung mit der Wirklichkeit, Irritation, Ernüchterung, Desillusionierung.

3. Schritt: Maßlose Enttäuschung, traumatische Ablösung und paranoide Verfolgung der »Schuldigen«.

Nietzsche kann es den Wagnerianern, den Frauen, den Menschen allgemein nicht vergeben, daß sie nicht seiner Wunschvorstellung entsprechen. Weil sie keine Engel sind, verteufelt er sie. Die Wüste, in die sich der Philosoph zurückzieht, ist in Wirklichkeit ein Schmollwinkel.

Jeder Mensch, dessen große Liebe – aus welchen Gründen auch immer – nicht erwidert wird, verdient Mitleid. Im November 1882, als Nietzsches Beziehung zu Lou von Salomé bereits in die Brüche geht, öffnet er ihr noch einmal sein Herz:

»... *Ah, diese Melancholie! Ich schreibe Unsinn. Wie seicht sind mir heute die Menschen! Wo ist noch ein Meer, in dem man wirklich noch ertrinken kann! Ich meine ein Mensch.*

Meine liebe Lou ich bin Ihr getreuer – –
F.N.«

Lou

46

Nietzsche stammte aus der sächsischen Provinz. Aber es gibt auch so etwas wie eine geistige Heimat. Bei Nietzsche lag diese im antiken Griechenland. Die Gräkomanie war in Deutschland endemisch, seit Wilhelm von Humboldt den »alten Griechen« zum Idealmenschen und Leitstern der humanistischen Bildung erhoben hatte. Viele, die in den Genuß einer solchen Bildung kamen, fühlten sich zeitlebens im Exil, vom Schicksal in die falsche Zeit, an den falschen Ort verbannt. Denen seufzte Goethes Iphigenie aus dem Herzen:

»So manches Jahr bewahrt mich hier verborgen
Ein hoher Wille, dem ich mich ergebe;
Doch immer bin ich, wie im ersten, fremd.
Denn ach! mich trennt das Meer von den Geliebten,
Und an dem Ufer steh ich lange Tage,
das Land der Griechen mit der Seele suchend.«

Auch Nietzsche sehnte sich nach dem »Land der Griechen«. Allerdings bevorzugte er, im Gegensatz zu Humboldt, die dionysischen Wälder. Gemeinsam war beiden das Desinteresse am »Land der Griechinnen«. Verständlich, denn dort sah es weniger heroisch aus. Iphigenies Seufzer gelten deshalb auch ihrem Geschlecht.

»Der Frauen Zustand ist beklagenswert.
Zu Haus und in dem Kriege herrscht der Mann,
Und in der Fremde weiß er sich zu helfen.
Ihn freuet der Besitz; ihn krönt der Sieg!
Ein ehrenvoller Tod ist ihm bereitet.
Wie eng-gebunden ist des Weibes Glück!«

Werfen wir einen Blick zurück auf jene Gesellschaft, die Nietzsche, Humboldt und manch anderem Philosophen so beneidenswert schien.

Die Protagonisten des Patriarchats – Griechenland

Leben und Lieben:

750 Homer.

700 Hesiod.

480 Seeschlacht bei Salamis.

427 Platon wird in Athen geboren.

404 Ende des Peloponnesischen Krieges.

399 Sokrates trinkt den Schierlingsbecher.
Platon reist für ca. 10 Jahre nach Unteritalien und Sizilien.

388 *Platon verbindet eine langjährige erotische Freundschaft mit Dion, dem Schwiegersohn Dionysos' I. von Syrakus.*

384 Aristoteles wird als Sohn eines Arztes in Stagira geboren.

387 Platon gründet in Athen seine Akademie.

367 Aristoteles kommt nach Athen, um bei Platon zu studieren.

347 Platon stirbt.

345 *Aristoteles heiratet Pythias, die Nichte seines Freundes Hermias.*

342 Aristoteles wird zum Lehrer des makedonischen Thronfolgers Alexander ernannt.

334 Aristoteles eröffnet in Athen seine eigene Schule, das Lykeion.

323 Aristoteles stirbt. *Zurück bleibt seine zweite Lebensgefährtin Herpyllis.*

(Abkürzungen in den Stellenangaben zu Homer: Od. – Odyssee. Zu Hesiod: Th. – Theogonie; W&T – Werke und Tage. Zu Aristoteles: EN – Nikomachische Ethik; Pol – Politik; TK – Tierkunde; ZG – Über die Zeugung der Geschöpfe)

*

Bevor die Philosophie zu sich kam, träumte sie in mythologischen Bildern. Der Schlaf der Vernunft gebar Göttinnen und Götter, Heroen und Monster. Er verwebte historische Erzählungen, Archetypen des kollektiven Unbewußten und die privaten Phantasien seiner Schöpfer zu einem Zauberteppich aus ewiger Wahrheit – und unsterblichen Lügen.

Die Musen selbst, die göttlichen Souffleusen, bekennen durch den Mund des Dichters Hesiod, daß sie gelegentlich ein wenig flunkern:

> *»Wir können vielfältig lügen, mit dem Anschein der Wahrheit, können jedoch auch, wenn wir wollen, Wahres verkünden.«* (Th. 27f.)

Die Grenzen zwischen Dichtung und Wahrheit sind fließend. Vom wahrsagenden Poeten zum Gaukler ist es nur ein kleiner Versfuß. Das bezeugt uns ein Poet. Dürfen wir ihm glauben?

Hier, im Bewußtsein der Verwobenheit von Schein und Sein, liegt vielleicht ein Ursprung der Philosophie. Aus dem Gefühl, auf trügerischem Boden zu stehen, wächst das Bedürfnis nach Sicherheit, nach Entlarvung der Lüge, nach Beweisen für die Wahrheit.

Urmutter statt Urknall

Vor dem Anfang herrscht »Chaos«. Das Wort bedeutet soviel wie »Leere« oder »Gähnen«. Aus der präkosmischen Maulsperre materialisiert sich Gaia, die breitbrüstige Urmutter Erde. Aus ihrem Schoß gehen der Himmel Uranos und das Meer Pontos hervor. Der Himmel umschlingt die Erde, und sie bringt, von ihm geschwängert, die göttlichen Titanen und eine Menagerie von Monstern hervor.

»Und Gott sah, daß es gut war«, heißt es in der Genesis. Was Vater Uranos sieht, gefällt ihm ganz und gar nicht. Die Drillinge Kottos, Briareos und Gyges zum Beispiel haben jeweils fünfzig Köpfe und grapschen mit hundert Armen um sich. Uranos ist entsetzt. Er stößt die Ungeheuer zurück in den Mutterschoß. Gaia wird zum Grab ihrer eigenen Kinder. Grollend sinnt sie auf Vergeltung. Als Kronos, der jüngste der Titanen, herangewachsen ist, stiftet sie ihn zur Rache an.

Kronos überfällt Uranos im Schutze der Nacht. Er kastriert ihn mit einer Sichel und reißt die Herrschaft an sich. Um dem Schicksal seines Vaters, der Entmachtung durch den eigenen Sohn, zu entgehen, verschlingt er jedes Baby, das seine Frau Rheia ihm gebiert. Doch gerade dadurch besiegelt er sein Schicksal. Nach der Geburt des Zeus übergibt Rheia ihm einen in Windeln gewickelten Felsblock, den er prompt verschluckt.

Klein-Zeus wächst auf Kreta zu einem gewaltigen Gott heran. Er besiegt Kronos und zwingt ihn, sämtliche aufgefressenen Kinder – die natürlich unsterblich sind – wieder herauszuwürgen. So erblicken Hera, Poseidon, Hades, Hestia und Demeter zum zweiten Mal das Licht der Welt.

Das Regiment des Zeus ist vergleichsweise milde. Er beteiligt seine Geschwister und Kinder an der Macht. Doch eines Tages wird auch seine Herrschaft bedroht: Gaia gebiert das hundertköpfige Ungeheuer Typhoeus und hetzt es auf ihren Enkel. Erst nach einem gräßlichen Kampf kann Zeus es besiegen und seine Herrschaft auf dem Olymp festigen.

Dieser Mythos ist uralt. Sein Vorbild, das orientalische Kumarbi-Epos, läßt sich bis etwa 1500 v. Chr. zurückverfolgen. Das weibliche Element darin, personifiziert durch Gaia und Rheia, scheint an vorpatriarchalische Zeiten zu erinnern:

• Es ist die »Mutter Erde«, die unsere Welt hervorbringt, zuerst notgedrungen in Parthenogenese, später von Uranos inzestuös befruchtet. Die Schöpfung ist nicht die planvolle Arbeit eines männlichen Baumeisters wie im 1. Buch Mose oder in Platons »Timaios«, sondern eine Folge von Geburten: Am Anfang war der Uterus.

• Die Mütter wehren sich gegen Unrecht, das ihnen oder ihren Kindern angetan wird. Hinter den rebellierenden Söhnen Kronos und Zeus steht jeweils ihre Mutter als treibende Kraft. In der Familie der Urgötter ist die Verbindung Mutter-Kind stärker als die Verbindung Frau-Mann. Der tyrannische Vater wird zum Außenseiter.

• Die Mütter sind körperlich schwächer als ihre Männer, verfügen jedoch über zwei gefährliche Waffen. Ihre List und ihr ewig gebärfreudiger Schoß verhindern, daß die Herren der Welt sich jemals sicher fühlen können.

Göttinnen und Hausfrauen

Um das Jahr 800 v. Chr. wurde – möglicherweise in Smyrna, dem heutigen Izmir – ein Mann geboren, den wir unter dem Namen Homer kennen. Die Nachwelt hat ihn als blinden Seher romantisiert, wie jeder Lateinschüler weiß: *Homerus caecus fuisse dicitur.* – »Homer soll blind gewesen sein.« Werfen wir einen Blick auf den Götterberg Olymp, so wie der Dichter von »Ilias« und »Odyssee« ihn sich vorgestellt hat.

Das Kabinett des Zeus ist, was die Geschlechter betrifft, paritätisch besetzt. Hera, Demeter, Artemis, Athene, Aphrodite und Hestia sind in ihren jeweiligen Aufgabenbereichen weitgehend souverän. Neben den »typisch weiblichen« Ressorts Fruchtbarkeit, Liebe und Haushalt verwalten sie auch männliche Domänen wie Weisheit (Athene) und Jagd (Artemis). Bei Gipfelkonferenzen und Gigantenkämpfen mischen sie kräftig mit. Nicht selten sind sie es, die dramatische Ereignisse auslösen: Aphrodite stiftet den trojanischen Prinzen Paris dazu an, Helena, die schöne Frau des Menelaos, aus Sparta zu entführen. Daraufhin verurteilt Hera die Heimatstadt des Ehebrechers zum Untergang. Nachdem Troja in Flammen aufgegangen ist, bringt Athene ihren Liebling Odysseus gegen den Widerstand Poseidons nach Ithaka zurück. Ohne Göttinnen keine »Ilias« und keine »Odyssee«.

Allerdings liegt die letzte Entscheidung in allen Streitfragen bei Zeus. Und wenn der sich von Hera, seiner Schwester und Ehefrau, zu sehr bedrängt fühlt, haut er schon mal mit der Faust auf den Tisch. Die »Ilias« beginnt mit einem solchen Machtwort des Göttervaters:

> »›Sitz ruhig und schweig' und höre auf meinen Befehl.
> Sonst werden dich alle Unsterblichen hier im Olymp
> nicht schützen vor mir und meinen furchtgebietenden Fäusten‹.
> So sprach er; und es erschrak die strahlende, hohe Frau Hera;
> Schweigend saß sie nun da und bezwang die Stürme des Herzens.«
> (Ilias I 565)

In dieser Szene gibt Hera klein bei. Aber wenn man bedenkt, wie wenig die Frauen im späteren Hellas zu sagen hatten, kann man nur staunen, wie selbstbewußt und unternehmungslustig die Göttinnen im Pantheon der Griechen auftreten.

Eine Etage tiefer, bei den Menschen, sieht es mit der Emanzipation schlechter aus: Hier sind die Frauen in der Regel Opfer oder passive Katalysatorinnen eines Geschehens. Niemand hat die schöne Helena gefragt, ob sie mit Menelaos oder mit Paris zusammenleben möchte. Die Männer streiten um sie wie um einen Wanderpokal. Paris schlägt Menelaos einen Zweikampf vor:

»Wer von uns beiden nun siegt und sich stärker erweist,

bekommt alle Schätze, dazu auch die Frau, und nimmt sie mit

sich.« (Ilias III, 71)

Andromache will ihren Mann Hektor vor dem Tod auf dem Schlachtfeld bewahren. Er aber macht ihr klar, daß sie sich um ihren eigenen Kram kümmern soll:

»Du aber geh ins Gemach und erledige, was du zu tun hast,

mit Spindel und Webstuhl, und den Dienerinnen befiehl,

fleißig zu arbeiten. Der Krieg ist Sache der Männer.«

(Ilias VI 490)

Besonders schwer hat die treue Penelope unter den Männern zu leiden. Als die Heimkehr ihres Odysseus Jahr um Jahr auf sich warten läßt, wird sie von vielen Männern bedrängt. Eine reiche Witwe darf nicht allein bleiben. Natürlich ist es vor allem ihr Besitz, auf den die »Verehrer« aus sind. Um sich die Bande vom Leibe zu halten, bittet Penelope darum, vor der Neuvermählung noch ein bestimmtes Tuch fertigstellen zu dürfen – und löst in jeder Nacht wieder auf, was sie tags zuvor gewebt hat. Als die Männer ihr endlich auf die Schliche kommen, werden sie handgreiflich. Penelope ist verzweifelt:

»... und (sie) faßten mich und schrien auf mich ein.

So hab ich dies Tuch denn vollendet, gegen meinen Willen gezwungen.

Jetzt aber kann ich der Hochzeit nicht mehr entgehen,

und mir fällt nichts mehr ein, was ich tun könnt'.«

(Od. XIX 155)

Homers Heldinnen sind duldsame Hausfrauen, die ihre Erfüllung in Handarbeiten, Mutterschaft und Repräsentationspflichten finden müssen. Doch verachtet werden sie deshalb nicht. Im Gegenteil: Helena und Andromache, Kalypso und Nausikaa, Arete und Penelope – sie alle werden vom Dichter mit Einfühlungsvermögen und Hochachtung gezeichnet. Homers Helden sind keine Frauenhasser – mit einer Ausnahme: Der Ex-Feldherr Agamemnon, den Odysseus in der Unterwelt antrifft, würde seine Frau Klytämnestra am liebsten umbringen:

»Sie, dieser Ausbund an Arglist, hat sich selbst mit Schande bedeckt

und auch die braveren Frauen für alle Zukunft entehrt.« (Od. XI

432)

Doch Agamemnons Misogynie kann man nachvollziehen: Klytämnestra hat ihn, als er aus Troja zurückkehrte, in der Badewanne abgeschlachtet. Der Tote gibt hier nicht die Meinung Homers wieder. Schon eher jene trojanischen Greise, die beim Anblick der schönen Helena voll Bewunderung krächzen:

>*Tadelt nicht die Trojaner und die Griechen in blanker Rüstung,*
daß sie für eine solche Frau so lange ausharren im Elend!
Fürwahr, ihr Aussehn gleicht dem einer unsterblichen Göttin.<
(Ilias III 156)

Homer hat einen ausgeprägten Sinn für weibliche Schönheit. Seine Frauen erfreuen noch heute als lilienarmige, rosige, silberfüßige, blühende, schöngegürtete Geschöpfe mit duftendem Busen, lieblichem Nacken und strahlenden Augen. Homer *kann nicht* blind gewesen sein.

Als historische Quelle ist Homer mit Vorsicht zu genießen. Die Zeit, über die er schreibt (um 1000 v. Chr.), ist uns ebenso fremd wie die Zeit, in der er gelebt hat (um 750 v. Chr.). Wir können davon ausgehen, daß wir viele Zwischentöne nicht wahrnehmen und manche Stellen völlig falsch interpretieren.

Im Trojanischen Krieg ergreift Hera – als Hüterin der ehelichen Treue – die Partei der Griechen. Zeus dagegen will sich heraushalten und hat auch alle anderen Götter dazu verdonnert, nicht in die Auseinandersetzungen der Menschen einzugreifen. Wenn Hera ihren Schützlingen trotz des Verbots helfen will, muß sie Zeus überlisten. Also putzt sie sich heraus wie eine Hetäre. Von Aphrodite leiht sie sich deren buntgestickten Gürtel, eine Wunderwaffe der Verführung:

>*In dem war aller weiblicher Zauber vereint:*
In dem war Liebe und Sehnsucht und zartes Geplauder
und Schmeichelei, die selbst den Weisen betört.<
(Ilias XIV 215)

So gerüstet, stellt sie ihrem Gatten auf dem kretischen Berg Ida eine Falle. Kaum hat Zeus sie erblickt, da tut der Gürtel seine Wirkung. Der Donnergott schlägt vor:

>*Komm, wir legen uns nieder und wollen uns lieben!*
Denn so hat noch keine Göttin und keine Frau
mein Herz in der Brust mit Liebesglut überwältigt;
weder, als ich einst, entflammt von Ixions Bettgenossin,
den Peirithoos zeugte, der uns Göttern an Klugheit gleichkommt,

noch da ich Danae liebte, Akrisios' reizende Tochter,
die den Perseus gebar, den herrlichsten Kämpfer der Vorzeit,
noch bei der Tochter des weithin berühmten Phönix,
die mir den Minos gebar und den göttergleichen Rhadamanthys,
noch bei Semele, noch bei Alkmene von Theben,
die mir Herakles schenkte, den eigensinnigen Sohn;
Semele aber gebar Dionysos, der die Menschen erfreut;
noch da ich einst die erhabne Demeter mit den schönen Locken
oder die herrliche Leto umarmte oder dich selber:
so wie ich jetzt für dich glühe, ergriffen von süßem Verlangen!«
(Ilias XIV 314-328)

Hera gibt sich schamhaft. Unter freiem Himmel will sie nicht, da könnte ja einer zugucken. Doch Zeus zerstreut ihre Bedenken. Er improvisiert eine Wolke als Liebesnest und tut, was er nicht lassen kann. Danach schlummert er in ihren Armen ein. Und Heras Komplize Poseidon beeinflußt ungestört die Schlacht zugunsten der Griechen.

Auf den ersten Blick scheint die Episode gegen die Frauen gerichtet zu sein. Zeus ist unangefochten Patriarch. Sein Wille ist Gesetz. Seine zahlreichen Geliebten müssen dankbar sein, ihm Helden gebären zu dürfen. Auch seine Gattin Hera wird zum Lustobjekt degradiert.

Homer aber ergreift Partei gegen den Göttervater. Er stellt ihn als Opfer hin, als List-Objekt, als hormongesteuerte Marionette. Der Zaubergürtel der Aphrodite »betört selbst den Weisen«. Der Anblick einer schönen Frau erschüttert den »Erderschütterer«. Die Weiblichkeit triumphiert.

Homer, dem wir das »homerische Gelächter« verdanken, hat die Episode gestaltet, als sei's ein Stück von Feydeau. Man darf daraus keine Schlüsse auf Frauenfeindlichkeit bzw. einfältige Männlichkeit im archaischen Hellas ziehen. Die Dichtung ist ein Zerrspiegel. Ihr Ziel ist Wirkung, nicht Wahrhaftigkeit. Besonders die Komödie gibt nicht das Alltägliche wieder. Sie karikiert die Auswüchse. Nicht jede Köpenickiade im Kaiserreich war von Erfolg gekrönt, nicht jeder Geistliche zu Zeiten Molières wurde als »Tartüff« entlarvt, nicht jeder alte Grieche hatte die Allüren eines Zuchtstiers.

Der Sündenbock als Nutztier

Auch bei Hesiod, dem zweiten großen Epiker dieser Zeit, ist Vorsicht geboten. Er dichtete für ein ähnliches Publikum wie Homer, eine Zuhörerschaft von vornehmen Damen und Herren, die vom Rhapsoden, dem fahrenden Sänger, anspruchsvolle Unterhaltung erwarteten und Dramatik, rührende Szenen und feinen Humor zu schätzen wußten. Es wäre naiv, jeden seiner Verse für bare Münze zu nehmen. Die Musen können »vielfältig lügen«.

Hesiod läßt in seinen beiden Hauptwerken, dem Epos »Theogonie« und dem Lehrgedicht »Werke und Tage«, kein gutes Haar am weiblichen Geschlecht. Er bedauert die Bauern, die sich auf kargen Äckern abrackern, nur damit die ihnen angetrauten »Luxusgeschöpfe« sich zu Hause einen schönen Tag machen können:

> *So wie die Bienen im Gewölbe der Körbe*
> *die Drohnen füttern, die Bande von Taugenichtsen –*
> *erstere müh'n sich den langen Tag bis zum Sinken der Sonne*
> *ohne Pause und stapeln das schimmernde Wachs;*
> *die Drohnen aber lungern im Gewölbe der Körbe*
> *und füll'n sich mit fremder Ernte den eigenen Bauch –*
> *ganz so hat der Donnerer Zeus den sterblichen Männern*
> *die Frauen zur Plage bestimmt.«* (Th. 594)

Den »Plagegeistern« aber aus dem Weg zu gehen und unverheiratet zu bleiben, war für Hesiod auch keine Lösung. Der Junggeselle hatte im Alter niemanden, der ihn pflegte, und wenn er starb, rissen wildfremde Menschen die Erbschaft an sich. Da war dann die Ehe vielleicht doch das kleinere Übel, aber nur, wenn man seine Frau sorgfältig auswählte:

> *»Wenn du alt genug bist, hol eine Frau dir ins Haus:*
> *Mach's nicht sehr lange vor deinem dreißigsten Jahr*
> *noch sehr lange danach; dann hast du das richtige Alter zur Hochzeit.*
> *Die Frau aber verheirate sich im fünften Jahr ihrer Reife.*
> *Nimm eine Jungfer zur Frau und lehre sie rechtes Benehmen.*
> *Doch handle immer mit Umsicht, sonst haben die Nachbarn etwas*
> *zu lachen.*
> *Denn es gibt für den Mann nichts Besseres als eine Ehefrau,*
> *die etwas taugt, nichts Schlimm'res dagegen als eine schlechte,*

die nur schmarotzt und die ihren Mann, so kräftig er sein mag,
absengt ohne Fackel und vorzeitig ihn zum Greise macht.«
(W&T 695)

Hesiod ist für uns der Stammvater der literarischen Misogynie. Drei böse Vorurteile gegen das weibliche Geschlecht hat er als erster ausformuliert:

1) Die Frau ist faul, verfressen und lebt schamlos auf Kosten des Mannes.

2) Die Frau ist kokett und treulos, so daß ihr Ehemann keine ruhige Minute hat.

3) Die Frau untergräbt durch ihre sexuelle Unersättlichkeit die Gesundheit des Mannes.

Kurz: Frauen sind der Ruin des braven Mannes, finanziell, psychisch und körperlich.

Aber da es ohne sie nun einmal nicht geht, gilt es, geeignete Vorbeugemaßnahmen zu ergreifen: Der Mann sucht sich am besten ein Mädchen, das halb so alt ist wie er selbst. Er wird ihren Körper beherrschen und dank seiner väterlichen Autorität auch ihre Seele kontrollieren. Er kann sie verprügeln, wenn sie eigensinnig ist oder nicht genug arbeitet. Er kann sie im Hause eingesperrt halten, damit sie keine fremden Männer zu Gesicht bekommt. Und die »Unersättlichkeit« der Frau erstickt er durch Lieblosigkeit im Keime. Unterdrückung? Mißhandlung? Seelische Grausamkeit? Nein, grantelt Hesiod: Ein klarer Fall von Notwehr!

Sein Ausblick auf die Welt ist deprimierend, seine Laune gewöhnlich miserabel: Die Nachbarn stehlen, der Knecht ist faul, das Wetter eine Katastrophe, jeder Tag eine Mischung aus Arbeit, Verdruß und Angst vor dem Morgen. Alles geht den Bach runter. Wohin er auch blickt, Sünde und Sittenverfall. Er allein hält die Fahne der Rechtschaffenheit hoch, predigt Fleiß, Sparsamkeit und Ehrlichkeit.

Wenn er über Frauen spricht, schwankt er zwischen Zorn und Pragmatismus. Seinem Bruder empfiehlt er:

»Zuerst beschaff dir ein Haus, dann ein Weib, dann einen Ochsen
zum Pflügen!« (W&T 405)

Als billige Arbeitskraft hat die Frau immerhin ihre Existenzberechtigung. Im Regelfall aber bringt sie den Mann um die Früchte seiner Arbeit. Sie ist eine Strafe, von den Göttern gesandt.

Denn – so erzählt Hesiod – als Zeus die Menschen (d.h. die Männer) für ihre Überheblichkeit strafen wollte, schickte er Pandora auf die Erde, eine wunderschöne, vom Götterschmied Hephaistos zusammengebaute Androidin. Die trug in einer Büchse alle Übel in die Welt. Die Männer, von Pandoras Schönheit geblendet, nahmen sie bei sich auf. Als sie die Büchse öffnete, schwärmten Krankheiten und Krieg, Armut und Hunger über die Erde aus.

Pandora ist bei Hesiod der Prototyp aller Frauen:

> *Von ihr nämlich stammt ab das Geschlecht der Frauen,*
> *die als schlimme Plage bei den sterblichen Männern wohnen.«*

(Th. 591)

Folglich stecken die Männer in einem Dilemma: Metaphysisch gesehen, ist die Frau ein Fluch, im täglichen Leben aber ist sie nicht zu entbehren. Was tun? Die Israeliten jagten ihren Sündenbock in die Wüste. Hesiod empfiehlt, ihn als Nutztier zu halten. Jedenfalls sieht es aus der Entfernung von knapp drei Jahrtausenden so aus.

In den letzten Jahren wurden zahlreiche »Frauen-Krimis« veröffentlicht, in denen malträtierte Vertreterinnen des weiblichen Geschlechts ihre Männer mit List und Lust auf unorthodoxe Weise entsorgen. Aber vermutlich plädiert keine der Autorinnen dafür, die Männer tatsächlich mit Axt und Arsen zu bearbeiten. Satirisches Schreiben ist ein Rollenspiel. Der Autor/die Autorin nimmt eine Pose ein. Das zeitgenössische Publikum weiß diese Pose zu deuten. Spätere Zeiten haben es da schwerer.

Möglich, daß auch Hesiod Opfer eines grotesken Mißverständnisses geworden ist. Vielleicht darf man sein Bauern-Lamento ebensowenig ernst nehmen wie Homers Schwänke. Vielleicht schmunzelten die Zuhörer über den Drohnen-Vergleich, weil sie wußten, welche Rolle im Bienenvolk die Drohnen tatsächlich spielen. Vielleicht wurde die rustikale Eheberatung von den Damen im Publikum mit »hesiodischem Gekicher« quittiert.

Platons Schäferhündinnen

Im 6. Jahrhundert v. Chr. vollzieht sich der Übergang vom Mythos zum Logos. Die Herrschaft der Bilder wird vom Regiment der Begriffe abgelöst. An die Stelle des Sehers tritt der Philosoph.

Im 5. Jahrhundert erlebt Athen seine Blütezeit. Die Perser sind besiegt, das Selbstbewußtsein der Griechen findet auf der Akropolis einen weithin strahlenden Ausdruck. Unterhalb des Burgbergs begegnen sich Phidias, Euripides und Sokrates. Auch Herodot schaut zwischen seinen Reisen mal vorbei. Sophisten propagieren die Umkehrung aller Werte und verdienen sich eine goldene Nase damit. Die Götter haben abgedankt. Der Mensch ist das Maß aller Dinge. Oder vielmehr der Mann. Denn am Alltag der Frauen hat sich so gut wie nichts verändert.

427 v. Chr. wurde der Philosoph geboren, der als erster Grieche ernsthaft über die Rolle der Frau in der Gesellschaft nachdenken sollte. Platons Kindheit und Jugend waren vom selbstmörderischen Peloponnesischen Krieg überschattet. Immer wieder fielen die Spartaner brandschatzend in Attika ein, und nur ihre hohen Stadtmauern schützten die Athener vor der Vernichtung. Als Sohn aristokratischer Eltern mußte Platon nicht für seinen Lebensunterhalt arbeiten. Nachdem er sich eine Zeitlang als Dichter versucht hatte, wurde er durch Sokrates in den Bann der Philosophie gezogen. Gerade feierte er seinen vierundzwanzigsten Geburtstag, da mußten die Athener und ihre Aliierten kapitulieren. Die siegreichen Spartaner setzten eine Marionettenregierung ein, die Junta der »Dreißig Tyrannen«. Einige der neuen Machthaber, Verwandte Platons, forderten ihn zur Mitarbeit auf. Zu seinem Glück widerstand er der Versuchung, denn bereits nach einem Jahr wurden die Dreißig Tyrannen vom Volk vertrieben. Doch die »Demokraten« waren kaum besser. 399 verurteilten sie Sokrates in einem Skandalprozeß zum Tode. Die Hinrichtung seines alten Lehrers veranlaßte Platon, der praktischen Politik ganz den Rücken zu kehren. Stattdessen reiste er nach Unteritalien und widmete sich der politischen Theorie. Seine Antwort auf die Bürgerkriegswirren, die Griechenlands Stadtstaaten damals erschütterten, war die Vision einer utopischen Republik.

Platons Staat ist pyramidenartig aufgebaut: Die Basis bildet die Schicht der Bauern und Handwerker, die für den Lebensunterhalt zuständig sind. Für die innere Sicherheit und den Schutz vor äußeren Feinden sorgt die Wächterkaste. Aus der wiederum gehen – als vergoldete Pyramidenspitze – die Philosophenkönige hervor.

Platons Interesse gilt vor allem der Erziehung der Wächter. Diese sollen die Bauern und Handwerker bewachen, so wie Hütehunde eine Schafherde lenken und schützen. Die Frage nach den Aufgaben der Wächter-Frau beantwortet er mit einem Analogieschluß:

»Können wir annehmen, daß die Weibchen der Hütehunde zusammen mit den Rüden die Herde bewachen müssen, und mitjagen und was sonst noch zu tun ist, alles gemeinsam, oder daß die einen drinnen im Haus bleiben, weil sie wegen der Geburten und der Aufzucht der Jungen dafür nicht taugen, und daß die anderen sich abmühen und sich allein um die Herde kümmern?

Alles gemeinsam, sagte er; nur daß wir die einen als schwächer behandeln, die anderen als stärker.

Ist es nun aber möglich, fuhr ich fort, ein Wesen für die gleiche Aufgabe zu verwenden, wenn man ihm nicht die gleiche Erziehung und Bildung zukommen läßt?

Nein, das ist nicht möglich.

Wenn wir also die Frauen zum selben Zweck verwenden wollen wie die Männer, so muß man sie auch gleich unterrichten?

Ja.

Den Männern wurde die Musik und die Turnkunst zugewiesen?

Ja.

Auch den Frauen also muß man diese beiden Künste und das Kriegshandwerk zuweisen und sie auf dieselbe Weise verwenden.

Das ist natürlich nach dem, was du sagst, erwiderte er.«

(Staat 451c)

»Frauen können grundsätzlich das gleiche leisten wie Männer, unter der Voraussetzung, daß man ihnen die gleiche Erziehung angedeihen läßt« – Platons Zeitgenossen schüttelten mit dem Kopf, als sie dies lasen. Denn die Frau führte im klassischen Athen traditionell ein Schattendasein – sowohl im übertragenen als auch im konkreten Sinne des Wortes.

Auf vielen griechischen Vasen haben die dargestellten Frauen, im Unterschied zu den Männern, eine weiße Haut. Makellose Blässe war ein Zeichen von Vornehmheit und Tugend. Die Frau eines wohlhabenden Mannes hatte es nicht nötig, sich bei der Feldarbeit dem Sonnenlicht auszusetzen. Sie beaufsichtigte die Hausklavinnen, verrichtete Handarbeiten oder beschäftigte sich mit den Kindern. Bei Ausflügen an die frische Luft hüllte sie sich in lange Gewänder und verschleierte ihr Gesicht.

Im öffentlichen Leben spielten Frauen, von einigen religiösen

Festen abgesehen, keine Rolle. Sie hatten kein Mitspracherecht in der Politik, ihre zivilen Rechte wurden von einem männlichen Vormund (in der Regel Vater oder Ehemann) wahrgenommen, auch im Geschäftsleben wurden sie wie Minderjährige behandelt: Die athenischen Gesetze erlaubten ihnen nur Bagatellverträge bis zu einem Wert von einem Scheffel Gerste (ca. 50 Liter).

Wieviel Freiheit die »freie« Athenerin tatsächlich hatte, hing vom Gutdünken ihres Mannes ab. Wenn er konservativ oder eifersüchtig war, durfte sie sich nicht einmal in ihrem eigenen Haus ungezwungen bewegen. Sie wurde in den dunklen Frauengemächern, die gewöhnlich im ersten Stock lagen und für Männer tabu waren, wie eine Gefangene gehalten. Es gab aber auch verheiratete Frauen, die sich auf der Straße und auf dem Markt sehen ließen.

Die öffentliche Meinung verlangte von der Frau jedenfalls Unscheinbarkeit und Schweigen. In der berühmten Rede, die der demokratische Führer Perikles im Kriegswinter 431/430 zu Ehren der Gefallenen hielt, riet er den Witwen: »*Für euch ist es ein Ruhmesblatt, wenn ihr nicht unter eure natürliche Bestimmung herabsinkt und bei den Männern möglichst wenig – sei es durch Tugend, sei es durch Tadel – ins Gerede kommt.*« (Thukydides II 45)

Vor diesem Hintergrund wirken Platons Überlegungen radikal:

»*Keine der Aufgaben also, mein Freund, aus denen die Verwaltung des Staates besteht, sollte eine Frau verrichten, nur weil sie eine Frau ist, noch ein Mann, nur weil er ein Mann ist. Vielmehr sind die Begabungen unter beide Geschlechter gleichmäßig verteilt, und an allen Aufgaben muß die Frau, ebenso wie der Mann, naturgemäß beteiligt werden, bei allem aber ist die Frau schwächer als der Mann.*

Allerdings.« (Staat 455d)

Um ihre von Natur schwächeren Körper für den Wächterdienst zu stählen, sollen auch die Frauen regelmäßig trainieren. »Aber«, gibt der Gesprächspartner zu bedenken, »werden die Männer nicht Anstoß nehmen oder sich totlachen, wenn die Frauen splitternackt durchs Stadion wetzen oder einander beim Ringkampf die eingeölten Gliedmaßen verrenken? Ist denn das nicht widernatürlich?«

Sokrates-Platon kontert, daß vielmehr der geltende Brauch, die Frauen ohne Rücksicht auf ihre Neigungen zu einem passiven Leben im Haus zu bestimmen, die Natur vergewaltige. Und an den Anblick weiblicher Nacktheit werde man sich rasch gewöhnen.

»Der Mann aber, der über Frauen lacht, die aus ehrenwerten Motiven nackt turnen, ... weiß offenbar nicht, worüber er lacht und was er tut. Denn das ist und bleibt doch wohl die schönste Maxime, daß das Nützliche schön und das Schädliche häßlich ist?

Allerdings.« (Staat 457a)

Nackte Frauen im Gymnasium, das war ein starkes Stück für die Athener. Aber Platon mutete ihnen noch mehr zu:

»Da Männer und Frauen aber nun Wohnungen und Mahlzeiten gemeinsam haben und keiner etwas derartiges für sich allein besitzt, so werden sie natürlich beisammen sein; und da sie auch auf Turnplätzen und beim sonstigen Unterricht gemischt beisammen sind, so werden sie, denke ich, vom angeborenen Trieb zur Paarung getrieben werden; oder scheint dir das, was ich sage, nicht zwingend?

Nicht mit mathematischer, aber mit erotischer Notwendigkeit, antwortete er, und letztere scheint die breite Masse mit mehr Macht zu beeinflussen und zu bestimmen als jene.

Allerdings, erwiderte ich.« (Staat 458d)

Wo Männer und Frauen ungezwungen miteinander umgehen, da kommt es zu einer ganzen Reihe von sexuellen Kontakten. Folgen daraus nicht automatisch Eifersucht und Gewalt, Mord und Totschlag? Um solche negativen Auswüchse zu verhindern, muß die traditionelle Familienstruktur aufgebrochen werden:

»Hieran schließt sich, wie ich glaube, folgendes Gesetz an:

Welches?

Daß all diese Frauen all diesen Männern gemeinsam gehören und keine Frau mit einem Mann gesondert zusammenwohnt, und daß ebenso die Kinder Kollektivbesitz sind und kein Vater sein Kind kennt noch ein Kind seinen Vater.« (Staat 457d)

Natürlich ist Platons Staat keine Nudistenkommune, wo fröhlich kreuz und quer kopuliert wird, wenn man nicht gerade der Lyra lauscht oder den Diskus schleudert. Alles, auch die Sexualität, steht im Dienste der Staatsraison, und Zweck des Geschlechtsverkehrs ist die Zucht von möglichst tüchtigem Nachwuchs.

»Es müssen demzufolge die besten Männer möglichst oft mit den besten Frauen schlafen, und die schlechtesten Männer mit den schlechtesten Frauen möglichst selten, und die Kinder der einen muß man aufziehen, die der anderen aber nicht, wenn die Herde möglichst gut werden soll.

Und denjenigen unter den jungen Männern, die im Kriege oder sonstwo sich tüchtig erweisen, muß man unter andern Auszeichnungen und Preisen wohl auch die häufigere Erlaubnis, bei Frauen zu schlafen, erteilen, damit zugleich auch unter diesem Vorwand möglichst viele Kinder von solchen gezeugt werden.

Richtig.« (Staat 459d – 460a)

Unter dem Gesichtspunkt der Eugenik wird auch dem richtigen Alter große Bedeutung beigemessen, und der empfohlene Altersunterschied ist noch derselbe wie bei Hesiod:

»Bist du nun mit mir einverstanden, daß das beste Alter bei der Frau zwanzig und beim Manne dreißig Jahre ist?

In welcher Beziehung? fragte er.

Bei der Frau vom zwanzigsten bis zum vierzigsten Jahr, um für den Staat zu gebären, beim Manne aber von da an, wo er die Bestleistung im Laufen gezeigt hat, bis zu seinem fünfundfünfzigsten Jahre, zu zeugen für den Staat.

Wenigstens, erwiderte er, ist das bei beiden der Höhepunkt der körperlichen und geistigen Entwicklung.« (Staat 461a)

Erst wenn Mann und Frau ihre staatsbürgerlichen Pflichten erfüllt haben, erhalten sie die Erlaubnis, ihrem Herzen oder ihren Hormonen zu folgen. Im gleichen Atemzug wird ihnen nahegelegt, Kinder, die aus einer solchen Verbindung hervorgehen, abtreiben oder verhungern zu lassen:

»Wenn dann aber, denke ich, die Frauen und Männer über das Alter des Zeugens hinaus sind, so werden wir ihnen Freiheit lassen zu schlafen, mit wem sie wollen …; und zwar dies alles erst, nachdem wir sie aufgefordert haben, möglichst dafür zu sorgen, daß der Nachwuchs, wenn er gezeugt ist, gar nicht das Licht der Welt erblicke, wofern es aber nicht verhindert werden kann, es so zu halten, als gäbe es keine Nahrung für ihn.« (Staat 461c)

Der platonische Modellstaat ist ein Versuch, die Probleme der Menschheit ganzheitlich zu lösen. Die drei Kasten des Gemeinwesens repräsentieren die drei Seelenteile des Individuums, wie Platon sie sah: Vernunft (Philosophenkönige), Mut (Wächter) und Triebhaftigkeit (Bauern und Handwerker). Der Staat ist ein anthropomorpher Makro-Organismus. Wenn jeder Mensch seinen Platz in der Gesellschaft akzeptiert, wenn die Vernunft regiert, der Mut kämpft, und die Triebhaftigkeit sich bei der Arbeit austobt, dann wird der Staat stabil bleiben, eine harmonische staatliche Ordnung wiederum garantiert dem Individuum ein Maximum an Sicherheit und Glück.

Platons Beurteilung der Geschlechter stand im Gegensatz zur herkömmlichen Auffassung. Mut und Vernunft wurden und werden gewöhnlich mit dem Mann assoziiert, während die Triebhaftigkeit (alias Wankelmut, alias Hysterie, alias Ängstlichkeit) angeblich das natürliche Erbteil der Frauen bildet.

Drei Einflüsse ermunterten Platon dazu, dieses Vorurteil zu ignorieren:

• Er hatte von Sokrates gelernt, Konventionen nicht ungeprüft gelten zu lassen.

• Durch seine Auseinandersetzung mit den Sophisten war ihm die Unterscheidung zwischen *nómos* (gesellschaftliche Norm) und *physis* (Naturgegebenheit) geläufig – und wer die Augen aufmachte, mußte sehen, daß die Athener Frau ihre stumme Rolle nicht der Natur, sondern männlicher Gesetzgebung verdankte.

• Zum dritten war Platon weit gereist; daher wußte er, daß die Athener Verhältnisse so schrecklich vorbildlich nicht waren.

Reisen

Eine seiner Reisen führte Platon nach Unteritalien. Dort gab es zahlreiche griechische Kolonien, und dort lag das Zentrum der pythagoreischen Philosophie. Pythagoras selbst – er lebte ca. 570 – 500 v. Chr. – hatte in Ägypten und Chaldäa Mathematik und Astronomie studiert und eine umfassende Philosophie der Zahl entwickelt. Darüber hinaus lehrte er die Abschaffung des Privateigentums, die Seelenwanderung und – aus welchem Grund, war schon in der Antike umstritten – die Verehrung der Bohne. Unter seinen Anhängern genoß er ein ähnliches Ansehen wie weiland Bhagwan in Poona.

Wie Pythagoras zu den Frauen stand, läßt sich vielleicht aus einer Bemerkung des Diogenes Laertios erschließen: »*Die Bürger … waren des festen Glaubens, Pythagoras habe etwas Gottverwandtes an sich, so daß sie sogar ihre Frauen ihm in die Lehre gaben, um von seiner Weisheit etwas auf sie übergehen zu lassen. Diese wurden Pythagoreerinnen genannt.*« (DL VIII 41)

Frauen im Philosophenashram – eine Kuriosität in der griechischen Männergesellschaft. Ein weiteres Indiz für die Wertschätzung der Frau bei den Pythagoreern ist die Tatsache, daß Theano, die Gattin des Gurus, ein Buch über dessen Lehre verfaßt haben soll. Leider ist Theanos Existenz umstritten, und das Buch, wenn es denn überhaupt je geschrieben wurde, verschollen. Die Lehre des Pythagoras muß daher aus Fragmenten, die bei anderen Schriftstellern zu finden sind, rekonstruiert werden.

So ist der Titelheld in Platons Dialog »Timaios« ein Pythagoreer. Er erklärt seinem Gesprächspartner Sokrates, daß jede (ursprünglich männliche) Seele auf einem für sie reservierten Stern zu Hause sei. Das Leben auf der Erde bedeute für sie ein Exil, in dem sich ihre Charakterfestigkeit bewähren müsse.

»Wer die ihm zugeteilte Zeit tadellos durchlebt hätte, der würde dann, wieder heimgekehrt auf das mit ihm gepaarte Gestirn, ein glückseliges und edles Leben führen. Wer aber hierin versagt hätte, der müßte bei der zweiten Geburt die Natur der Frau annehmen.« (Timaios 42c)

Und wer es auch als Frau nicht schafft, tugendhaft zu leben, wird als Tier wiedergeboren.

Einerseits also wird die Frau als Mensch zweiter Klasse eingestuft, irgendwo auf der Skala zwischen Mann und Tier, und die Demütigungen des Frauenlebens werden als Strafe für vergangene Sünden interpretiert. Andererseits ist die Seele einer Frau aus dem gleichen Stoff gemacht wie die des Mannes, jeder Mann kann als Frau wiedergeboren werden, jede Frau in männlicher Gestalt. Die zwei Geschlechter sind Erscheinungsformen ein und desselben Seelentyps, und der ist göttlichen Ursprungs. Die moralische Konsequenz dieser Lehre muß für die Frau lauten: »Nimm dir tugendhafte Männer zum Vorbild!« Und für den Mann: »Betrachte die Frau als gestrauchelte Seele und steh ihr als Bewährungshelfer bei!«

Das mag der Grund dafür gewesen sein, daß die Pythagoreer Frauen in ihren Kreis aufnahmen und daß Platon seine Wächterinnen auf die gleiche Weise wie ihre männlichen Kollegen erzog.

Mit wirklicher Gleichberechtigung hatte das nicht viel zu tun. Die Wächterfrauen sollten nach dem Bild des Mannes geformt werden, körperlich und geistig. Ihr Geschlecht sollte – abgesehen von der Fortpflanzungsfunktion – nach Möglichkeit verborgen und ausgelöscht werden. Nach pythagoreischer Doktrin wäre eine ideale Welt ausschließlich von Männern bevölkert. Als zwei gebildete Frau-

en, Lastheneia und Axiothea, Vorlesungen in Platons Akademie an-
hören wollten, wurden sie zwar eingelassen, mußten sich aber vorher
als Männer verkleiden.

Platon soll auch Ägypten bereist haben. Das darf bezweifelt werden. In seinem autobiographischen »Siebenten Brief« erwähnt er
nur die Reisen nach Unteritalien und Sizilien. Von Ägypten kein
Wort. Doch sicherlich hatte er durch seinen Kontakt mit den Pythagoreern detaillierte Kenntnisse über das Land der Pharaonen.

Die ägyptische Gesellschaft gliederte sich in Kasten, es gab eine
gelehrte Priesterkaste, eine elitäre Kriegerkaste, sowie die untergeordneten Kasten der Handwerker, Hirten, Schiffer usw. Die ägypti-
schen Frauen waren den Männern weitgehend gleichgestellt. Herodot, der Mitte des fünften Jahrhunderts einige Monate in Memphis,
Theben und Heliopolis verbracht hatte, notierte verwundert: *»In
Ägypten gehen die Frauen auf den Markt und treiben Handel, und die
Männer sitzen zu Hause und weben.«* Emanzipation total: *»Die Frauen
lassen ihr Wasser im Stehen, die Männer im Sitzen.«* (Historien II 35)

Das ägyptische Modell hat offenbar bei der Entwicklung des pla-
tonischen Idealstaates Pate gestanden. Die unglaubliche Beständigkeit des Kastensystems dürfte es Platon angetan haben. Er träumte
von einer Verfassung, die dem Staat Stabilität und ein ewiges Leben
garantierte. Ägypten war diesem Ziel beachtlich nahe gekommen.
Davon zeugten die Pyramiden.

Spartopia

Platon mußte nicht an den Nil fahren, um ein Vorbild für seinen
Staat zu finden. Utopia lag nur 250 km von Athen entfernt. Mitten
auf der Peloponnes existierte seit Jahrhunderten eine kleine Polis –
mehr Dorfstaat als Stadtstaat –, die dank ihrer militärischen Erfolge
zum »Mythos Sparta« werden sollte. Eine Kriegerkaste von durch-
trainierten, hochmotivierten Hopliten (479 v. Chr. in der Schlacht
von Plataä waren es 5000 Mann) hielt nicht nur eine vielfache Übermacht von unterworfenen Heloten in Schach (479 v. Chr. betrug
ihre Zahl 35000), sondern dominierte auch halb Griechenland und
triumphierte im Jahre 404 sogar über das mächtige Athen.

Die Frauen der Spartiaten nahmen ebenfalls eine Sonderstellung in Griechenland ein. Auch sie – so hatte es der legendäre spartanische Gesetzgeber Lykurg gewollt – wurden nach militärischen Gesichtspunkten erzogen. Er *»kräftigte die Körper der Jungfrauen durch Laufen, Ringen, Diskus- und Speerwerfen, damit die Zeugung der Kinder in kräftigen Körpern erfolge und die Frucht umso besser heranwachse, und damit sie selbst die Geburten mit Kraft bestehen und leicht und gut gegen die Wehen ankämpfen könnten. Weichlichkeit, Verzärtelung und alles weibische Wesen verbannte er und gewöhnte die Mädchen, ebenso wie die Knaben nackt ihre Aufzüge zu halten und bei gewissen Festen zu tanzen und zu singen, in Gegenwart und vor den Augen der jungen Männer.«* (Plutarch, Lykurg 4)

Der Geschlechtsunterschied wurde nicht betont und kulturell vertieft, sondern kaschiert und eingeebnet. Die körperliche Unterlegenheit der Frauen führte nicht zu ihrer gesellschaftlichen Entrechtung. Im Gegenteil: Da Geld und Besitz bei den Kriegern verpönt waren, gewannen die Frauen einen beträchtlichen ökonomischen Einfluß. Aristoteles merkte kritisch an, daß etwa zwei Fünftel des spartanischen Grundbesitzes Frauen gehörten.

Die Spartiaten teilten alles miteinander, das Leben, den Tod, gelegentlich auch ihre Frauen. *»Es war also einem schon älteren Mann einer jungen Frau gestattet, einem tüchtigen jungen Mann, den er erprobt und für geeignet befunden hatte, bei seiner Frau einzuführen, sie von ihm mit gutem Samen befruchten zu lassen und dann das zur Welt gebrachte Kind als sein eigenes anzuerkennen. Und ebenso war es einem rechtschaffenen Mann gestattet, wenn er die Frau eines anderen wegen ihrer Fruchtbarkeit und ihrer sonstigen guten Eigenschaften hochschätzte, von dem Gatten die Erlaubnis zu erbitten, mit ihr zu schlafen, um gleichsam ein fruchtbares Land zu bepflanzen und tüchtige Kinder zu zeugen, dazu bestimmt, mit anderen Tüchtigen verbunden und blutsverwandt zu sein.«* (Lykurg 15)

Was die betroffenen Frauen von dieser Sitte hielten, ist nicht überliefert.

Die Kinder wurden nicht – wie im übrigen Griechenland – als Besitz des Vaters angesehen, sondern als Eigentum des Staates. So entschied auch nicht der leibliche Vater, sondern der Ältestenrat darüber, ob ein Neugeborenes aufgezogen oder an der sogenannten »Ablage«, einem Felsabgrund am Taygetos-Berg, ausgesetzt werden sollte. Die Polis schenkte dem Kind das Leben. Für den jungen

Mann hatten seine Familie und sein Privatvermögen deshalb nur einen vergleichsweise geringen Stellenwert. Wichtig waren ihm die Kameraden, die in der Schlacht Seite an Seite mit ihm kämpften, und das Wohl des Staates. Diese Eigentümlichkeiten Spartas hat Platon in seinen Entwurf übernommen.

Die Hochzeitsnacht in Sparta verlief nach einem bizarren Brauch: *»Man heiratete durch Raub, und zwar keine kleinen, noch unreifen Mädchen, sondern voll erwachsene und reife. Die Geraubte wurde von der sogenannten Brautbedienerin in Empfang genommen. Die schor ihr den Kopf kahl, zog ihr ein Männergewand und Schuhe an und legte sie allein ohne Licht auf ein Strohlager. Dann kam der Bräutigam herein, nicht betrunken und ausgelassen, sondern nüchtern, nachdem er wie immer im Gemeinschaftssaal gespeist hatte, löste ihren Gürtel, hob sie auf und legte sie aufs Bett. Nachdem er seine eheliche Pflicht vollzogen hatte, blieb er nicht lange bei ihr, sondern ging sittsam davon, um wie früher am gewohnten Ort mit den anderen jungen Männern zu schlafen.«* (Plutarch, Lykurg 15)

Sparta stand nicht allein mit derartigen Bräuchen. In Argos mußte die Braut in der Hochzeitsnacht einen Bart tragen. Waren das Relikte alter, magischer Praktiken, die den Bräutigam vor eifersüchtigen Dämonen schützen sollten? Oder sollte die Verkleidung der Braut dem Mann nur helfen, seine Homosexualität zu überlisten?

Die Knabenliebe war im antiken Griechenland allgemein akzeptiert. In Sparta wurde sie zu einem tragenden Pfeiler der Erziehung. Die Jungen lebten vom siebenten Lebensjahr an in festen Gruppen zusammen, trainierten gemeinsam – bei jedem Wetter barfuß und nackt – und wärmten einander auf dem Nachtlager. Im Alter von etwa zwölf Jahren wurden die Jungen dann von erwachsenen Liebhabern »adoptiert«. Dabei stand die sexuelle Beziehung – jedenfalls offiziell – nicht im Vordergrund. Im Idealfall war der Liebhaber Erzieher und Vorbild. In einem Nebensatz erwähnt Plutarch, *»daß auch edle Frauen Jungfrauen zu ihren Geliebten machten«* (Plutarch, Lykurg 18). Die lesbische Liebe war demnach nicht auf Sapphos Mädcheninternat beschränkt, sondern bildete ein natürliches Gegengewicht zur institutionalisierten Homosexualität der Männer.

Tiefsinn und Wahnsinn

Platon war homosexuell. Auch wenn seine »Gesetze« (wiederum nach dem Beispiel Spartas) eine Bestrafung von heiratsunwilligen Männern festschreiben, hat er selbst es vorgezogen, Junggeselle zu bleiben. Und im »Gastmahl« vertritt er die These, die höchste Form der Liebe sei nur unter Männern möglich.

»Diejenigen, … deren Zeugungstrieb auf den Körper gerichtet ist, wenden sich mehr den Frauen zu und befriedigen ihre Liebeslust auf diese Weise, um, wie sie meinen, durch Zeugung von Kindern Unsterblichkeit und Fortleben im Gedächtnis und Glückseligkeit ›sich zu erwerben alsbald für alle Zukunft‹.« (Gastmahl 208e)

Diejenigen aber, denen es auf die Seele ankommt, wenden sich den hübschen Jünglingen zu und begeben sich auf eine Initiationsreise in das Mysterium der Schönheit. Der Weg des Liebenden beginnt mit der Verehrung eines jugendlichen Körpers. Doch schon bald tritt die Sinnlichkeit zurück: Der Liebende wird versuchen, im Geliebten eine schöne Seele zu finden oder zu formen. Bei philosophischen Gesprächen wird die Liebe zu den Wissenschaften und Künsten erwachen. Schließlich löst sich das Begehren vom Objekt, und die beiden Liebenden »schauen« die ewige, abstrakte Idee des Schönen. Eine Frau in diese metaphysische Peep-Show mitzunehmen, erschien Platon unpassend. Das Reich der Ideen war Frauen verschlossen.

Es sei denn, sie wären Hellseherinnen, so wie Diotima, jene weise Frau aus Mantinea, die angeblich Sokrates in das Geheimnis des Eros eingeweiht hat. Oder Themisthokleia, jene Priesterin aus Delphi, die Pythagoras den größten Teil seiner ethischen Lehren diktiert haben soll. Oder die Pythia. Oder die Sibyllen.

Sie alle verfügten über »seherische« Fähigkeiten. Diese verdankten sie jedoch nicht der Philosophie, sondern der Wahrsagekunst (gr.: Mantik). Platon leitet nun die Mantik mit einem etymologischen Taschenspielertrick von der »Manik« ab, d.h. vom Wahnsinn. Der Wahnsinn aber wurde nach altem Volksglauben vom Olymp geschickt.

»In Wirklichkeit vermittelt uns der Wahnsinn die wertvollsten unserer Güter: ein Wahnsinn eben, der als göttliches Geschenk uns verliehen wird. Die Prophetin in Delphi und die Priesterinnen in Dodona haben gewiß in

der Verzückung des Wahnsinns viel Gutes für manches Haus und manche Stadt in Hellas gestiftet, dagegen nur Dürftiges oder gar nichts im Zustande der Besonnenheit.« (Phaidros 244b)

Frauen sind also, wie es Platon scheint, nicht in der Lage, rational und dialektisch zu tiefschürfenden Erkenntnissen zu kommen, wohl aber im Zustand der Besessenheit, wenn ein Gott sie als Sprachrohr benutzt. Ja, aufgrund ihrer nachgiebigen, »durchlässigen« Persönlichkeit sind sie als Medium sogar besonders geeignet. Auf diesem Wege erfassen sie Weisheiten, die dem männlichen Verstand verschlossen sind. Daher kann Sokrates, als Diotima ihre Definition von Liebe verkündet, nur noch staunen: *»Sehergabe gehört dazu, um deine Worte zu deuten: ich begreife sie nicht.«* (Gastmahl 206c)

Kopfgeburten

Das Ressort Weisheit wurde im Kabinett der olympischen Götter von einer Frau verwaltet, von der starken, jungen, schönen und keineswegs wahnsinnigen Athene. Das aber ist nur scheinbar ein Widerspruch. Athene gleicht mehr einem geschlechtslosen Androgyn als einem weiblichen Wesen. Sie nimmt, wenn nötig, männliche Gestalt an. Wo es zum Konflikt zwischen Männern und Frauen kommt, ergreift sie regelmäßig Partei gegen das weibliche Geschlecht. Sie hilft und beschützt Odysseus und Diomedes, Perseus und Achill, ohne sich jemals auf ein Techtelmechtel einzulassen. Artemis, die andere wehrhafte Jungfrau im Kreis der Götter, hat immerhin eine Mondschein-Romanze mit Endymion, und sie betreut ihre Geschlechtsgenossinnen bei Menstruation und Geburt. Athene dagegen verleugnet, in eine schimmernde Rüstung gezwängt, sowohl ihre Weiblichkeit als auch ihre Sexualität.

Dazu paßt, daß sie auf sehr männliche Weise auf die Welt gekommen ist. Der Schmied Hephaistos spaltete Zeus mit einem Beil den schwangeren Schädel, und heraus sprang die Göttin – eine Amazone in voller Rüstung, mit einem Kriegsschrei auf den Lippen.

Diese Kopfgeburt hat Nachahmer gefunden:

Auf der Bühne des griechischen Theaters standen keine Schauspielerinnen. Elektra, Antigone und Klytämnestra wurden von Männern dargestellt. Das hing ebenso mit den kultischen Ursprüngen der Tragödie wie mit den herrschenden Moralvorstellungen zusammen. Eine ehrbare Frau durfte sich nicht öffentlich zur Schau stellen. Eine Hetäre oder Sklavin aber kam als Darstellerin nicht in Frage, weil die Aufführung der Tragödie quasi-rituellen Status hatte. Es gab auf der Theaterbühne weibliche Gestalten, weibliche Probleme und weibliche Leidenschaften, doch keine einzige Frau.

Auch auf der Bühne der sokratisch-platonischen Philosophie stellten Männer beide Geschlechter dar. Das Drama hieß: »Zeugung und Geburt der Erkenntnis«. Die Wahrheit vermehrt sich, wenn wir Platon Glauben schenken, nicht pflanzlich-wuchernd oder durch Zellteilung, sondern geschlechtlich. Sie wird vom Lehrer gezeugt und vom Schüler ausgetragen. Ist sie herangereift, so wird sie unter Schmerzen geboren, und der Lehrer leistet dabei Hebammendienste.

»Es gibt ja auch solche«, lehrt Platons Diotima, »die in der Seele einen noch stärkeren Zeugungstrieb als im Körper haben, und zwar für alles, was die Seele eigentlich erzeugen und in sich reifen lassen soll. Was aber ist das? Weisheit und alle anderen Tugenden. Deren Erzeuger sind nicht nur sämtliche Dichter, sondern auch all jene Künstler, denen man Kreativität zuschreibt.« (Gastmahl 209a)

Lehrer und Schüler bilden in gewisser Weise ein Ehepaar im Geiste:

»So haben denn Genossen dieser Art eine weit innigere Gemeinschaft und festere Freundschaft miteinander als eine auf leiblichen Kindersegen gegründete; haben sie doch schönere und unsterblichere Kinder miteinander gezeugt.« (Gastmahl 209c)

Sokrates vergleicht seine Fragetechnik ausdrücklich mit dem Beruf der Hebamme:

»Mit meiner Entbindungskunst steht es nun im übrigen so wie bei jenen; der Unterschied aber ist der, daß meine Technik Männer, nicht Frauen entbindet, und daß es die Seelen der Männer sind, auf deren Geburtswehen sie ihr Augenmerk richtet, nicht ihre Leiber.« (Theätet 150c)

Als Seelen-Hebamme weiß er, daß es kein Kinderspiel ist, eine Wahrheit zur Welt zu bringen: »Meine Klienten machen nun aber auch insofern dieselbe Erfahrung wie die gebärenden Frauen, als sie an Wehen leiden und Tag und Nacht von Zweifelsschmerzen geplagt werden, weit mehr als jene. Diesen Schmerz vermag meine Kunst zu wecken und auch zu stillen.« (Theätet 151a)

Auch Männer können also die Qualen und das Glück der Geburt

erfahren. Und selbstverständlich stellt in Platons Augen eine unsterbliche Weisheit ein plärrendes Baby in den Schatten. Selbst in der weiblichen Domäne Schwangerschaft erweist sich das männliche Geschlecht als überlegen.

Die Spartaner bestatteten ihre Toten anonym, mit zwei Ausnahmen: Männer, die in der Schlacht gefallen waren, und Frauen, die im Kindbett gestorben waren, wurden als Märtyrer und Märtyrerinnen des Vaterlandes auf dem Grabstein namentlich verewigt.

In der Geburtsmetapher des Sokrates verewigt sich die Selbstverliebtheit der Athener Männer. Es ist wirklich nicht weit her mit der Emanzipation bei Platon. Die Frau als solche ist ihm gleichgültig. Der Staat benötigt sie als Mittel zum Zweck des Nachwuchses. Ansonsten ist Mann sich selbst genug.

Aristoteles und der kastrierte Mann

Aristoteles, Platons begabtester Schüler, verstand sich als Naturforscher. Idealistische Visionen und naturphilosophische Spekulationen waren ihm fremd. Seine Theorien resultierten aus wissenschaftlicher Beobachtung. Er sammelte, sichtete und ordnete mit wahrer Besessenheit. Über Kopfläuse und Wanzen schrieb er mit dem gleichen gründlichen Ernst wie über die unterschiedlichen Staatsverfassungen, das Wesen der Freundschaft und die Logik.

In den Schriften, die sich mit dem Unterschied zwischen den Geschlechtern befassen, knüpfte er an die vorsokratische Naturphilosophie an. Empedokles hatte z.B. behauptet, daß sich männliche Embryonen in einer »heißen« Gebärmutter entwickeln, in einer »kalten« dagegen weibliche.

Das kann nicht sein, sagte Aristoteles: Denn »*häufig entstehen in demselben Teil der Gebärmutter verschiedengeschlechtliche Zwillinge. Dies haben wir oft genug beim Sezieren von allen möglichen lebendgebärenden Tieren, sowohl bei Landtieren als auch bei Fischen, beobachten können*«. (ZG 764a 33)

Aristoteles beschränkte sich also nicht darauf, über die Natur nachzudenken. Er schnitt auch schon mal einen Fisch auf, wenn er sich seiner Sache nicht sicher war – eine Methode, über die seine idealistischen Philosophenkollegen die Nase rümpften.

Über das Verhältnis zwischen Mann und Frau hatte er konsequenterweise ganz andere Vorstellungen als sein Lehrer Platon. Er betrachtete das Problem zuerst einmal aus der Perspektive des Biologen, allerdings ohne Mikroskop, und ohne etwas von Körperzellen oder Chromosomen zu ahnen. Dafür spukten in seinem Kopf die Theorien der Vorsokratiker, z.B. die Lehre, daß die »Hitze« bei der Ausformung der Geschlechter eine entscheidende Rolle spiele. Außerdem trug er natürlich – wie jeder Mensch – ideologische Scheuklappen, die ihn besonders bei den gesellschaftspolitisch relevanten Untersuchungen behinderten. Die Männer waren, wohin er auch schaute, das beherrschende Geschlecht. Daher lautete bei der Untersuchung über den Geschlechtsunterschied seine Fragestellung nicht »Herrschen die Männer eigentlich zu Recht?« oder »Durch welche Doktrin kann ich das Patriarchat rechtfertigen?«, sondern: »Was ist der biologische Grund für die Herrschaft der Männer?«

Aristoteles ging bei seiner Analyse von den Tieren aus und machte dabei einige interessante Beobachtungen:

»Bei den Bluttieren des Landes ... sind meist die Männchen größer und langlebiger als die Weibchen. ... Oben und vorn sind bei allen Tieren die Männchen besser entwickelt, stärker und wehrhafter, während sie in den rückwärtigen und unteren Teilen zierlicher sind als die Weibchen. Dies ist beim Menschen und bei allen Säugetieren des Landes gleich. Auch ist das Weibchen nicht so sehnig und weniger gegliedert, und die Haare sind, soweit vorhanden, viel dünner. Die Weibchen haben auch mehr Wasser im Fleisch und X-Beine und dünnere Waden als die Männchen ... Teile, die von der Natur zum Kampfe bestimmt sind, wie Zähne, Hauer, Hörner, Sporne und dergleichen sind bei manchen Gattungen ganz und gar auf das Männchen beschränkt ...« (TK 538a/b)

Was für Schweine, Rinder und Hirsche galt, ließ sich problemlos auf den Menschen übertragen: Das weibliche Geschlecht *»hat fast immer eine offensichtlich mangelhafte Konstitution, wenn man es mit dem männlichen vergleicht«.* (ZG 727a)

Dagegen läßt sich wenig sagen, solange man die gleichen Kriterien wie Aristoteles anlegt. Auch heute noch ist der Durchschnittsmann größer und kräftiger als die Durchschnittsfrau. Im 100m-Sprint liegt eine knappe Sekunde zwischen den Geschlechtern. Zu Aristoteles' Zeiten wird diese Differenz um einiges größer gewesen sein: Die Athenerin durfte nicht auf den Sportplatz. Oft war ihr Körper im Wachstum zurückgeblieben, da man sie als kleines Mädchen schlechter ernährt hatte als ihre Brüder. Sie war blaß und anfällig für Krankheiten, weil sie die stickige, unhygienische Wohnung nur selten verließ. Ihre Lebenserwartung lag deshalb deutlich unter der der Männer.

Mann und Frau waren – das stand für Aristoteles und die meisten Menschen seiner Zeit außer Frage – so verschieden wie Helios und Selene, die golden strahlende Sonne und der matt schimmernde Mond. Andererseits gehörten Mann und Frau offensichtlich zur selben Art. Beide waren Menschen, und ihre Naturen waren auf geheimnisvolle Weise verwandt. Aber worin bestand diese Verwandtschaft? Und wo genau begann die Differenzierung? Hier war nicht mehr der Biologe gefragt, sondern der Metaphysiker. Aristoteles dachte scharf nach …

Die Natur erschien schon den alten Griechen unglaublich komplex. Die Naturwissenschaft versuchte – und versucht noch heute –, die vielfältigen Phänomene der Welt auf möglichst wenige Prinzipien zurückzuführen. Thales vermutete, das Wasser sei der Urstoff. Am Ende des zweiten Jahrtausends ist die theoretische Physik einer Weltformel auf der Spur, die Quantenmechanik und Relativitätstheorie unter einen Hut bringen soll. Vereinheitlichung war und ist das Ziel der Grundlagenforschung.

Auch Aristoteles suchte nach größtmöglicher Vereinheitlichung. Er setzte voraus, daß den zwei Geschlechtern *ein einziges* Prinzip zugrunde liegen müsse. Dieses Prinzip konnte aber – zumindest nach zeitgenössischer Logik – nur das männliche sein: Wohl könne das Schwächliche aus dem Kraftvollen hervorgehen, niemals aber das Kraftvolle aus dem Schwächlichen.

Die Entscheidung über das Geschlecht eines Menschen fällt – so Aristoteles – in den ersten Tagen der Schwangerschaft: Ursprünglich sei jeder Fötus männlich, d.h. mit sämtlichen Anlagen ausgerüstet. Wenn aber das männliche Prinzip in ihm versage und nicht genügend »Hitze« für die vollständige Entwicklung seiner Anlagen produziere, dann werde aus dem Embryo ein Mängelwesen, eine Art Mißgeburt, d.h. ein Mädchen.

Aristoteles zieht in diesem Zusammenhang die Eunuchen zum Vergleich heran: »*Die Verstümmelung eines einzigen Körperteils reicht aus, um ihre ganze Gestalt zu verändern und sie fast wie Frauen aussehen zu lassen.«* (ZG 766a)

Der Schluß, den er aus dieser Beobachtung zieht, liegt für einen Mann verführerisch nahe: Eine Frau ist das, was herauskommt, wenn ein Fötus – auf welch obskure Weise auch immer – bereits im Mutterschoß seiner Männlichkeit verlustig geht: *»Das weibliche Geschlecht ist gleichsam eine verstümmelte Version des männlichen.«* (ZG 737a 27)

Die »Mißgeburt« ist nicht nur klein und schwächlich, es fehlt ihr auch an der Lebenskraft, die sich im Erzeugen von »Hitze« äußert. Das folgert Aristoteles aus dem Phänomen der Regelblutung.

»Die Frau ist sozusagen ein unfruchtbarer Mann. Sie ist weiblich aufgrund einer Unfähigkeit: Sie kann, weil sie von Natur ›kalt‹ ist, aus dem Endzustand der Nahrung (dies ist das Blut oder bei blutlosen Tieren etwas entsprechendes) kein Sperma ›kochen‹.« (ZG 728a 18)

Aristoteles betrachtete den Körper als eine Art Kochtopf oder Brennofen. Oben warf man Essen ein, und unten kamen Verbrennungsrückstände heraus. So, wie die Nahrung durch »Kochen« zu Blut konzentriert wurde, konnte das Blut seinerseits, wenn genügend »Hitze« zur Verfügung stand, zu Sperma zusammen-»gekocht« werden. Dem heißblütigen Mann gelang das. Sein »Kochtopf« produzierte zwar wenig, aber dafür hochpotentes weißliches Sperma, so wie ein heißes Feuer nur einen geringen Rest an weißer Asche zurückläßt. Dagegen lieferte der weibliche Körper eine große Menge von dunklen Verbrennungsrückständen:

»Wie nun in den Gedärmen mangelnde Verdauung Durchfall hervorruft, so führt mangelnde Verbrennung in den Adern unter anderem auch zur Monatsblutung.« (ZG 728a 21)

Zur Fortpflanzung wurde in der Theorie des Aristoteles sowohl das männliche Sperma als auch der weibliche »Blutdurchfall« benötigt, aber die Rollen waren nicht gleichgewichtig: Der Samen allein gab dem Kind Leben und Gestalt, die Frau nährte den Embryo nur durch ihr überschüssiges Blut. Wo eine Theorie vorhanden ist, finden sich auch Beweise: Die Tatsache, daß der Embryo von Blut lebte, erklärte die Tatsache, daß die Menstruation während der Schwangerschaft ausblieb – und umgekehrt. Die Puzzle-Teile paßten zusammen.

Die prinzipielle Überlegenheit des Mannes fand, wie sich denken läßt, nicht nur im Muskelspiel und in der Spermaproduktion ihren Ausdruck, sondern auch im Charakter:

Nach Aristoteles »*ist die Frau mitleidiger als der Mann, eher zu Tränen aufgelegt, auch neidischer, nachtragender, schmäh- und streitsüchtiger. Die Frau läßt eher als der Mann Mut und Hoffnung sinken, ist schamloser und falscher, weiß sich besser zu verstellen und trägt länger nach, sie schläft weniger, kann sich nicht entschließen und ist überhaupt unbeweglicher als der Mann, dazu weniger nahrungsbedürftig. Hilfsbereiter und, wie schon gesagt, tapferer ist das Männchen. Sogar bei den Tintenfischen kommt dem Weibchen, wenn es mit dem Dreizack gestochen ist, das Männchen zu Hilfe, während das Weibchen flieht, wenn das Männchen getroffen ist.*« (TK 608b 9)

Hier zeigt sich, wie die persönlichen Vorurteile und das Bedürfnis, ein eindeutiges Ergebnis zu präsentieren, eine »wissenschaftliche« Untersuchung entwerten können. Aristoteles suchte nicht nach Beispielen, die seine Theorie widerlegen konnten – etwa die männermordende Gottesanbeterin –, sondern begnügte sich damit, ein einziges anzuführen, das sie zu bestätigen schien. Damit war für ihn bewiesen: Tapferkeit und Vernunft prädestinierten den Mann zur Herrschaft. Es lag offenbar in seiner Natur, daß er über Frauen, Kinder und Sklaven beiderlei Geschlechts regieren sollte.

Die freie Frau stand in der Hierarchie zwar über dem männlichen Sklaven, aber immer unter ihrem Herrn und Meister, sei es nun der Vater oder der Ehemann: »*Desgleichen ist das Verhältnis des Männlichen zum Weiblichen von der Natur so, daß das eine besser, das andere geringer ist und das eine regiert, das andere regiert wird.*« (Pol 1254b13)

Letzten Endes profitierte die Frau davon, wenn sie beherrscht wurde, denn wie der Sklave und das Kind verfügte auch sie nur über einen Bruchteil der männlichen Vernunft: »*Dem Sklaven fehlt überhaupt die Kraft zur Überlegung, die Frau besitzt sie, aber ohne Entschiedenheit, das Kind gleichfalls, aber noch nicht zur Vollendung entwickelt.*« (Pol 1260a 12)

Also mußte der Mann die wichtigen Entscheidungen treffen: »*Denn der Mann ist von Natur mehr zur Leitung geschickt als die Frau (was nicht ausschließt, daß sich das Verhältnis hie und da auch wider die Natur gestaltet) und Alter und Reife mehr als Jugend und Unreife.*« (Pol 1259b2)

Ein Frauenfeind?

Es ist nun leicht, Aristoteles als »Frauenfeind« abzustempeln. Doch man sollte sich ein paar Punkte klarmachen:

Die Zeit, in der Sokrates, Platon und Aristoteles lebten, war von Gewalt beherrscht. Wer seine Unabhängigkeit behalten wollte, mußte dafür kämpfen, und zwar nicht mit Argumenten oder Moralappellen, sondern mit dem Schwert. Freiheit war kein Menschenrecht, sondern der Lohn militärischer Stärke. Einer Polis, die zu schwach war, erging es so wie im Jahre 416 v.Chr. der Kykladeninsel Melos. Die Athener metzelten alle Männer nieder, alle Frauen und Kinder wurden in die Sklaverei verkauft.

Da die Frauen körperlich zu schwach waren, um sich selbst gegen Angriffe zur Wehr zu setzen, waren sie auf ihre Männer angewiesen. Ihre Beherrscher waren gleichzeitig ihre Beschützer. Und die griechische Frau wurde auch nicht – wie laut Aristoteles in »barbarischen« Staaten üblich – als Sklavin, sondern wie ein Mündel behandelt. Aristoteles geht noch einen Schritt weiter, wenn er schreibt: »*Es steht dem Mann zu, sowohl die Frau wie die Kinder zu regieren, und zwar beide Teile als Freie, jedoch nicht in derselben Art, sondern die Frau wie in einer ›Politie‹ (politikôs), die Kinder aber wie in einer Königsherrschaft (basilikôs).*« (Pol 1259a 39)

Das Wort »Politie« steht hier für eine Staatsform, die Elemente von Oligarchie und Demokratie in sich vereinigt. Wer in einer Politie lebt, hat gewisse verfassungsmäßige Rechte. Er ist kein Untertan, sondern Bürger. Aristoteles gibt also die für seine Zeit durchaus moderate Empfehlung: Die wichtigen Entscheidungen sollte der Herr des Hauses treffen, doch in Absprache mit der Frau und unter Respektierung ihrer Würde.

Aristoteles schreibt in Übereinstimmung mit den damaligen Gepflogenheiten: »*Es ist angemessen, die Frauen mit achtzehn und die Männer mit etwa siebenunddreißig Jahren oder etwas darunter zu verheiraten. Denn in diesem Alter werden die Leiber bei der Verbindung gerade in ihrer vollsten Kraft stehen und auch in bezug auf den Ablauf der Zeugungsfähigkeit gleichen Schritt miteinander halten.*« (Pol 1335a 28)

Er selbst hat sich an diese Vorschrift gehalten und zum ersten Mal mit knapp vierzig Jahren geheiratet. Über das Alter seiner Frau Pythias schweigt sich die Überlieferung aus, wir dürfen aber davon ausgehen, daß sie jünger war als er.

Die Bedeutung des Altersunterschiedes kann kaum überschätzt werden. Der Mann besaß bei der Eheschließung einen gewaltigen Vorsprung an Lebenserfahrung. Darüber hinaus hatte er eine umfassende Bildung genossen, war vielleicht weit gereist, hatte sich als Krieger, als Künstler, als Politiker hervorgetan. Im Vergleich zu ihm war seine Braut tatsächlich ein halbes Kind.

Wo immer Menschen – egal, welchen Geschlechts – zusammentreffen, bilden sich Strukturen von Dominanz und Nachgiebigkeit aus. Das läßt sich in jeder Schulklasse, in jeder Firma, in jedem Verein beobachten. Selbst unter gleichaltrigen Freunden entsteht unweigerlich ein Autoritätsgefälle. Hierarchie ist etwas Natürliches, Gleichberechtigung dagegen ein abstraktes Konzept, das der Natur übergestülpt wird.

Die Griechen haben dieses Konzept erfunden und ihm einen Namen – *isonomía* – gegeben. Ursprung der *isonomía* war der Krieg. In der Schlachtordnung der schwerbewaffneten Hopliten war jeder Mann gleich viel wert. Deshalb durfte jeder, der sich eine Rüstung leisten konnte, bei der Entscheidung über Krieg und Frieden mitreden. Später, als die Flotten kriegsentscheidend wurden, kamen auch die besitzlosen »Theten« in den Genuß dieses Rechts, denn sie waren als Ruderer unverzichtbar. Gleichberechtigung war der Lohn für den gemeinsam errungenen Sieg auf dem Schlachtfeld. Die alten, »natürlichen« Hierarchien wurden davon nicht berührt. Frauen blieben ebenso selbstverständlich ausgeschlossen wie Sklaven, Kinder und »Zugereiste«.

In seinem Testament äußert Aristoteles den Wunsch: »*Wo man mich begräbt, dahin sollen auch Pythias' Gebeine überführt werden, und sie sollen dort beigesetzt werden, wie sie es selbst angeordnet hat.*« Seiner Lebensgefährtin Herpyllis, die er nach Pythias' Tod kennengelernt hatte, vermachte er »*zu dem, was ich ihr früher durch Schenkung gegeben habe, noch ein Talent Silber aus meinem Nachlaß, und drei Dienerinnen, wenn sie will, ferner das junge Mädchen, das sie bei sich hat, und als Bedienten den Pyrrhaios; dazu, falls sie in Chalkis wohnen bleiben will, das Fremdenlogis am Garten, wenn sie dagegen in Stagira wohnt, mein elterliches Haus.*« Auch legte er den Nachlaßverwaltern ans Herz, sich weiter um sie zu kümmern, »*denn sie war gut zu mir; insbesondere sollen sie für den Fall, daß sie einen Mann nehmen will, dafür sorgen, daß sie keinem zur Frau gegeben wird, der meiner unwürdig wäre.*« (Diogenes Laertius V 11)

Herpyllis, eine ehemalige Sklavin, hatte mit dieser Erbschaft vermutlich ausgesorgt.

Das Erbe, das der Philosoph in seinen Schriften hinterließ, war – jedenfalls für die Frauen des späten Mittelalters und der frühen Neuzeit – nicht ganz so erfreulich. Aristoteles avancierte zum wissenschaftlich-philosophischen Gewährsmann der christlichen Theologie. Die Lehre, daß die Frau eine Sparversion des Mannes sei, ließ sich wunderbar mit der Rippen-Abkunft Evas in Übereinstimmung bringen. Thomas von Aquin zitiert deshalb, wenn er seine Untersuchung »Über die Schöpfung der Frau« durchführt, den Philosophen gleich mehrfach, selbstverständlich auch die Kernaussage: *»In Hinblick auf ihre spezielle Natur ist die Frau etwas Mangelhaftes.*« (Summa Theologica I q. 92)

Aber auch der andere Aristoteles, der liebende Ehemann und treusorgende Familienvater, hat seine Spuren in der Scholastik hinterlassen, so z.B., wenn Thomas von Aquin sich für die eheliche Treue ausspricht: *»Eine innige Freundschaft kann man nicht mit vielen haben, wie man bei Aristoteles liest. Wenn also die Ehefrau nur einen einzigen Mann hat, dagegen der Mann mehrere Frauen, so wäre die Freundschaft hier keine edle, sondern gewissermaßen eine sklavische.*« (Summa contra Gentiles, cap.124)

In seinen biologischen Schriften versuchte Aristoteles die Frage nach dem körperlichen Unterschied zwischen den beiden Geschlechtern zu klären. Aus der körperlichen Überlegenheit der Männer leitete er – in Analogie zu den Tieren – einen Herrschaftsanspruch ab. In seinen ethischen Schriften liest sich das ganz anders. Hier charakterisiert er die Ehe nicht als Herrschaftsverhältnis oder als Zweckbündnis zur Produktion von Nachwuchs, sondern als innige Gemeinschaft zweier Seelen: *»Zwischen Mann und Frau scheint von Natur aus eine liebevolle Freundschaft (philía) zu bestehen. ... Die Aufgaben sind von vornherein verteilt, für Mann und Frau verschieden. Sie helfen einander, indem jeder seine Gabe in den Dienst der Gemeinschaft stellt. Dadurch kommt auch der Gesichtspunkt des Nutzens und der Lust in dieser Freundschaft zur Geltung. Und alles ruht auf der Tugend, wenn die Partner anständige Menschen sind: Jeder hat seinen Vorzug, und daran haben sie ihre Freude.*« (EN 1162a 16)

Eros

Die Griechischen kannten mehrere Wörter für »Liebe«: *éros*, die leidenschaftliche Liebe; *philía*, die domestizierte Schwester des Eros; *agápe*, die Nächstenliebe, die der Apostel Paulus im 1. Korintherbrief preist. Es paßt zu Aristoteles, daß er im Zusammenhang mit der Ehe von *philía* spricht. Er ist kein leidenschaftlicher Typ, weder Don Juan noch Don José. Bei ihm muß alles seine Ordnung haben, auch das Gefühlsleben. Für den berühmten Stich von Hans Baldung Grien, der Aristoteles als Reittier einer nackten Domina zeigt, gibt es keinen Anhaltspunkt in der Biographie des Philosophen.

Eros, der die Menschen auch gegen ihren Willen packt, sie mit Glück überschwemmt, der Eifersucht ausliefert, mit Herzschmerzen quält und wieder emporreißt zu Sternenflügen der Hoffnung – diese Form der Liebe war Aristoteles offenbar unheimlich. Sie hätte ihn ja von seiner Arbeit abhalten können.

Dafür hat Platon dem Eros ein Denkmal gesetzt. Im »Gastmahl« wird die kosmische Urgewalt der Liebe gefeiert, am witzigsten und tiefsinnigsten vielleicht in jenem Mythos, den der Philosoph dem Aristophanes in den Mund legt.

Die Geschichte in Kurzfassung: Früher war die menschliche Natur anders als heute. Es gab nicht zwei Geschlechter, sondern drei: das männliche, das weibliche und das androgyne, d.h. ›mannweibliche‹. Alle Menschen waren kugelrund, mit vier Beinen, vier Armen und zwei Gesichtern. Sie gingen nicht aufrecht auf zwei Beinen, sondern bewegten sich rotierend fort, indem sie ihre acht Extremitäten wie die Speichen eines Rades ausstreckten. Ihre kreisrunde Form hatten sie von den Eltern geerbt. Das männliche Geschlecht stammte nämlich von der Sonne ab, das weibliche von der Erde, das androgyne vom Mond. Diese Kugelmenschen waren mächtig stark und so stolz, daß sie sogar den Göttern trotzten. Schließlich platzte Zeus der Kragen, und er beschloß, jeden Menschen in der Mitte durchzuschneiden. Gesagt, geschnitten. Nach einer schönheitschirurgischen Versorgung durch Apollon wurden die Halbmenschen zurück auf die Erde gelassen. Da war der Jammer groß: Jede Hälfte sehnte sich nach Wiedervereinigung mit ihrem Gegenstück. Sie schlangen die Arme umeinander und hielten einander fest, in der Hoffnung, so wieder zusammenzuwachsen. Und viele gingen zugrunde, weil sie vor lauter Umarmen das Essen und Trinken vergaßen.

Da erbarmte sich Zeus und half ihnen, indem er ihre Geschlechtsteile nach vorn versetzte und den Beischlaf erfand. – *»Erst so lange ist es her, daß die Liebe den Menschen angeboren ist, daß die ursprüngliche Natur sie zusammenführt und bestrebt ist, aus Zweien Eins zu machen und die menschliche Natur zu heilen. Jeder von uns ist deshalb nur das Halbstück eines Menschen ... und sucht beständig das ihm entsprechende Gegenstück.«* (Gastmahl 191c)

Aus jeder männlichen Kugel sind zwei Homosexuelle geworden. *»Und es sind dies die besten unter den Knaben und Jünglingen, weil sie die männlichsten von Natur sind. ... Im Erwachsenenalter sind sie es – und sie allein –, die sich als brauchbar für die Staatsleitung erweisen. ... Von Natur aus ist ihr Sinn nicht auf Ehe und Nachkommenschaft gerichtet, sie lassen sich vielmehr nur durch den Brauch bestimmen, während sie am liebsten ehelos miteinander leben würden.«* (192 a-b)

Homosexualität wird also nicht als Zeichen von Effeminierung gewertet, sondern als Ausdruck besonderer Männlichkeit.

Alle Hälften von weiblichen Kugelmenschen sind Lesben *»und wollen mit Männern überhaupt nichts zu schaffen haben«.* (191e)

Alle Männer aber, die von einer androgynen Kugel amputiert worden sind, *»sind in die Frauen verliebt, und zu dieser Gattung gehören die meisten Ehebrecher, so wie andererseits alle Frauen dieser Gattung angehören, die in die Männer verliebt und von ehebrecherischen Gelüsten erfüllt sind«.* (191d)

»Fügt es sich nun, daß ein Liebhaber ... auf seine eigene Hälfte trifft, dann werden sie von wunderbaren Gefühlen der Freundschaft und Vertraulichkeit und Liebe ergriffen und möchten am liebsten keinen Augenblick voneinander lassen. Sie bringen ihr ganzes Leben miteinander zu. Dabei wissen sie nicht einmal zu sagen, was sie voneinander wollen, denn der bloße Liebesgenuß im Zusammensein kann es doch nicht sein, weswegen beide zusammen eine so aufrichtige Freude empfinden, sondern etwas anderes ist es offenbar, worauf die Seele beider voll Verlangen hingerichtet ist, etwas Unsagbares, nur in Ahnungen und Rätseln Andeutbares.« (192b–d)

Wenn ein Gott zwei solchermaßen Liebenden anböte, sie auf ewig wieder zu einer *»Kugel«* zusammenzuschweißen, so würden beide Hälften dem begeistert zustimmen. *»Seinen Grund hat das in unserer ursprünglichen Natur: wir waren einmal ganze Wesen. Die Be-*

gierde also und das Streben nach dem Ganzen ist es, was man Eros nennt.« (192e)

Die Liebe – so lautet die Botschaft des Aristophanes im »Gastmahl« – ist nicht das Sahnehäubchen auf dem Kuchen des Lebens, sondern das Backpulver. Wer nicht liebt, bleibt ein halber Mensch, ein ziellos, ruhelos und trostlos auf der Erde umherirrendes Etwas, ein lebendes Gespenst.

Natürlich weiß man – wie immer bei Platon – nicht, was an diesem Mythos vom historischen Aristophanes stammt. Vermutlich ist der Teil, den Platon in diesem Fall beigesteuert hat, eher gering. Die Erzählung trägt die Handschrift des Komödiendichters. Die Hochschätzung der homosexuellen Männer aber könnte auf Platon zurückgehen. Denn Aristophanes liebte die Frauen. In vielen seiner Stücke stehen sie für den gesunden Menschenverstand. »Lysistrate« ruft alle Griechinnen zum Beischlafstreik auf, damit die Männer endlich aufhören, einander zu töten. In den »Ekklesiazusen« übernehmen die Frauen gar die Regierung. Auch im Eros-Mythos kommen die Frauen zu ihrem Recht. Nicht die Frage der Herrschaft steht bei dieser Genesis der Geschlechter im Vordergrund, sondern die Sehnsucht nach der erfüllten Liebe. Nicht die Unterschiede zwischen Mann und Frau werden betont, sondern die Gemeinsamkeiten. Frauen wie Männer sind gleichermaßen bemitleidenswerte, amputierte Wesen auf der Suche nach dem Glück der Ganzheit.

Ein wenig von der Urmacht der Liebe dürfte selbst der Dichterschrat Hesiod geahnt haben. Warum sonst hätte er sie in seiner »Theogonie« ganz an den Anfang gesetzt? Unmittelbar, nachdem das Chaos die Urmutter Erde ausgespuckt hat, läßt es den Eros folgen, *»den schönsten der unsterblichen Götter, den Gliederlöser, der bei allen Göttern und Menschen das Herz in der Brust bezwingt und die vernünftige Absicht.«* (Th. 120)

Hera

Machen wir einen Zeitsprung von der heidnisch-griechischen in die christlich-römische Antike, einen Riesensatz von 700 Jahren. So groß ist die Distanz zwischen Aristoteles und Augustinus. Gewaltige Umwälzungen haben stattgefunden. Alexander hat Persien erobert. Die Römer haben Griechenland erobert. Caesar hat Rom erobert. In Jerusalem wurde Jesus ans Kreuz genagelt. Die Germanen haben Varus' Legionen aufgerieben. Nero hat Rom in Brand gesteckt. Unter Trajan hat das Imperium seine größte Ausdehnung erreicht.

Und irgendwann im zweiten Jahrhundert nach Christus passierte etwas Unheimliches, nie Dagewesenes: Die Welt verlor die Lust an sich selbst. Ein Lebensgefühl, das bis dahin nur kleine, eschatologische Sekten wie z. B. die jüdischen Essener beherrscht hatte, griff um sich und wurde zu einem Massenphänomen. Das Diesseits, der Körper, die Sexualität wurde als Gefängnis empfunden, und eine geheimnisvolle Sehnsucht nach dem Jenseits erwachte. Statt Tugend, Ruhm und Genuß hieß das Lebensziel nun Askese. Gott wohnte nicht mehr im Tempel, sondern in den lebendigen Herzen, und die Herzen brannten wie Dornbüsche …

Der Erbsünder – Augustinus

Leben und Lieben:

354   Augustinus wird in Thagaste (Nordafrika, heute Souk-Ahras in Algerien) geboren.

361   Kaiser Julian Apostata versucht die altrömische Religion zu erneuern.

370   Augustinus studiert in Karthago Rhetorik.

371   *Augustinus lebt mit einer Frau zusammen. Er wird ihr 14 Jahre treu bleiben.*

372   Sein Sohn Adeodatus wird geboren.

384   Augustinus lehrt Rhetorik in Mailand.

385   *Er trennt sich auf Monnicas Drängen von seiner Konkubine und verlobt sich.*

386   Er liest die Paulus-Briefe. »Gartenerlebnis« und Bekehrung.

387   Er läßt sich taufen. *Monnica stirbt in Ostia.*

396   Er wird Bischof von Hippo Regius (Nordafrika, heute zerstört).

397   Er beginnt mit der Niederschrift seiner »Bekenntnisse«.

429   Die Vandalen dringen in die Provinz Africa ein.

430   Tod des Augustinus.

(Abkürzungen in den Stellenangaben: Bek. – Bekenntnisse; BC – De bono coniugali; CG – Contra Gaudinum; Civ. dei – Civitas dei; Ench. – Encheiridion; Ep. – Epistulae; Gen. litt. – De genesi ad litteram; Serm. – Sermones; Sol. – Soliloquia; SV – De sancta virginitate; Symb. cat. – Symbolo ad catechumenos)

*

Der Bischof sitzt in seiner Studierstube und schreibt. Er ist etwa fünfundvierzig Jahre alt. Seine Gestalt strahlt innere Ruhe und konzentrierte Energie aus. Flüssig gleitet die Feder über das Pergament. Nur gelegentlich hebt er den Blick, und seine Augen wandern zum Holz-Kruzifix hinauf, das an der Wand hängt. Er hält ein stummes Zwiegespräch mit dem Gekreuzigten, nickt und schreibt weiter. Was er da aufzeichnet, ist seine Lebensgeschichte. Alle Welt soll erfahren, wie Aurelius Augustinus, als Sohn eines Heiden geboren, durch Gottes Gnade zum Christentum kam und Bischof von Hippo Regius wurde. Er erinnert sich an seine dramatische Bekehrung – gut zehn Jahre ist das jetzt her – und an die Zeit davor, an seine Kindheit und Jugend. Wie fern ihm diese Zeit jetzt scheint! Damals war er ein anderer Mensch, zerrissen von Leidenschaften, unsicher im Glauben und ohne Hingabe. Heute hat er die Kraft zum Bekenntnis. Die Sätze quellen nur so aus ihm heraus, wortgewaltig und wohlformuliert, wie er es als Redner gelernt hat. Kaum kann die Feder seinen Gedanken folgen: »*Nebel brauten sich zusammen aus dem Sumpf der Fleischeslust und dem Strudel erwachter Zeugungskraft, und sie umnebelten und umdüsterten mein Herz, daß es nicht mehr zu scheiden wußte zwischen der heitern Schönheit keuscher Liebe und der Finsternis der Lust. Beide wallten und brandeten wild durcheinanderwogend in mir, rissen meine ungefestigte Jugend durch die Abgründe der Leidenschaften und stürzten sie in einen Strudel von Schandtaten.*« (Bek. 2, 2)

Er versteht selbst nicht mehr, wie leichtfertig er damals sündigen konnte. Heute ist sein Lebensweg vom Glauben erleuchtet, und Gott hat es ihm gegeben, daß er, Augustinus, seinerseits unglückliche Menschen aus der Dunkelheit führt. Auch darum schreibt er dieses Buch. Alle sollen sehen, daß jeder Sünder gerettet werden kann, mögen seine Verfehlungen noch so schlimm sein. Nein, es geht ihm nicht um Selbstdarstellung. Das Beispiel seiner wunderbaren Bekehrung soll bewegen und Mut machen, ihm auf seinem Weg zum Heil zu folgen. Denn das Ende der Welt ist nahe.

Kindheit und Jugend

354 nach Christus: Gut 40 Jahre sind vergangen, seit das Toleranzedikt Kaiser Konstantins die Sekte der Christen hoffähig gemacht hat. Noch etwa 120 Jahre wird das Weströmische Reich dem Ansturm der Barbaren standhalten. Im Norden brechen bereits die Dämme: Franken, Alemannen und Sachsen dringen in Gallien ein. Im Süden hört man die Nachrichten mit Sorge, doch Gallien ist weit, und in der Provinz Africa proconsularis lebt man noch relativ ruhig. Das Land liegt grün und fruchtbar zwischen Meer und Wüste. Die numidischen Bauern versorgen die Hauptstadt der Welt mit Getreide. Die Verwaltung funktioniert. Die verschiedenen Religionen kommen einander nicht ins Gehege.

In dem kleinen Ort Thagaste wird ein Junge geboren. Patricius, der Vater, besitzt das römische Bürgerrecht, aber nicht viel Geld. Er muß den Lebensunterhalt für seine Familie als kleiner Verwaltungsbeamter verdienen. Trotzdem – oder gerade deshalb – hat er ehrgeizige Pläne. Der Junge soll einmal etwas Großes werden, ein Staranwalt, ein gefeierter Redner. Vielleicht bekommt das Kind deshalb einen klangvollen Namen, der an zwei bedeutende Kaiser erinnert, an Augustus und Marc Aurel.

Augustinus erfüllt die Erwartungen. Er ist hochbegabt und strebsam, auch wenn er die Grundschule haßt und besonders den Griechischunterricht oft verflucht. Patricius kratzt seine letzten Sesterzen zusammen, um dem Filius eine gute Ausbildung zu ermöglichen: Mit fünfzehn Jahren studiert Augustinus an der Universität von Madaura, mit siebzehn wechselt er in die Provinzhauptstadt Karthago. Dort erwirbt er sich durch das Studium Vergils und anderer Klassiker Virtuosität im Umgang mit der lateinischen Sprache; eine Schrift von Cicero weckt seine Begeisterung für die Philosophie; er erfährt aber auch, daß eine lebendige Dirne bisweilen verführerischer ist als die verblichene Dido und alle Philosophen zusammen. Der Bischof Augustinus erinnert sich:

»Ich kam nach Karthago, und es sauste und brauste von allen Seiten um mich wie in einem Hexenkessel voll schamloser Affären. Noch liebte ich nicht, und ich mühte mich um das Lieben, und aus einem geheimen Unbefriedigtsein heraus haßte ich mich, daß ich kein größeres Bedürfnis nach Liebe empfände. Es verlangte mich nach etwas, was ich lieben könnte. ...« (Bek. 3,1)

In seiner Not greift der Student zum Nächstliegenden:

»Meine Seele war krank, und voll Schwären warf sie sich auf die Außenwelt, klägliche Linderung zu finden in gieriger Berührung mit den Sinnendingen. ... Lieben und geliebt zu werden war mir weit süßere Lust, wenn ich auch den Leib der Geliebten genoß. So trübte ich den reinen Quell der Freundschaft durch den unreinen Schlamm der Sinnengier und verdunkelte ihren lichten Glanz mit dem Höllenbrodem ausschweifender Lust.« (Ebd.)

Das klingt schlimmer, als es war. Augustinus hatte Rhetorik studiert, und die römische Redekunst malte ihre Sujets gern in scharfen Kontrasten aus. Jede Gefälligkeit wurde zum Zeichen unverbrüchlicher Freundschaft, jeder Eierdiebstahl zum fluchwürdigen Verbrechen. Nein, Karthago war nicht Sodom, Augustinus kein Wüstling. Der Student folgte nur dem Beispiel seiner Kommilitonen und legte sich eine Geliebte zu. Man weiß wenig über sie, nicht einmal ihren Namen. Sie scheint Augustinus geliebt zu haben, auch wenn die Beziehung nicht immer harmonisch war. Es gab heftige Eifersuchtsszenen und Zerwürfnisse. Doch die beiden rauften sich zusammen und lebten fast fünfzehn Jahre lang in einem eheähnlichen Verhältnis. Sie bekam ein Kind von ihm, einen Sohn, der Adeodatus (»Gottesgeschenk«) getauft wurde, und sie begleitete ihn, als er – inzwischen zum Rhetoriklehrer avanciert – nach Rom und von dort nach Mailand ging.

Für Monnica, Augustinus' Mutter, bedeutete diese Liaison eine schwere Niederlage. Sie war eine strenggläubige Christin und hatte ihr ganzes Leben lang darum gekämpft, auch ihre Familie zum rechten Glauben zu bekehren. Dazu gehörte ihrer Auffassung nach auch der Verzicht auf Sexualität. Doch weder Augustinus noch sein Vater waren von der Sündhaftigkeit des Geschlechtslebens zu überzeugen: *»Als mein Vater einst im Bad an mir die Zeichen der Geschlechtsreife gewahr wurde, und mich mit drängender Jugendlichkeit ausgestattet sah, da erzählte er es freudig meiner Mutter, als könnte er schon auf Enkel rechnen. Er jubelte in jenem Freudenrausch, in dem diese Welt dich, ihren Schöpfer, vergißt und statt deiner das Geschöpf liebt, trunken von jenem unsichtbaren Wein eines irregeleiteten und nur dem Niedrigen zugekehrten Triebs.«* (Bek 2,3)

Als Monnica die Neuigkeit erfuhr, bekam sie einen Schreck und nahm ihren Sohn ins Gebet: *»Ich denke daran, wie sie einmal, als wir allein waren, mich mit großer Besorgtheit beschwor, keine Unzucht zu treiben und vor allem nicht die Frau eines anderen zu verführen.«* (Ebd.)

Zu dieser Zeit war Augustinus noch ganz der Sohn seines Vaters: *»Mir schienen dies weibische Ermahnungen, und ich hätte mich geschämt, mich daran zu kehren.«* (Ebd.)

Doch Monnica war entschlossen, um die Seele ihres Sohnes zu kämpfen. Und sie ließ sich auch nicht entmutigen, als sie von seiner Konkubine erfuhr.

Monnica

Monnica war christlich erzogen worden. Sie hatte jung geheiratet und mindestens drei Kinder zur Welt gebracht – bei Augustinus' Geburt war sie 23 Jahre alt. Ihre Ehe stellte sie vor einen Gewissenskonflikt. Patricius glaubte – wenn er überhaupt an etwas glaubte – an die altrömischen Götter, an den numidischen Hochgott Saturn oder an die *Dea caelestis*, die karthagische Himmelsgöttin. Jedenfalls nicht an Christus. Und dadurch geriet Monnica in eine prekäre Situation: Einerseits war sie als gute Christin ihrem weltlich gesinnten Ehemann Liebe und Gehorsam schuldig, andererseits mußte sie, da ihr an seinem Seelenheil lag, versuchen, ihn zum Christentum zu bekehren, auch gegen seinen Willen. Im Bett mußte sie klaglos die »ehelichen Pflichten« erfüllen, gleichzeitig aber darauf hinwirken, daß er die sexuelle Lust verachten lernte.

Sie löste das Problem auf ihre Weise, durch Geduld. So liest es sich wenigstens in der Autobiographie des Augustinus: Danach diente sie Patricius »*als ihrem Herrn, und sie bemühte sich, ihn für dich (Gott) zu gewinnen, indem sie dich (Gott) durch ihre Sitten zu ihm sprechen ließ*«. Seine gelegentlichen Seitensprünge ertrug sie so geduldig, »*daß sie wegen dieser Sache mit dem Gatten niemals auch nur ein gespanntes Verhältnis hatte. Sie hoffte nämlich auf dein (Gottes) Erbarmen mit ihm, daß er zur Keuschheit käme, wenn er an dich glaubte.*« (Bek. 9,9)

Der stete Tropfen höhlte den Stein. Monnicas Frömmigkeit und Geduld trugen nach vielen Jahren den Sieg davon: Bevor Patricius starb, ließ er sich taufen, und Monnica »*hatte, seit er gläubig war, an ihm nicht weiter zu betrauern, was sie ertragen hatte, als er noch nicht gläubig war*«. (Ebd.) Was sie so langmütig ertragen hatte, war neben dem Geschlechtsverkehr vor allem Patricius' Jähzorn gewesen. Die meisten Frauen hätten sich von seinen Wutausbrüchen provozieren lassen. »*Sie aber wußte es, daß man dem jähzornigen Gatten sich niemals widersetzen dürfe, nicht nur im Tun, ja nicht einmal im Wort. War aber sein Zorn gekühlt und er wieder ruhig geworden und sie ersah eine günstige Gelegenheit, so gab sie Rechenschaft von ihrem Tun …*« (Ebd.)

Monnica hatte, wie Brechts Herr Keuner, »kein Rückgrat zum Zerschlagen«. Sie wartete ab, bis sich der Sturm gelegt hatte, um dann die Sache ruhig in ihrem Sinne zu klären. Der Erfolg gab ihr recht: »*Schließlich, wenn viele Frauen, deren Männer friedlicher waren, sogar die Spuren von Schlägen im entstellten Antlitz trugen, und wenn jene im freundschaftlichen Gespräch den Lebenswandel der Gatten rügten, dann gab sie deren Zungen die Schuld und fügte gleichsam scherzend die ernste Mahnung bei: vom Augenblick an, da sie die Verlesung des Ehevertrags angehört hätten, hätten sie sich bewußt sein müssen, daß dies sozusagen die Beurkundung sei, daß sie zu Dienerinnen geworden seien; sie hätten daher ihren Stand nicht vergessen sollen und hätten sich nicht gegen ihre Herren erheben dürfen.«* (Ebd.)

Körperliche Gewalt war in der Welt des Augustinus etwas Alltägliches. Nicht nur in der Schule wurde geprügelt. Nicht nur Sklaven wurden beim geringsten Vergehen hart bestraft. Auch die freie Ehefrau lebte unter ständiger Bedrohung. Ihr Mann konnte sie mißhandeln, wann immer er unzufrieden mit ihr war. Und selbst er durfte sich nicht sicher fühlen. Ein Vergehen gegen die Autorität des Kaisers – ja, schon der bloße Verdacht eines solchen Vergehens – konnte zu Enteignung, öffentlicher Auspeitschung und Hinrichtung führen.

Monnica akzeptierte die Welt so, wie sie war. Sie klagte nicht über die Zustände, von Protest ganz zu schweigen, sondern predigte Anpassung: Wenn eine Frau von ihrem Mann geprügelt werde, so sei das ihre eigene Schuld. Wer seinen Status vergesse, dürfe sich über eine heftige Reaktion nicht beschweren.

Augustinus übernahm diese Auffassung von seiner Mutter. Er entschuldigte die Gewalt, wenn sie im Rahmen der bestehenden Gesellschaftsordnung eingesetzt wurde. Man mußte dem Kaiser geben, was des Kaisers war. Aber gleichzeitig schuldete man Gott Gehorsam. Deshalb bewunderte Augustinus den sanften, aber unwiderstehlichen Einfluß, den Monnica auf Patricius' Charakter genommen hatte. Und als Bischof von Hippo billigte er auch ihr Eingreifen in sein eigenes Schicksal, ja er erhob sie zur Heiligen, zum gottgesandten Leitstern seines Lebens.

Dabei war das Verhältnis zwischen Mutter und Sohn lange Zeit ein einziger Krampf gewesen. Sie nahm Anstoß daran, daß er in wilder Ehe lebte. Noch mehr kränkte es sie, daß er sich in Karthago den Anhängern des persischen Propheten Mani zuwandte. Zwar konnte er sich niemals dazu durchringen, der fundamentalistischen Sekte mit allen Konsequenzen beizutreten und ein *electus* (»Auserwählter«), ein »Sohn des Lichts« zu werden – das hätte den rigorosen

Ausstieg aus der Gesellschaft, verbunden mit Keuschheit, Besitzlosigkeit und dem Abbruch aller Verwandtschaftsbeziehungen, bedeutet –, aber er war doch ein überzeugter Sympathisant und zählte zu den eifrigen *auditores* (»Hörern«), die dafür sorgten, daß die »Söhne des Lichts« nicht verhungerten.

Eine Zeitlang verbot Monnica ihm sogar ihr Haus – Patricius war inzwischen gestorben –, und erst ein prophetischer Traum brachte sie dazu, ihm zu vergeben.

Als Augustinus im Alter von 28 Jahren nach Rom segeln wollte, wo er sich bessere berufliche Chancen ausrechnete, verlor Monnica fast den Verstand. Sie klammerte sich an ihn, jammerte, heulte und beschwor ihn, sie nicht alleinzulassen. Schließlich gab er zum Schein nach. Er schwindelte ihr vor, er wolle sich auf dem Schiff nur von einem Freund verabschieden – *»und ich entkam! ... In derselben Nacht stach ich heimlich in See – und ohne sie: sie blieb zurück mit Weinen und Beten.«* (Bek. 5, 8)

Die Szene im Hafen von Karthago war, so urteilt selbst der Bischof Augustinus, eindeutig zuviel des Guten. Monnicas Verzweiflung konnte man nicht dem Sohn ankreiden. Sie war vielmehr die gerechte Strafe für mütterliche Verblendung. *»Es wehte der Wind und schwellte unsre Segel und entzog unsern Blicken das Gestade, wo am Morgen die Mutter sinnlos vor Schmerz mit Seufzen und Klagen die Ohren dir (Gott) erfüllte. Doch du hast dieses nicht beachtet: du rissest mich durch meine Leidenschaften fort, um eben diesen Leidenschaften ein Ende zu bereiten, und daß der Mutter fleischlich-irdisches Verlangen mit der gerechten Geißel der Schmerzen gezüchtigt werde. Sie wollte nämlich mich bei sich haben nach Mütter Weise, ja noch viel mehr als viele andre Mütter, und wußte nicht, was du ihr durch mein Fernsein an Freuden zu bereiten dachtest.«* (Bek. 5, 9)

Drei Jahre später bestieg auch Monnica ein Schiff und folgte ihrem Sohn nach Italien. In Mailand sahen sie einander wieder.

Augustinus lebte noch mit seiner Freundin zusammen. Er verdiente seinen Lebensunterhalt, indem er Reden zu offiziellen Anlässen hielt. Mit den Manichäern hatte er gebrochen. Auf der Suche nach dem richtigen Leben vertiefte er sich nun in das Studium der neuplatonischen Philosophen. Tiefer aber als alle Bücher beeindruckte ihn das Beispiel des katholischen Bischofs Ambrosius, der für seine Weisheit und Glaubenskraft berühmt war. Gern hätte er diesem Vorbild nachgeeifert und sich taufen lassen, doch die Taufe hätte ihn vor eine unangenehme Alternative gestellt: Er hätte entweder das Keuschheitsgelübde ablegen oder eine christliche Ehe schließen müssen. Einstweilen brachte er nicht den Mut auf, sich für eine dieser beiden Lebensformen zu entschließen. Er hatte Angst vor der Endgültigkeit der Entscheidung, wartete ab und schwankte. Doch Monnica drängte ihn zu einer standesgemäßen Heirat, und schließlich willigte er ein. »*Unablässig setzte man mir zu, eine Gattin heimzuführen. Schon hatte ich um sie geworben, schon war sie mir versprochen, zumal sich meine Mutter äußerst darum mühte, daß mich, erst einmal vermählt, das Heilbad der Taufe abwüsche. ... Es wurde um das Mädchen angehalten, dem noch ungefähr zwei Jahre an der Heiratsfähigkeit fehlten; doch sie gefiel, und so gedachte man zu warten.*« (Bek. 6,13)

Eine Namenlose

Es dürfte auch ein Argument für diese Ehe gewesen sein, daß Augustinus sich einen Karrieresprung davon erhoffen konnte. Bei allem rednerischen Talent und aller philosophischen Bildung war er doch ein Hungerleider aus der Provinz geblieben. Wenn er in die »bessere Gesellschaft« aufsteigen wollte, mußte er in eine angesehene Familie einheiraten.

Als Augustinus sich verlobte, wurde seine Konkubine in ihre afrikanische Heimat zurückgeschickt. Augustinus litt unter der Trennung: »… *da sie, mit der ich das Lager zu teilen pflegte, von meiner Seite weggerissen ward, weil sie meiner Ehe im Wege stand, ward mir mein Herz, das an ihr hing, zerrissen und verwundet und preßte Blut hervor.*« (Bek. 3, 16) Darüber, wie seine Lebensgefährtin mit all dem fertig wurde, findet sich ein einziger Satz in den »Bekenntnissen«: »*Und jene war nach Afrika zurückgekehrt und hatte dir (d.h. Gott) gelobt, sie wolle keinem anderen Mann mehr angehören.*« (Bek. 6, 15) Vermutlich schloß sie sich als »freiwillige Witwe« einer christlichen Gemeinde an und führte ein Leben in frommer Entsagung. Adeodatus war beim Vater in Mailand geblieben.

Augustinus verhielt sich so, wie die meisten Männer seiner Zeit in dieser Situation handelten. Heiraten war – jedenfalls in gehobenen Kreisen – weniger eine Herzenssache als eine geschäftliche Transaktion. Junge, ehrgeizige Männer gingen gewöhnlich erst dann eine reguläre Ehe ein, wenn ihr Preis auf dem Heiratsmarkt den Höchststand erreicht hatte, d.h. wenn sich mit etwa dreißig Jahren die beruflichen Erfolge einstellten. Die Zwischenzeit überbrückten sie mit einer Konkubine aus den unteren Gesellschaftsschichten. Diese Frau mußte sich von Anfang an klar darüber sein, daß sie eine »Ehe auf Zeit« führte und später keine Ansprüche stellen durfte. Sie hatte, verglichen mit ihren Standesgenossinnen, dennoch für einige Jahre das Große Los gezogen.

In der römischen Gesellschaft hatte man nichts gegen derartige Arrangements. Die strenggläubigen Christen aber pochten auf die Bibel. Auch Augustinus sah diese vierzehn Jahre seines Lebens, nachdem er zum Bischof geweiht worden war, in einem anderen Licht. In ein Buch über die Ehe ließ er seine eigenen Erfahrungen einfließen: »*Wenn ein Mann sich eine Frau auf Zeit holt, bis er eine andere, seinem Amte und seiner Vermögenslage entsprechende findet, die er als ebenbürtig heiraten möchte, so ist er seiner Gesinnung nach ein Ehebrecher. Und zwar bricht er die Ehe nicht mit jener, die er zu erwerben begehrt, sondern mit der Frau, mit der er außerhalb der Ordnung ehelicher Gemeinschaft Geschlechtsverkehr pflegt. Daher ist auch ihr Umgang mit dem Mann, der ihr nicht durch Ehevertrag verbunden ist, Hurerei zu nennen. Gleichwohl möchte ich sie nur ungern eine Dirne nennen, wenn sie dem Partner die Treue hält und wenn sie, auch nachdem jener sich verehelicht hat, persönlich nicht an Heirat denkt, ja sich sogar zur Enthaltsamkeit entschließt.«* (BC 5)

Für den Anklagepunkt »Uneheliches Zusammenleben« konnte er noch mildernde Umstände anführen: die Jugend und die wechselseitige Treue der beiden »Sünder«. Für eine Verfehlung, die er nach der Trennung von seiner Lebensgefährtin begangen hatte, übernahm Augustinus hingegen die volle Schuld:

Die angestrebte Hochzeit mußte aufgeschoben werden, weil die Braut noch zu jung war. Der Bräutigam litt unter der Einsamkeit und wurde schwach. *»Ich Unseliger vermochte nicht, dem Beispiel dieser Frau* (seiner Konkubine) *nachzufolgen, und ich konnte den Aufschub nicht ertragen, daß sie, um die ich mich bewarb, erst nach zwei Jahren mir gehören sollte. War ich doch nicht ein Liebhaber der Ehe, sondern ein Knecht der Lust, und so verschaffte ich mir eine andere, doch nicht als Gattin. Es war, als wollt' ich dadurch die Krankheit meiner Seele unvermindert, ja noch verstärkt in mir ernähren oder weiterschleppen, indem die Knechtschaft meiner Gewohnheit hindauerte bis in das Reich der Ehe.«* (Bek. 6, 15)

Voll Zerknirschung blickt der Bischof auf die »Knechtschaft seiner Gewohnheit« zurück. Er empfindet das sexuelle Verlangen als »Krankheit seiner Seele«, die unwillkürliche Erektion als Erniedrigung, die Ejakulation als ekelerregend. In seinen jungen Jahren hatte er den Geschlechtsverkehr genossen, doch je älter er wurde, desto mehr wuchs in ihm die Abneigung gegen die physische Lust.

Geschlecht und Geist

Im vierten Jahrhundert waren altrömische Religion und Katholizismus die zwei mächtigsten Glaubensrichtungen im Reich. Welche von beiden sich schließlich durchsetzen würde, war noch nicht abzusehen. Zwar hatte Konstantin den christlichen Glauben begünstigt, und 341 wurden sogar die heidnischen Opfer verboten, Konstantins

Neffe aber, Kaiser Julian Apostata, versuchte ab 361, das Rad der Geschichte zurückzudrehen. Er wollte die alte Religion in neuplatonischer Form wiederaufleben lassen. Die Christen wurden diskriminiert, und das Blut der geopferten Tiere strömte erneut von den Altären. Der Kaiser griff höchstpersönlich so gern zum Opfermesser, daß man ihn den »Schlachter« nannte. Diese heidnische Renaissance blieb ein kurzes Zwischenspiel, weil Julian nach nur zwei Regierungsjahren starb. Wieder bekam das Christentum Oberwasser.

Zwischen diesen beiden rivalisierenden Konfessionen tummelten sich zahlreiche Sekten und quasi-religiöse Philosophenschulen, die Manichäer, der Mithras-Kult, die Mysterien der »Großen Mutter« Kybele, um nur drei zu nennen. Es gab also noch einen Pluralismus des Glaubens.

Doch so unterschiedlich diese Glaubensrichtungen im einzelnen auch waren, kaum einer von Augustinus' Zeitgenossen scheint daran gezweifelt zu haben, daß Religion wichtig sei und daß das Heil des Menschen nicht im Materiellen liege. Gestritten wurde um den richtigen Weg zum Ziel, das Ziel selbst stand außer Frage: spirituelle Erlösung.

Einig war man sich auch weitgehend in der Beurteilung der Sexualität: Sie war die Todfeindin der Spiritualität, sie war die Fessel, die den Menschen an seinen Körper und an die materielle Welt band. Somit stellte sie das größte Hindernis auf dem Weg zum Glück dar.

Sexuelle Enthaltsamkeit stand daher nicht nur bei den Christen auf dem Programm. Über Plotin, den Guru der Neuplatoniker, schrieb Porphyrius: »*Plotin ... schien sich dafür zu schämen, daß er in einem Körper steckte.*« (Das Leben Plotins, 1) Der Körper und seine Bedürfnisse wurden mißachtet: Fasten und Schlafentzug sollten die spirituellen Kräfte stärken. Die wahre Liebe Plotins galt dem Schönen an sich und der Idee des Guten, der Geschlechtsverkehr aber war nur ein »häßlicher Akt« und als solcher unnatürlich und verabscheuungswürdig, denn *»das Häßliche widerstrebt sowohl der Natur als auch Gott«.* (Plotin, Enneaden, III, 5, 1)

Für die Manichäer entsprang die ganze materielle Welt dem Prinzip des Bösen. Der gnadenlose Kampf zwischen Licht und Finsternis wurde in jedem einzelnen Menschen ausgetragen. Denn *»den Körper haben wir vom Satan, die Seele von Gott. Und so ist der Körper von Natur* *aus schlecht, weil von schlechter Abstammung, die Seele aber ist von Natur aus gut, weil sie aus einer guten Quelle stammt«* – so lautete das manichäische Credo. Der Körper – dieses Tor zur Hölle – mußte durch Askese unterworfen und zur Bedeutungslosigkeit verurteilt werden, damit die Seele triumphieren und in das Reich des Lichts aufsteigen konnte. Wie ein Fluch lag die Geschlechtlichkeit auf den Menschen, und nur das Gelübde der Enthaltsamkeit versprach Rettung.

Für den Philosophen waren die Hormone doppelt verderblich: Sie untergruben seine Tugend, und sie hielten ihn davon ab, sich Gedanken zu machen. *»Die Antriebe der Sinnlichkeit sind die stärksten von allen und daher die Todfeinde der Philosophie. Denn ein Körper, der sich wohl fühlt, hat keine Lust nachzudenken«*, hatte schon Cicero in seinem »Hortensius« gewarnt, also ausgerechnet in jenem Buch, das den 18jährigen Studenten Augustinus so begeistert hatte.

Durch Monnica hatte er gelernt, der Sexualität zu mißtrauen. Später schlugen mit Cicero, Mani und Plotin drei bedeutende, nichtkatholische Männer in dieselbe Kerbe. Das geistige Umfeld, in dem Augustinus sich bewegte, war also fast durchgängig körper- und lustfeindlich oder – um es positiv auszudrücken – ganz auf Spiritualität ausgerichtet. Die Welt war Schein, äußerliche Schönheit vergänglich, Ruhm und Reichtümer nur wertloser Plunder vor dem Auge der Ewigkeit.

Andererseits sollte und wollte Augustinus als Redner Karriere machen, und die Rhetorik – ob in der Politik oder vor Gericht – lebte vom schönen Schein. Nicht auf die Wahrheit kam es ihr an, sondern auf den Erfolg. Gewöhnlich mußte sie sich für die Macht prostituieren. Und was sie dem Redner einbrachte – Ansehen, Beziehungen, ein Leben in Saus und Braus -, das war für den Idealisten nicht nur wertlos, sondern oft genug auch mit Schuld besudelt: ein Hurenlohn, ein Judasgroschen.

Andererseits, ein Leben im Luxus hatte auch etwas für sich. Noch war Augustinus kein Heiliger. Er verbrachte viele Jahre am Scheideweg zwischen Welt und Geist. Sinnlichkeit und Frömmigkeit, Ehrgeiz und Ehrlichkeit zerrten an ihm. Um sich nicht entscheiden zu müssen, quälte er sich endlos in innerer Zerrissenheit. Nur in seinen Gebeten fand er eine salomonische Lösung des Problems: *»Gib mir Keuschheit und Enthaltsamkeit«*, flehte er zu Gott, *»doch gib sie mir nicht gleich!«* (Bek. 8,7)

Als Monnica nach Mailand kam und dafür sorgte, daß er sich von seiner Lebensgefährtin trennte, steigerte sich seine Unentschiedenheit in eine Lebenskrise.

Die Bekehrung zum Zölibat

Augustinus empfand sein sexuelles Verlangen von Tag zu Tag mehr als demütigendes, unerträgliches Joch: »*Dient man der Begierde, wird sie Gewohnheit, und widersteht man der Gewohnheit nicht, wird sie zum Zwang. Durch diese gleichsam unter sich verschlungenen Ringe – weshalb ich's eine Kette nannte – hielt harte Knechtschaft mich gefangen.*« (Bek. 8, 5)

Er wußte nicht mehr ein noch aus: »*So war in mir ein zweifacher Wille, der eine alt, der andere neu, fleischlich der eine und der andere geistig, und sie stritten miteinander und ihre Zwietracht zerrte meine Seele auseinander.*« (Ebd.)

Eines Tages hörte er im Garten seines Mailänder Hauses, wo er sich wieder einmal den Kopf über seine Zukunft zerbrach, den Singsang einer Kinderstimme: »*Nimm und lies! Nimm und lies!*« Wie in Trance griff er zu einem Band mit Paulus-Briefen und schlug ihn auf. Sein Blick fiel auf die Sätze: »*Laßt uns ehrenhaft leben wie am Tag, ohne maßloses Essen und Trinken, ohne Unzucht und Ausschweifung, ohne Streit und Eifersucht. Legt (als neues Gewand) den Herrn Jesus Christus an und sorgt nicht so für euren Leib, daß die Begierden erwachen.*« (Röm.13,13) Weiter mußte er nicht lesen.

»*Denn gleich beim Schlusse dieses Satzes ergoß ein Strahl von Sicherheit sich in mein Herz, und alle Finsternis des Zweifels war zerstoben.*« (Bek. 8, 12)

Er wußte, die Krise war überstanden, die Entscheidung gefallen. Er wußte, er würde niemals heiraten, niemals wieder mit einer Frau schlafen und sein ganzes Leben Gott allein widmen. Augenblicklich eilte er, von einem Freund begleitet, zu Monnica: »*Wir erzählen ihr, was geschehen ist: Sie jubelt auf und triumphiert und preist dich (Gott) dankend …*« (Ebd.)

Als Bischof schrieb Augustinus ein Buch mit dem Titel »Alleingespräche«. Während er in den »Bekenntnissen« Gott anredet, unterhält er sich hier mit der personifizierten Vernunft. Er erläutert ihr seine persönlichen Gründe für den Verzicht auf Ehe und ausgelebte Sexualität.

»Die Vernunft:

Gefällst du dir nicht bisweilen in dem Gedanken an eine schöne, züchtige und willfährige Frau, die gebildet ist oder sich gern von dir belehren läßt und dir, wenn du schon den Reichtum verachtest, gerade soviel Mitgift einbringt, daß sie deiner Muße keinen Abbruch tut und dir obendrein die Hoffnung oder gar die Gewißheit bietet, dir in keiner Weise lästig zu fallen?

Augustinus:

Und wenn du sie mir noch so verlockend malst und mit allen Vorzügen ausstattest, bin ich doch zu dem Entschluß gekommen, daß ich nichts so sehr fliehen muß wie das Ehebett. Ich fühle es, daß nichts den männlichen Geist aus seiner Höhe mehr herabwirft wie die Liebkosungen einer Frau und jene Berührung der Leiber, ohne die es nicht möglich ist, eine Gattin zu besitzen.« (Sol. I, 10 [17])

Letztendlich war es also ein philosophisches und kein spezifisch christliches Argument, das Augustinus zum Zölibatär machte. Nicht weil sein Glaube es von ihm forderte, wollte er unverheiratet bleiben, sondern um seine spirituelle Entwicklung nicht zu beeinträchtigen und sein Leben auf ein einziges Ziel zu konzentrieren. Indische Fakire oder taoistische Mönche könnten ähnlich argumentieren.

Daß die Ehe an sich nichts Sündhaftes war, stand für Augustinus außer Frage. Hatte nicht Jesus höchstpersönlich die Ehe gewürdigt, indem er die Hochzeit von Kana besuchte?

Zudem machten drei handfeste Gründe die Ehe für die Allgemeinheit wünschenswert:

- In der Ehe wurden Kinder gezeugt und aufgezogen.
- Das Zusammenleben bewahrte den Menschen vor der Einsamkeit im Alter.
- *Last not least:* Die eheliche Verbindung lenkte die Sexualität in geordnete Bahnen. Die Lüsternheit trat in den Dienst der Fortpflanzung. Der edle Zweck entschuldigte die Mittel.

Die Sexualität

Vor Augustinus' Bekehrung hatte Sex eine wichtige Rolle in seinem Leben gespielt. Nach der Bekehrung spielte die Bekämpfung der Sexualität eine ebenso große Rolle in seinem Denken und in seinen Schriften. Er ging so weit, eine Stufenleiter der Heiligkeit nach sexuellen Gesichtspunkten festzulegen:

• Ganz unten auf dieser Leiter, auf der Stufe der Todsünde, standen die Ehebrecher, die Huren und ihre Freier.

• Dann kamen diejenigen Ehepartner, die im Bett ausschließlich ihre Lust suchten. Lüsternheit war zwar eine Sünde, aber eine läßliche, solange sie sich im geheiligten Ehebett betätigte.

• Wenn der Geschlechtsverkehr vom Kinderwunsch bestimmt war und ohne große Lust vollzogen wurde, brachte er keine Schuld mit sich. Er galt Augustinus aber auch dann nicht als Verdienst.

• Vorbildlich verhielten sich Eheleute, die, wenn sie genug Kinder hatten, in gegenseitigem Einverständnis auf jeden weiteren sexuellen Kontakt verzichteten. Auf derselben Stufe standen die jungen Witwen, die das Gelübde ablegten, sich nicht wieder an einen Mann zu binden. Augustinus' Musterbeispiel hierfür war jene Hanna, von der der Evangelist Lukas berichtet: *»Damals lebte auch eine Prophetin namens Hanna … Sie war schon hochbetagt. Als junges Mädchen hatte sie geheiratet und sieben Jahre mit ihrem Mann gelebt. Nun war sie eine Witwe von 84 Jahren. Sie hielt sich ständig im Tempel auf und diente Gott Tag und Nacht mit Fasten und Beten.«* (2, 36)

Auch Augustinus' Ex-Geliebte gehörte jetzt zu diesen Vorbildern an Keuschheit.

• Die Krone der Gnade aber errangen sich – zu einer Zeit, da kaum noch die Chance für einen Märtyrertod bestand – die heiligen Jungfrauen und die Zölibatäre. Denn *»der Unverheiratete sorgt sich um die Sache des Herrn; er will dem Herrn gefallen. Der Verheiratete sorgt sich um die Dinge der Welt; er will seiner Frau gefallen. So ist er geteilt. Die unverheiratete Frau aber und die Jungfrau sorgen sich um die Sache des Herrn, um heilig zu sein an Leib und Geist. Die Verheiratete sorgt sich um die Dinge der Welt; sie will ihrem Mann gefallen.«* So hatte es der Apostel Paulus (1. Kor. 7, 32–34) gesehen, und so sah es auch Augustinus.

Unberührtheit

Die Hochschätzung der Unberührtheit war keine christliche Erfindung. Im griechischen Pantheon gab es mit Athene und Artemis gleich zwei Jungfrauen. In Rom wachten seit alters her sechs adlige Jungfrauen über das Herdfeuer im Vestatempel. Die ewige Flamme symbolisierte den Fortbestand des Staates. Die Jungfernhäute der Vestalinnen waren die Talismane der römischen Armee. Nach verlorenen Schlachten wurde untersucht, ob nicht eine der Frauen ihr Gelübde gebrochen und so den Zorn der Götter auf die Stadt gezogen habe. 216 vor Chr., nach der Katastrophe von Cannae, wurden tatsächlich zwei Priesterinnen für schuldig befunden und lebendig eingemauert.

Im Kult der Großen Mutter Kybele, der in Kleinasien aufkam und im römischen Kaiserreich großen Anklang fand, spielten die Attis-Priester eine wichtige Rolle. Dem Mythos zufolge hatte der Jüngling Attis der Göttin Kybele versprochen, in Keuschheit zu leben. Als er sein Gelübde brach, schlug sie ihn mit Wahnsinn, so daß er sich selbst kastrierte und an der Wunde verblutete. Seine Priester zogen im Frühling durch die Bergwälder und feierten die Wiedergeburt der Natur. Sie putschten sich in orgiastischen Tänzen auf, um sich schließlich, dem mythischen Vorbild nacheifernd, zu verstümmeln.

Das Revolutionäre am Christentum war die Allgemeingültigkeit des Keuschheitsideals. Nicht nur die Priester sollten – aus Gründen der rituellen Reinheit – enthaltsam leben, sondern nach Möglichkeit alle Gläubigen. Dabei war das Keuschheitsideal nicht die heroische Maskierung einer kläglichen Sexualangst, sondern Ausdruck einer eschatologischen Erwartung. Die Christen wollten rein an Leib und Seele in das Gottesreich eingehen.

»Kern des Lebensglücks ist das sexuelle Glück!« – Auf diesen Einwurf von Wilhelm Reich hätte der Bischof Augustinus mit Entrüstung und Abscheu reagiert – etwa wie ein Veganer unserer Tage, dem man entgegenhält: »Fleisch ist ein Stück Lebenskraft!«

Das Keuschheitsgelübde verhieß aber nicht nur himmlischen Lohn, es brachte durchaus irdische Vorteile mit sich: Es erlaubte in einer Zeit, da die gesellschaftlichen Verpflichtungen für Ehepaare mit Kindern erdrückend waren, ein vergleichsweise selbstbestimmtes Leben. Davon profitierten vor allem die Frauen. Sie behielten die

Verfügungsgewalt über ihr Vermögen, sie konnten als »gottselige Pilgerinnen« durch die Welt reisen, sie konnten sich bilden und mit den Gelehrten ihrer Zeit kommunizieren. Sofern sie reich waren, konnten sie Klöster stiften, deren Leitung übernehmen und dort auch ihren Lebensabend verbringen. Das Keuschheitsgelübde stellte somit einen Ausweg aus dem fremdbestimmten Leben der verheirateten Frau dar.

Auch der Faktor Ehrgeiz darf nicht unterschätzt werden: Wer Enthaltsamkeit gelobt hatte, konnte sich den Menschen, die im Weltlichen verhaftet blieben, überlegen fühlen. So hatte der ägyptische Einsiedler Antonius sein Vermögen an die Armen verschenkt, lebte am Rande der Wüste in einem Felsengrab, fastend, betend, den Versuchungen seiner Dämonen trotzend. Ein Syrer namens Simeon steigerte die Askese ins Akrobatische. Er verbrachte seine Tage bewegungslos oben auf einer hohen Säule, um dem Himmel näher zu sein, und unten drängte sich ein staunendes Publikum. Im Vergleich dazu war das schlichte Keuschheitsgelübde eine gesunde Form des Glaubenseifers.

Augustinus war – das beweisen seine »Bekenntnisse« – ein guter Psychologe und beobachtete auch sich selbst kritisch. Deshalb war es ihm nicht verborgen geblieben, daß hinter manchen asketischen Anstrengungen nicht der Wunsch stand, sich Verdienste für das Himmelreich zu erwerben, sondern der reine Geltungsdrang. Besonders die Jungfrauen schienen ihm anfällig für die Sünde der Überheblichkeit. Deshalb warnte er sie immer wieder: Ihre Bereitschaft zu einem enthaltsamen Leben sei keine persönliche Leistung, sondern ein Geschenk Gottes.

Paulus von Tarsos

Es war kein Wort Jesu, sondern eine Stelle beim Apostel Paulus, welche Augustinus' Wandel auslöste. Der Mann aus Tarsos und der Mann aus Thagaste hatten, auch wenn etwa 350 Jahre zwischen ihnen lagen, manches gemeinsam: Beide gehörten zum gelehrten Establishment, Paulus als studierter Rabbi, Augustinus als Rhetoriklehrer. Beide kamen erst als Erwachsene zum Christentum, Paulus durch die wundersame Bekehrung vor Damaskus, Augustinus durch sein »Gartenerlebnis«. Und beide erwiesen sich, einmal bekehrt, als charismatische Persönlichkeiten. Sie wußten genau, was sie wollten, und ihr starkes Sendungsbewußtsein spornte sie an, auch dem Rest der Welt ihren Willen mitzuteilen. In gewisser Weise brachte Augustinus das Werk zum Abschluß, das sein großes Vorbild begonnen hatte.

Paulus hatte die Weichen dafür gestellt, daß aus einer jüdischen Sekte die Weltreligion Katholizismus werden konnte. Nach seinem Verständnis war das Christentum keine Modifizierung des Judentums, sondern etwas grundlegend Neues. Deshalb beschränkte er seine Mission nicht auf die Juden, sondern reiste als »Apostel der Heiden« kreuz und quer durch das Römische Weltreich, um zu predigen und Gemeinden zu gründen.

Geburt und Kreuzigung Christi bildeten für ihn die Bruchkante der Menschheitsgeschichte. Sein Weltbild war streng dualistisch und läßt sich schematisch folgendermaßen darstellen:

Vorher (Altes Testment):	Nachher (Neues Testment):
Adam, Eva	Jesus, Maria
Sündenfall	Vergebung der Sünden
Das Reich der Menschen	Das Reich Gottes
Zeit	Ewigkeit

Dabei bezeichnet das »Nachher« keinen neuen Abschnitt der Weltgeschichte, sondern ihr definitives Ende. Die biologischen und gesellschaftlichen Unterschiede zwischen den Menschen sind im Reich Gottes aufgehoben. Ehrgeiz und Habgier, Rachsucht und sinnliche Liebe verschwinden hinter dem Ereignishorizont der Erlösung. Denn *»ihr alle, die ihr auf Christus getauft seid, habt Christus (als Gewand) angelegt: Es gibt nicht mehr Juden und Griechen, nicht Sklaven und Freie, nicht Mann und Frau; denn ihr alle seid ›einer‹ in Christus Jesus«.* (Gal. 3, 27 f.)

Dem Dualismus zwischen Altem und Neuem Testament entspricht ein Dualismus im Hier und Jetzt. Es gibt zwei Arten zu leben: Entweder ignoriert man die Frohe Botschaft und sündigt weiter (falsch) oder man macht sich bereit für den Jüngsten Tag (richtig):

Falsch:	Richtig:
fleischliches Leben	geistliches Leben
Anhäufen von Gütern	Armut
Anhäufen von Wissen	Vertrauen auf Gott
sinnliche Begierde (cupiditas)	Nächstenliebe (caritas)
Fruchtbarkeit	Keuschheit

Aus heidnischer Perspektive gesehen, lebten die Christen in einer Welt, die auf dem Kopf stand. Jesus hatte in der Bergpredigt die Umkehrung aller Werte verkündet. Auch für Paulus und die Adressaten seiner Briefe bedeutete Armut Reichtum, Unwissen Weisheit, Tod Leben.

Im 1. Brief an die Korinther verkündete Paulus seine Sexualmoral:

»Nun zu den Anfragen eures Briefes! ›Es ist gut für den Mann, keine Frau zu berühren‹.

Wegen der Gefahr der Unzucht soll aber jeder seine Frau haben, und jede soll ihren Mann haben. Der Mann soll seine Pflicht gegenüber der Frau erfüllen, und ebenso die Frau gegenüber dem Mann.

Nicht die Frau verfügt über ihren Leib, sondern der Mann. Ebenso verfügt nicht der Mann über seinen Leib, sondern die Frau. Entzieht euch einander nicht, außer im gegenseitigen Einverständnis und nur eine Zeitlang, um für die Gebete frei zu sein.

Dann kommt wieder zusammen, damit euch der Satan nicht in Versuchung führt, wenn ihr euch nicht enthalten könnt. Das sage ich als ein Zugeständnis, nicht als ein Gebot. Ich wünschte, alle Menschen wären (unverheiratet) wie ich. Doch jeder hat seine Gnadengabe von Gott, der eine so, der andere so.

Den Unverheirateten und den Witwen sage ich: Es ist gut, wenn sie so bleiben wie ich. Wenn sie aber nicht enthaltsam leben können, sollen sie heiraten. Es ist besser zu heiraten als sich in Begierde zu verzehren.« (7,1)

Und ein paar Verse weiter:

»Bist du an eine Frau gebunden, suche dich nicht zu lösen; bist du ohne Frau, dann suche keine. Heiratest du aber, so sündigst du nicht; und heiratet eine Jungfrau, sündigt auch sie nicht. Freilich werden solche Leute irdischen Nöten nicht entgehen; ich aber möchte sie euch ersparen.

Denn ich sage euch, Brüder: Die Zeit ist kurz. Deshalb soll, wer eine

Frau hat, sich in Zukunft so verhalten, als habe er keine, wer weint, als weine er nicht, wer sich freut, als freue er sich nicht, wer kauft, als würde er nicht Eigentümer, wer sich die Welt zunutze macht, als nutze er sie nicht; denn die Gestalt dieser Welt vergeht.« (7, 27)

Diese Ratschläge sind eigentlich nur zu verstehen, wenn man sie vor dem Hintergrund ihrer Zeit sieht. Paulus und seine Anhänger glaubten an ein unmittelbar bevorstehendes Ende der Welt. Gottes Sohn in Menschengestalt hatte das verkündet. Jeder Tag konnte der letzte sein. Die alten Währungen würden ihren Wert verlieren. Alle weltliche Befriedigung, auch die sexuelle, verhielt sich zur Seligkeit des Gottesreichs wie eine abgegriffene Bronzemünze zu einem Goldschatz.

Es galt, sich vom Gewesenen loszusagen, um frei zu werden für das Neue: Engel aßen nicht, Engel kämpften nicht, Engel hatten kein Geschlecht. Genügsamkeit, Friedfertigkeit und sexuelle Enthaltsamkeit waren die beste Vorbereitung für das Dasein jenseits des Jüngsten Tages.

Augustinus teilte die Weltsicht des Paulus. Aber der Bischof kannte sich mit Versuchungen besser aus als der Apostel. Er selbst hatte ihnen jahrelang nicht widerstehen können, und sogar die keusche Monnica war nicht frei gewesen von weltlichen Wünschen: Als Augustinus nach Rom abreiste, quälte sie ein »fleischlich-irdisches Verlangen«, den Sohn bei sich zu behalten. *»Darum weinte sie und klagte, und in jenen Schmerzen tat sich in ihr das Erbe Evas kund, da sie mit Schmerzen suchte, was unter Schmerzen sie geboren.«* (Bek. 5,8)

Das Erbe Evas

Die Interpretation der Schöpfungsgeschichte ist ein weiterer Schlüssel zum Verständnis der augustinischen Moral. (Ich habe hier den ersten Schöpfungsbericht [Gen. 1, 27: »Gott schuf also den Menschen als sein Abbild; als Abbild Gottes schuf er ihn. Als Mann und Frau schuf er sie.«] vernachlässigt. Für Augustinus und die anderen Kirchenväter war der zweite, ausführlichere und sehr viel ältere Schöpfungsbericht [Gen. 2, 7 ff.] maßgeblich.)

Eva war aus Adams Rippe geschnitten worden. Da sie das ganze weibliche Geschlecht repräsentierte, und Adam das männliche, mußte der Akt der Operation etwas über das Verhältnis zwischen den Geschlechtern aussagen. Nichts, was Gott tat, war ohne tiefere Bedeutung.

Da war zuerst einmal der Aspekt der Priorität: Adam war vor Eva auf die Welt gekommen. Da beide von Gott geschaffen waren, konnten sie als Geschwister betrachtet werden, und Adam hatte das in archaischen Gesellschaften so wichtige Erstgeburtsrecht: Eva als Nachkömmling mußte dem Erstgeborenen dienen.

Ein weiterer Aspekt betraf die Abstammung: Eva war aus Adams Rippe geschaffen. Sie war ein Teil von ihm gewesen. Insofern ähnelte ihr Status dem eines Kindes, das seinen Eltern Gehorsam schuldete.

Diesen beiden Aspekten der Unterordnung stehen zwei Aspekte der Gemeinschaft gegenüber:

Adam erkannte in Eva sich selbst: »*Das endlich ist Bein von meinem Bein und Fleisch von meinem Fleisch; Frau (Männin) soll sie heißen; denn vom Mann ist sie genommen.‹ Darum verläßt der Mann Vater und Mutter und bindet sich an seine Frau, und sie werden* ein *Fleisch.*« (Gen.2, 23 f.)

Auch über die Rippe haben sich die Interpreten der Genesis Gedanken gemacht. Was mochte Gott bewogen haben, Eva ausgerechnet aus diesem Körperteil Adams zu formen? Die Antwort lautete: Wenn Gott gewollt hätte, daß Eva die Sklavin ihres Mannes sei, so hätte er sie aus Adams Fuß gemacht. Hätte er sie zur Herrin bestimmt, dann hätte er sie aus dem Kopf genommen. Daß er sie aus Adams Seite schnitzte, zeige seine Absicht, dem ersten Menschen einen Mitmenschen »an die Seite« zu stellen: »*Dann sprach Gott, der Herr: ›Es ist nicht gut, daß der Mensch allein bleibt. Ich will ihm eine Hilfe machen, die ihm entspricht.‹*« (Gen. 2,18)

Aber warum eine Frau? Hätte Adam mit einem guten Freund nicht viel mehr anfangen können? Für Augustinus stellte sich diese Frage auch deshalb, weil er selbst in Thagaste einen Freund gehabt hatte, der ihm mehr als seine Konkubine bedeutete. Diese Freundschaft war »*überaus süß*« gewesen, »*gereift in der Wärme gleicher Lieblingsneigungen*«. Als der Freund am Fieber starb, war Augustinus in Depression versunken: »*Aus Schmerz darüber ward es dunkel mir im Herzen, und was ich sah, ward mir zum Bild des Todes.*« (Bek. 4, 4)

Was also hatte Gott bewogen, Adam nicht einen solchen Kameraden an die Seite zu geben? *»Wenn wir aber fragen, wozu diese Gehilfin nötig war, dann kommt nur eines als wahrscheinlich in Frage: wegen der Zeugung von Kindern, wie ja auch die Erde dem Samen hilft, so daß aus beiden eine Pflanze entsteht.«* (Gen.litt. 9, 3, 5)

Das mußte der einzige Grund gewesen sein. *»Es gab ja noch keine Arbeit, bei der Adam eine Hilfe benötigt hätte, und selbst wenn er eine gebraucht hätte, wäre eine männliche Hilfskraft ihm nützlicher gewesen. Ein gleiches gilt für den Seelentrost, falls Adam etwa die Einsamkeit satt hatte. Denn zwei Freunde würden, was das Zusammenleben und das Gespräch angeht, viel besser zueinander passen als Mann und Frau.«* (Gen.litt. 9, 5, 9)

So lassen sich aus diesem Schöpfungsbericht drei Aussagen über die Bestimmung der Frau ableiten: Sie ist ihrem Mann untergeordnet, sie ist aber auch seine Partnerin, und ihre Anwesenheit auf Erden dient einem ganz bestimmten Zweck: der Erzeugung von Nachwuchs.

Noch bedeutungsvoller als die Schöpfungsgeschichte war, was die Rolle der Frau in der jüdisch-christlichen Tradition anging, der »Sündenfall«. Die Fakten dürften bekannt sein: Gott hatte Adam und Eva verboten, vom Baum der Erkenntnis zu essen; sonst müßten sie sterben. *»Darauf sagte die Schlange zur Frau: Nein, ihr werdet nicht sterben. Gott weiß vielmehr: Sobald ihr davon eßt, gehen euch die Augen auf. Ihr werdet wie Gott und erkennt Gut und Böse. Da sah die Frau, daß es köstlich wäre, von dem Baum zu essen, daß der Baum eine Augenweide war und dazu verlockte, klug zu werden. Sie nahm von seinen Früchten und aß. Sie gab auch ihrem Mann, der bei ihr war, und auch er aß.«* (Gen. 3, 4 ff.)

Es folgen ein seltsames Versteckspiel mit Gott, die Karikatur eines Verhörs, und ein ungnädiger Urteilsspruch.

»Darauf fragte Gott: Wer hat dir gesagt, daß du nackt bist? Hast du von dem Baum gegessen, von dem zu essen ich dir verboten habe?

Adam antwortete: Die Frau, die du mir beigesellt hast, sie hat mir von dem Baum gegeben, und so habe ich gegessen. Gott, der Herr, sprach zu der Frau: Was hast du da getan? Die Frau antwortete: Die Schlange hat mich verführt, und so habe ich gegessen.

Da sprach Gott, der Herr, zur Schlange: Weil du das getan hast, bist du verflucht unter allem Vieh und allen Tieren des Feldes. Auf dem Bauch sollst du kriechen und Staub fressen alle Tage deines Lebens. Feindschaft setze ich zwischen dich und die Frau, zwischen deinen Nachwuchs und ihren Nachwuchs. Er trifft dich am Kopf und du triffst ihn an der Ferse.

Zur Frau sprach er: Viel Mühsal bereite ich dir, sooft du schwanger wirst. Unter Schmerzen gebierst du Kinder. Du hast Verlangen nach deinem Mann, er aber wird über dich herrschen.

Zu Adam sprach er: Weil du auf deine Frau gehört hast und von dem Baum gegessen hast, von dem zu essen ich dir verboten hatte: So ist verflucht der Ackerboden deinetwegen! Unter Mühsal wirst du von ihm essen alle Tage deines Lebens.

Dornen und Disteln läßt er dir wachsen, und die Pflanzen des Feldes mußt du essen.

Im Schweiße deines Angesichts sollst du dein Brot essen, bis du zurückkehrst zum Ackerboden; von ihm bist du ja genommen. Denn Staub bist du, zum Staub mußt du zurück.«

Für viele von uns ist dies ein ätiologischer Mythos, ein märchenhafter Bericht, der die seinerzeit herrschenden Zustände widerspiegelt.

Dann hätte sich vor langer Zeit irgendjemand diese Geschehnisse ausgedacht. Dieser Jemand hatte vermutlich nichts gegen Frauen. Eva macht nämlich eine relativ gute Figur in dem Mythos. Die Schlange ist doppelzüngig, Adam ein Feigling, Gott kurzsichtig und unerbittlich. Dagegen wirkt Eva aus heutiger Sicht geradezu sympathisch: Sie ahnt in ihrer Naivität nichts Böses, als die Schlange ihr einen Rat erteilt. Ihr Wunsch, vom Baum der Erkenntnis zu essen, ist weniger ein Ausdruck von Ungehorsam als von kindlicher Neugier. Nachdem sie die Frucht probiert hat, gibt sie auch ihrem Mann davon, nicht aus Bosheit, sondern aus Freundschaft.

Als Gott den Stab über die Obstdiebe bricht, ist keine Rede davon, daß Eva eine besonders schwere Schuld trifft: Alle drei »Übeltäter« werden der Reihe nach abgeurteilt. Die Schlange verliert ihre geschöpflichen Ehrenrechte, Eva wird mit schmerzhaften Entbindungen geschlagen und dem Mann untergeordnet; dessen Buße ist die lebenslängliche Zwangsarbeit. Die ausgesprochenen Strafen beschreiben also nur die Welt, wie sie aussah, als der Mythos erfunden wurde, und wie sie vielerorts noch heute aussieht.

Für Augustinus bedeutete die Geschichte von Adam und Eva sehr viel mehr als ein Mythos. Sie war sowohl historische Wirklichkeit als auch essentielle Wahrheit: Adam und Eva waren die ersten Menschen auf der Erde gewesen, und in ihnen drückte sich das zeitlose Wesen der Geschlechter aus. Für Augustinus war der Sündenfall greifbare Gegenwart: Da die »Bestrafung« der Menschen sich von Generation zu Generation fortpflanzte, mußte – das war ein einfacher Rückschluß von der Wirkung auf die Ursache – auch die Schuld andauern. Der allwissende Gott konnte doch unmöglich Schuldlose bestrafen, oder?

Diese Schuld – im Genesis-Text noch etwa gleich verteilt – wurde in der Auslegung der Kirchenväter eindeutig auf Eva konzentriert – und damit auf das ganze weibliche Geschlecht. So schrieb Tertullian, ein Landsmann des Augustinus, um das Jahr 200 den Frauen ins Stammbuch: »*In Schmerzen und Ängsten mußt du gebären, o Weib, zum Manne mußt du dich halten, und er ist dein Herr. Und du wolltest nicht wissen, daß du eine Eva bist? Noch lebt die Strafsentenz Gottes fort; dann muß also auch deine Schuld noch fortleben. Du bist es, die dem Teufel Eingang verschafft hat, du hast das Siegel jenes Baumes gebrochen, du hast zuerst das göttliche Gesetz im Stich gelassen, du bist es auch, die denjenigen betört hat, dem der Teufel nicht zu nahen vermochte. So leicht hast du den Mann, das Ebenbild Gottes, zu Boden geworfen. Wegen deiner Schuld, d.h. um des Todes willen, mußte auch der Sohn Gottes sterben, ...*« (Über den weiblichen Putz, 1, 1)

Aus der Eva der Genesis, die eher Opfer als Täterin war, ist eine dämonische Schwerverbrecherin geworden.

Augustinus interpretiert Evas Rolle beim Sündenfall weniger selbstgerecht und aggressiv als Tertullian. Seine Eva ist keine Teufelsbraut, sondern ein Weib mit menschlichen Schwächen, leichtsinnig und unbesonnen, immer für ein Spiel mit dem Feuer zu haben. Denn »*wie hätte die Frau jemals auf diese Worte (der Schlange) hin glauben können, daß ihnen von Gott etwas Gutes und Nützliches verboten worden sei, wenn nicht in ihrem Innern bereits jene Liebe zur Eigenmacht und eine gewisse stolze Selbstüberhebung gewesen wäre, die jene Versuchung überwinden und demütigen sollte? Von den Worten der Schlange noch nicht ganz befriedigt, hat sie den Baum betrachtet und ›sah, daß es köstlich wäre, von dem Baum zu essen und daß der Baum eine Augenweide war‹. Und da sie nicht glauben konnte, daß ihr von da her der Tod drohen könne, hat sie, so denke ich, vermutet, Gott habe nur irgendwie bildlich gesagt: ›Wenn ihr davon esset, werdet ihr des Todes sterben.‹ Und deshalb nahm sie von der Frucht und aß ...*« (Gen. litt. 11, 30, 39)

Wie aber war es möglich, daß Adam, der doch als Mann verständiger und weniger triebhaft sein mußte, die Frucht aus ihrer Hand nahm und ebenfalls hineinbiß? Augustinus findet einen Grund, der Adams Schwäche gewissermaßen erklärt: »*Nachdem er sah, wie die überlistete Frau vom Baum gegessen hatte und sie ihm hiervon gab, damit sie zusammen äßen, da wollte er sie nicht betrüben. ... Er war durchaus nicht von einer fleischlichen Begehrlichkeit besiegt, ... sondern er tat es aus einem gewissen freundschaftlichen Wohlwollen heraus.*« (Gen. litt. 11, 42, 59) »*Eva hat eben, was ihr die Schlange sagte, für wahr gehalten, er aber wollte auch nicht in der Gemeinschaft der Sünder von seiner einzigen Gefährtin geschieden werden. Doch ist er deshalb nicht weniger schuldig, weil er ja mit Wissen und Bedacht gesündigt hat.*« (Civ. dei 14, 12)

So haben beide ihre menschlichen Motive, Eva den Leichtsinn, Adam seine fehlgeleitete Freundlichkeit. Dafür bringt Augustinus ein gewisses Verständnis auf, hat er doch selbst lange genug mit seiner Geliebten vom Baum der Erkenntnis genascht.

Was ihn jedoch mit heiligem Zorn erfüllt, ist das Verhalten der Delinquenten nach dem Sündenfall. Adam hat die Dreistigkeit, die ganze Schuld auf Eva zu schieben. »*Welch ein Hochmut! Sagte er etwa: Ich habe gesündigt? Er zeigte die ganze Häßlichkeit der Verwirrung und nichts von der Demut des Bekennens.*« (Gen. litt. 11, 35, 39)

Und die Frau ist um keinen Deut besser: »*Sie bekennt sich nicht zur Sünde, sondern schiebt sie auf die Schlange, ungleich ihrem Mann an Geschlecht, jedoch ihm gleich im Hochmut.*« (Ebd. 11, 35, 40)

Gott hat Eva den speziellen Denkzettel erteilt, daß sie von nun an unter der Herrschaft des Mannes stehen solle. Das kommentiert Augustinus im Widerspruch zu früheren Aussagen so: »*Das Herrschen hat aber erst der Urteilsspruch Gottes dem Mann allein auferlegt, und den Gatten zum Herrn zu haben, liegt ursprünglich nicht in der Natur der Frau, sondern sie hat es sich durch ihre Schuld verdient.*«
(Ebd. 11, 37, 50)

Es gibt verschiedene Formen von Herrschaft und Unterordnung: Der Sklave gehorcht dem Herrn, der Soldat dem Offizier, das Kind den Eltern, der Schüler dem Lehrer. Der Gehorsam, den Augustinus von der Frau fordert, bedeutet nicht ihre Versklavung. Zum einen besteht zwischen den beiden Ehegatten ein fides-Verhältnis, d.h. die Frau bekommt für ihre Unterordnung eine Gegenleistung in Form von Liebe, Treue und Fürsorge. Zum anderen ist auch der Mann nicht frei in seinen Entscheidungen. Er ist – jedenfalls in der Theorie – nur das ausführende Organ des göttlichen Willens. Denn die Frau ist ihm beigegeben, »*um dem Manne zu gehorchen, auf daß sie beide Gott gehorchen*«. (Gen. litt. 11, 35, 47)

Der Begriff »Gehorsam« ist in unserer Gesellschaft negativ besetzt. In vielen Religionsgemeinschaften – nicht nur des Westens – war und ist das anders. Gehorsam bestimmte das Leben in den Mönchsorden. Am kompromißlosesten wird Gehorsam vielleicht von den Jesuiten gefordert, die – nach der Vorschrift des Ignatius von Loyola – ihren Oberen folgen sollen, »*als wären sie ein Kadaver, der sich überall hin tragen und in jeder beliebigen Weise behandeln läßt*«. In den Anordnungen der Vorgesetzten drückt sich der Wille Gottes aus. »*Daher soll allen die Ehrfurcht gegenüber dem Oberen, vor allem die innere, empfohlen werden. Sie sollen Christus in ihm sehen und ihn als ihren Vater in Christus lieben.*« Der berüchtigte »Kadavergehorsam« stellt also keineswegs eine Erniedrigung oder eine Charakterschwäche dar, sondern das Gegenteil: eine Prüfung im Glauben.

Nach Augustinus soll die Frau ihrem Mann gehorchen, so wie der Mönch seinem Abt gehorcht, nicht so, wie eine Sklavin ihrem Herrn. Es gibt allerdings einen entscheidenden Unterschied zwischen der Ehefrau und dem Klosterbruder: Letzterer kann mit den Jahren in der Ordenshierarchie aufsteigen. Wenn dagegen eine Frau in ihrer Ehe die Oberhand gewinnt, ist das für Augustinus eine Mißachtung des göttlichen Urteilsspuchs und eine Neuauflage des Sündenfalls: »*Wird diese Ordnung ... nicht beachtet, wird die Natur nur umso mehr verdorben und die Schuld vermehrt.*« (Gen. litt. 11, 37, 50)

Bekenntnisse

Nicht nur Eva hat ihre Sünde vererbt, auch Adams Schwäche pflanzt sich durch die Generationen fort. In jedem einzelnen Mann schwelt die Glut der verbotenen Lust, um sich bei der erstbesten Gelegenheit in einen Feuersturm zu verwandeln. Augustinus ist ein gebranntes Kind. Die Erinnerung an seine wilde Ehe ist eine nie versiegende Quelle der Beunruhigung für ihn.

Er fühlt sich von der Sünde verseucht und stöhnt unter der Last der Schuld. Was die Verfehlung angeht, ist er schlimmer gewesen, als Adam je war. Daran läßt sich nichts mehr ändern. Aber er kann sich wenigstens – anders als Adam – offen zu seiner Schuld bekennen. In seinen »Bekenntnissen« zeigt er nicht mit dem Finger auf andere. In dem ganzen Buch findet sich kein Vorwurf gegen seine Lebensgefährtin. Nicht sie hat ihn verführt, sondern aus eigenem Antrieb hat er die Mahnungen seiner Mutter in den Wind geschlagen und jahrelang in Sünde gelebt.

»In jenen Jahren hatte ich ein Weib, nicht war sie durch das sogenannte gesetzliche Band mir angetraut, es hatte vielmehr meine schweifende Liebesbrunst, bar allen gesunden Menschenverstandes, sie aufgespürt; wenigstens war es diese eine nur, und ich hielt ihr die Treue des Ehebetts. An ihr erfuhr ich am eigenen Leib den Unterschied zwischen einem ehelichen Bund, zum Zweck der Kinderzeugung geschlossen, und der Zweisamkeit sinnenbetörender Liebe, wo Kinder wider Wunsch und Willen kommen, muß man sie auch lieben, wenn sie einmal da sind.« (Bek. 4, 2)

Doch seine wilde Ehe ist nicht das einzige, was dem Bischof von Hippo auf der Seele liegt. Er hat als 16jähriger einen ganz persönlichen Sündenfall erlebt, bei dem es auch um verbotene Früchte ging:

»Ein Birnbaum stand in der Nähe unseres Weinbergs, und er hing voller Früchte, die aber weder durch Schönheit noch Schmackhaftigkeit verführerisch waren. Wir Lausejungen hatten uns nach unserer üblen Gewohnheit bis tief in die Nacht spielend auf den Gassen herumgetrieben und zogen dann los, den Baum zu plündern und die Beute wegzuschaffen. Wir schleppten einen Haufen von Früchten fort – nicht um sie zu essen, sondern den Schweinen warfen wir sie vor. Und wenn wir einige davon aßen, so taten wir's nur, weil uns das Verbotene lockte.« (Bek. 2, 4)

Dieser Jungenstreich ist für Augustinus ein Beweis, daß der Satan in ihm wohnt. Er ist nicht besser als der gestürzte Luzifer, *»dem es gar nicht auf Geld ankam, sondern auf die eigene Macht«.* (Gen. litt. 11, 15, 19)

So ist also auch die Kindheit von Sünde vergiftet. Ja, die Sünde reicht weiter zurück als die Erinnerung. Selbst der Säugling ist schon in Sünden verstrickt. *»Wer ruft mir zurück die Sünden meiner Kindheit? Denn frei von Sünde ist niemand vor dir (Gott), auch nicht ein Kind, dessen Erdenleben nur einen kurzen Tag währt. ... Ich selbst habe ein eifersüchtiges kleines Kind gesehen und meine Beobachtungen an ihm gemacht: noch konnte es nicht sprechen und blickte doch blaß vor Neid auf seinen Milchbruder ... Gewiß ist das nicht Unschuld zu nennen, am* überreichlich fließenden Milchquell den Bruder nicht zu dulden, der auf die gleiche Hilfe angewiesen ist und vorläufig nur durch jene einzige Nahrung sein Leben zu erhalten vermag.« (Bek. 1, 7)

Nicht einmal der im Glauben gefestigte Bischof von Hippo ist sicher vor den Nachstellungen des Teufels, z.B. wenn er von feuchten Träumen heimgesucht wird: »Bis heute noch leben in meinem Gedächtnis ... die Bilder solcher Dinge, die meine Gewöhnung dort eingeprägt hat, und wenn sie mich im Wachen überfallen, gebricht es ihnen zwar an Kraft, im Schlafe aber bedrängen sie mich nicht nur bis zum Ergötzen, sondern sogar bis zu der Zustimmung und ganz dicht bis zur Tat.« (Bek. 10, 30)

Diese allgegenwärtige, vielgestaltige Sünde ist der von Adam und Eva verschuldete Fluch, der auf dem ganzen Menschengeschlecht liegt. Die Erbkrankheit wird von Generation zu Generation durch einen Akt weitergereicht, der selbst alles andere als unschuldig ist: »Wenn aber in Schuld ich empfangen bin und in Sünden meine Mutter in ihrem Schoß mich genährt hat – wo, ich frage dich, mein Gott, wo, Herr, wo und wann war ich, dein Knecht, frei von Schuld?« (Bek. 1, 7)

Augustinus hat das Gefühl, in großer Gefahr zu schweben. Auf die Welt gekommen ist er – wie alle Menschen – als egoistisches, eigenwilliges und sinnliches Wesen, als ein Ableger des Teufels, mit einer Freikarte für das flammende Inferno. Wenn er durch die Gnade Christi gerettet werden will, muß er sein altes Selbst abstreifen, allem fleischlichen Vergnügen entsagen und zu einem Gottesdiener werden. Er muß sich, modern ausgedrückt, selbst umprogrammieren. Aber kann er sich jemals sicher sein? Ist es einem Wolf möglich, sich selbst zum Schäferhund abzurichten? Jedenfalls nicht aus eigener Kraft ...

Maria

Adam und Eva, den Eltern der Erbsünde, steht ein anderes Paar gegenüber, das die Erlösung von der Erbsünde bringt, Maria und Jesus.

Jesus ist selbstverständlich frei von aller Sünde, und auch Maria kann nach Augustinus keine normale Frau gewesen sein: »Nur von einer Jungfrau konnte der geboren werden, den der Glaube der Mutter und nicht die Begierde empfangen hatte. Wäre ihre Unversehrtheit bei seiner Geburt zerstört worden, so wäre er nicht von einer Jungfrau geboren: und *mit Unrecht würde – es ist freilich unmöglich – die ganze Kirche bekennen, er sei aus der Jungfrau Maria geboren, ...«* (Ench. 34)

Marias Jungfräulichkeit ist kein zeitlicher Zustand, sondern Teil ihres Wesens: *»Sie empfing als Jungfrau, sie gebar als Jungfrau, und Jungfrau blieb sie auch nach der Geburt.«* (1. Symb. cat. 3, 6)

Durch ihre Reinheit und Demut macht sie Evas Verfehlung wett und stellt die Ehre des weiblichen Geschlechts wieder her. *»Durch eine Frau kam der Tod, durch eine Frau kam das Leben. Durch Eva das Verderben, durch Maria das Heil.«* (3. Symb. cat. 4, 4)

Für Augustinus persönlich kam das Heil in Gestalt von Monnica. Die war zwar keine Jungfrau, aber immerhin eine vorbildliche Ehefrau und später eine enthaltsame, gottergebene Witwe. Dreißig Jahre lang hatte sie auf ihre beharrliche Art versucht, einen guten Christen aus ihrem Sohn zu machen. *»Denn es war ihr heißes Bemühen, daß du, mein Gott, mehr mein Vater seiest als jener (Patricius), und du halfst ihr darin, daß sie über den Gatten obsiegte, dem sie, obgleich über ihm stehend, diente, weil sie auch darin dir diente, da du dies befohlen hattest.«* (Bek. 1, 11)

Augustinus wußte, daß die Bibel nicht leicht zu verstehen war. Gottes Wort war für ihn eine Geheimschrift, die in mühevoller Exegese entschlüsselt werden mußte. Das Alte Testament verwies in zahllosen Anspielungen auf das Neue, das Neue Testament verwies zurück auf das Alte, und beide verwiesen auf das Schicksal der Welt, auch auf das Schicksal des Aurelius Augustinus.

Man mußte die Bibel nur richtig auslegen, um darin die Lösung aller Rätsel und einen Leitfaden für sein Leben zu finden.

Augustinus zeigte eine große Begabung im Aus- und Hineinlegen. Was er in den »Bekenntnissen« über seine Herkunft erzählt, liest sich wie ein klassischer Familienroman. Das Dreieck Augustinus – Monnica – Patricius, so wie Augustinus es darstellt, reflektiert die Beziehungen innerhalb der heiligen Familie. Er glorifiziert die keusche, glaubensstarke Mutter, er macht den Vater »im Fleische« zur Randfigur und wendet sich mit seiner Beichte an seinen »wirklichen« Vater, an Gott. Den bekehrten Augustinus identifiziert er mit Jesus, den sündigen mit Adam. Sein Leben ist ein zweiter Aufguß der Heilsgeschichte: vor der Bekehrung hat er sich in der Sünde gesuhlt, danach sonnt er sich in der Gnade. Das gilt mehr oder weniger für jeden gläubigen Christen, bei Augustinus wird die Antithese jedoch besonders deutlich. Oder hat er sie nur gut herausgearbeitet? Wieviel an der berühmten Gartenszene ist Wahrheit, wieviel Inszenierung?

Gehen wir noch einmal zurück in den Garten: *»Ich warf mich unter einem Feigenbaum zu Boden, ich weiß nicht wie, und ließ den Tränen freien Lauf ...«* Der Feigenbaum, als Lieferant von Feigenblättern, ist der Baum der Scham und ein Mahnmal des Sündenfalls. *»Wie lang noch wirst du zürnen bis zum Ende? Gedenke doch nicht unserer alten Missetaten!«* (Ps. 78, 5 u. 8) betet der zerknirschte Adam-Augustinus. Da hört er die mysteriöse Kinderstimme aus dem Nachbarhaus. Sie ist geschlechtslos, wie die Stimme eines Engels, und sie verweist ihn auf ein Buch. Augustinus geht an die Stelle zurück, wo er die Paulusbriefe hat liegenlassen, schlägt sie auf und liest seinen Satz.

So wie Gott in die Menschheitsgeschichte eingegriffen hat, indem er seinen Sohn auf die Erde geschickt hat, so hat er nun auch, mit etwas weniger Aufwand, in der Lebensgeschichte des Augustinus eine 180°-Wendung herbeigeführt: *»Du hast mich ja zu dir bekehrt, daß ich mir keine Frau mehr suchte noch irgendwelche Hoffnung auf dieser Welt.«* (Bek. 8, 12)

Was ist der Reiz der weltlichen Freuden gegen den Rausch der Auserwähltheit? An die Stelle irgendeines Mailänder Mädchens tritt die mächtige Mutter Kirche, zugleich demütige »Magd des Herrn« und gestrenge Domina der Menschen, zugleich Maria und Monnica. Mit ihr kann Augustinus keine leiblichen Kinder zeugen, aber gebiert die Kirche – mit Jesus vermählt – nicht täglich neue Gläubige, die wahren Kinder Gottes?

Der Sündenfall der Kirche

Das letzte Kapitel im Leben des Augustinus dauerte dreiundvierzig Jahre. Ostern 387 ließ er sich taufen. Kurz darauf starb Monnica. *»Mein Sohn«,* waren ihre letzten Worte, *»... mich verlockt nichts mehr an diesem Leben. ... Eines war's, weshalb ich noch ein Weilchen in dieser Welt zu weilen wünschte, daß ich dich als katholischen Christen sähe, bevor ich stürbe. Überreichlich hat mir dies mein Gott gewährt, darf ich doch noch sehen, wie du das Erdenglück verachtest und Gott dienst. Was tue ich noch hier?«* (Bek. 9, 10) Sie wurde in Ostia bei Rom bestattet. (1945 entdeckten spielende Kinder durch Zufall den Grabstein.)

Augustinus reiste zurück nach Nordafrika. Drei Jahre lebte er als Klosterbruder in Thagaste. In Streitschriften gegen die Manichäer und Neuplatoniker setzte er sich auch mit der eigenen Vergangenheit auseinander. 391 wurde er zum Priester geweiht, 396 berief man ihn – gegen seinen Willen, wie es heißt – zum Bischof der bedeutenden Hafenstadt Hippo Regius. Dort wirkte er über drei Jahrzehnte als Seelsorger, Theologe und kompromißloser Kämpfer für eine einige Kirche.

Augustinus fürchtete die Erbsünde wie der Teufel das Weihwasser. Ihn quälte die Gewißheit, daß der Mensch von Geburt an mit dem Bösen infiziert sei und daß er aus eigener Kraft nicht geheilt werden könne. Auch kleine Kinder, ja selbst Säuglinge seien, solange nicht die Taufe an ihnen vollzogen werde, eine Beute des Teufels.

Augustinus kannte noch eine zusätzliche, weniger makabre Quelle des Bösen: die schlechte Angewohnheit, die sich mit den Jahren zum schlechten Charakter verfestigte. Diese Quelle des Bösen konnte – im Gegensatz zur Erbsünde – von Gesetz und Seelsorge eingedämmt werden. Und sie mußte energisch eingedämmt werden. Denn wenn man die Menschen sich selbst und ihren Instinkten überließe, bräche das Chaos aus: »*Die Zügel der menschlichen Ungebundenheit würden gelockert und abgeworfen werden. Alle Sünden gingen ungestraft dahin. Nimm die Schranken hinweg, die vom Gesetz geschaffen sind! Die unverschämte Fähigkeit der Menschen, Böses zu tun, ihr Drang nach Triebbefriedigung würde rasen. Kein König in seinem Reich, kein General bei seinen Truppen, … kein Ehemann bei seiner Frau, kein Vater bei seinem Sohn würde es wagen, durch irgendwelche Drohungen oder Strafen der Freiheit und dem ungetrübt süßen Geschmack des Sündigens ein Ende zu setzen.*« (CG 1, 19, 20)

Wenn erst die Anarchie herrschte, käme jede Hilfe zu spät. Drum hieß die Devise: »Wehret den Anfängen!«

In der Knabenzeit, erinnerte sich der Bischof, »*habe ich am Lernen keine Freude gehabt, und ich haßte es, daß man mich durch Zwang dazu anhielt. Aber trotzdem wurde ich durch den Zwang dazu angehalten, und es war gut für mich. Ich selbst aber handelte nicht gut: ich würde nichts gelernt haben, hätte man mich nicht dazu gezwungen.*« (Bek. 1, 12)

Vielleicht haben die Prügel der Schulzeit Augustinus nicht nur die griechischen Vokabeln eingebläut, sondern sein Verhältnis zur Gewalt allgemein geprägt. Er hatte gelernt, daß Unterdrückung heilsam sein konnte. Deshalb war er bereit, Andersdenkende, wenn sie sich nicht von ihrem »Irrtum« abbringen ließen, zu ihrem Glück zu zwingen. Und natürlich entdeckte er eine Stelle im Alten Testament, die den »wohlmeinenden« Zwang absegnete: »*Wen der Herr liebt, den züchtigt er, wie ein Vater seinen Sohn, den er gern hat.*«. (Spr. 3, 12) Auch im Neuen Testament wurde der Bischof fündig. Augustinus bezog das Gleichnis vom Großen Abendmahl auf sich und die Kirche: Ein Mann hat ein großes Abendessen vorbereitet und lädt einige Leute dazu ein. Doch jeder der Geladenen hat eine Ausrede, nicht zu kommen. Da läßt der Mann die Armen und die Blinden, die Krüppel und die Lahmen zum Essen hereinholen. Es ist aber immer noch Platz am Tisch. »*Da sagte der Herr zu dem Diener: Dann geh auf die Landstraßen und vor die Stadt hinaus und nötige die Leute zu kommen, damit mein Haus voll werde!*« (Lukas 14, 16-24) Dieses »Nötige die Leute zu kommen!« ist für Augustinus ein Befehl, und er kommentiert: »*Mag auch Zwang nötig sein, solange sie noch draußen sind, wenn sie erst einmal drinnen sind, werden sie freiwillig bleiben.*« (Serm. 112, 7, 8)

Augustinus hatte keine Skrupel, in den innerkirchlichen Auseinandersetzungen um seine Erbsündenlehre alle Register des Zwangs zu ziehen: Er schreckte nicht einmal davor zurück, die weltliche Macht des Kaisers um Hilfe zu bitten. Die Katholiken sollten um jeden Preis auf dem schmalen Pfad der Orthodoxie – d.h. der augustinischen Lehre – gehalten werden. Die »Abweichler«, die »Irrgläubigen«, die Donatisten und Pelagianer wurden entrechtet und verfolgt.

Diese Bereitschaft zur Vergewaltigung aus Nächstenliebe äußerte sich bisweilen in Erklärungen von unheimlicher Selbstgerechtigkeit, so zum Beispiel in dem Brief an die »ketzerischen« Donatisten: »*Glaubt uns, Brüder! Wir lieben euch, wir wünschen euch das, was wir auch für uns wünschen. Wenn ihr uns allzusehr haßt, weil wir es nicht zulassen, daß ihr in die Irre und zugrunde geht, so trägt das Gott vor, den wir fürchten, weil er den schlechten Hirten droht und sagt: ›Was in die Irre gegangen war, habt ihr nicht zurückgeholt, und was zugrunde gegangen war, habt ihr nicht gesucht.‹ (Ez. 34, 4) Dieses tut durch uns Gott selbst euch an, durch Bitten, durch Drohen, durch Anklagen, durch Geldbußen, durch Schmerzen, durch seine geheimen Hinweise und Heimsuchungen oder durch die Gesetze der weltlichen Macht. Versteht doch, was mit euch los ist! Gott will nicht, daß ihr zugrunde geht, indem ihr in gottloser Zwietracht abfallt von eurer Mutter, der katholischen Kirche.*« (Ep. 105, 12-13)

Zum ersten Mal in der Geschichte gingen Christen mit staatlicher Gewalt gegen Christen vor. Augustinus ist der geistige Vater der Inquisition, die Abertausende von Menschen, um sie vor den Flammen der Hölle zu retten, auf den Scheiterhaufen brachte.

Zynismus des Schicksals: Der Mann, der vom Gedanken an die Erbsünde besessen war, hat den Sündenfall der Kirche, den Pakt mit dem Terror, verschuldet.

Augustinus hat das Ende des Römischen Reiches knapp verpaßt. Er starb 430, während Hippo von den Vandalen belagert wurde. In Europa brach das »finstere Mittelalter« an. Die Philosophie wurde zur »Magd« der Theologen. Und Augustinus' Saat der Gewalt ging auf. Bernard von Clairvaux predigte den Kreuzzug und versprach für Mord und Totschlag die ewige Seligkeit: »*Du tapferer Ritter, du Mann des Kriegs! Jetzt hast du eine Fehde ohne Gefahr, wo der Sieg Ruhm bringt und der Tod Gewinn!*« Die Katharer führten ein Leben der asketischen Nächstenliebe und wurden in Gottes Namen umgebracht. »*Schlagt sie alle tot!*«, rief der Zisterzienserabt Arnold bei der Erstürmung von Béziers: »*Der Herr erkennt die Seinen.*« Der Augustiner-Mönch Martin Luther heiratete eine Nonne, während gleichzeitig mit seiner Billigung die aufständischen Bauern massakriert wurden. »*Prediger*«, bekannte der Reformator in schlechtester Augustinus-Tradition, »*sind die allergrößten Totschläger. Denn sie ermahnen die Obrigkeit, daß sie entschlossen ihres Amtes walte und die Schädlinge bestrafe. Ich habe im Aufruhr alle Bauern erschlagen; all ihr Blut ist auf meinem Hals. Aber ich schiebe es auf meinen Herrgott; der hat mir befohlen, solches zu reden.*«

Nicht nur Männer gingen für den Glauben über Leichen. Katharina von Medici ließ in der »Bartholomäusnacht« die Pariser Hugenotten abschlachten. Unter dem Einfluß der Marquise de Maintenon verfolgte Ludwig XIV. die protestantische Minderheit derart grausam, daß Hunderttausende aus Frankreich flüchteten.

Doch zu dieser Zeit formierte sich im Land des »Sonnenkönigs« bereits jene Bewegung, die der Kirche den Krieg erklären sollte …

Der Liebhaber der Marquise – Voltaire

Leben und Lieben:

1694   François-Marie Arouet wird in Paris als Sohn eines angesehenen Notars geboren.

1704   Tod der Mutter.

1713   *Erste, unglückliche Liebe in Den Haag: Olympe Dynoyer.*

1716   Wegen einer Satire gegen den Regenten Philipp von Orléans ein Jahr Haft in der Bastille.

1726   Streit mit dem Herzog von Rohan; dreijähriges Exil in England.

1733   *Beginn der Beziehung zu Émilie du Châtelet.*

1734   »Philosophische Briefe«, *Umzug nach Schloß Cirey.*

1749   *Émilie stirbt im Kindbett.* Im Jahr darauf reist Voltaire zu Friedrich II.

1754   *Nach der Rückkehr aus Preußen lebt er mit seiner Nichte zusammen.*

1759   »Candide«.

1778   Voltaire stirbt in Paris.

(Abkürzungen in den Stellenangaben: Edwards – Samuel Edwards, Die göttliche Geliebte Voltaires, 1989; Orieux – Jean Orieux, Das Leben des Voltaire, 1994)

*

Augustinus wurde durch ein paar Zeilen aus dem Römerbrief bekehrt. Aber Paulus kann auch ganz andere Reaktionen hervorrufen; das zeigt die folgende, von Voltaire satirisch ausgefeilte Anekdote:

Die Marschallin von Grancey, eine Dame der Pariser Gesellschaft, entdeckt im Alter von 40 Jahren den zeitlosen Reiz von Philosophie und Dichtung. Sie liest die Tragödien Racines und Montaignes philosophische »Essais« mit viel Vergnügen. Plutarchs »Geschichte der großen Männer« sagt ihr weniger zu. Denn wo, *s'il vous plaît*, bleiben die großen Frauen? Es ärgert sie, daß deren Geschichte nie geschrieben wurde.

Eines Tages findet ein Freund, der Abbé de Châteauneuf, die Marschallin in heller Empörung: Sie ist in einem Buch zufällig auf den Satz »Frauen, seid euren Männern untertan!« gestoßen.

»Ja, und?« fragt der Abbé.

»›Ich habe das Buch fortgeworfen.‹

›Wie das, Madame? Wissen Sie auch, daß das die Briefe des heiligen Paulus sind?‹

›Es kümmert mich nicht, von wem sie sind. Der Verfasser ist sehr un-höflich. Nie hat mein Herr Marschall in diesem Ton an mich geschrieben. Ich bin überzeugt, daß euer Sankt Paul ein Mann war, mit dem sich schwer leben ließ. War er verheiratet?‹

›Jawohl, Madame.‹

›Seine Frau muß schon ein gutmütiges Geschöpf gewesen sein; wäre ich die Frau eines solchen Mannes gewesen, ich hätte ihm gezeigt, was eine Harke ist ...‹«

Sie redet sich in Rage: »›Sind wir denn Sklaven? Ist es nicht schon ge-nug, daß ein Mann, nachdem er geheiratet hat, das Recht besitzt, mir eine Krankheit von neun Monaten anzuhängen, die manchmal tödlich ausgeht?‹«

Überhaupt sei die angebliche Überlegenheit der Männer ein Märchen: »›Ich weiß wohl, daß die Männer im allgemeinen Muskeln ha-ben, die stärker sind als unsere, und daß sie einen gezielteren Faustschlag austeilen können. Ich fürchte sehr, daß dies der Ursprung ihrer Vorherr-schaft ist.‹«

Dem Abbé gelingt es mit Mühe, seine Freundin zu besänftigen. Dennoch bleibt ihr Fazit unversöhnlich: »›Frauen, seid euren Män-nern untertan! – Dieser Paul war recht brutal.‹« (Voltaire, Satirische und Kritische Schriften)

Rokoko-Damen

Die Marschallin ist ein Geschöpf des Rokoko, mit raumgreifendem Reifrock, weiß gepuderter Hochfrisur und waghalsigem Dekolleté, eine jener Frauen, über die Diderot schreibt: »Während wir (Männer) Bücher lesen, lesen sie in dem großen Buch des Lebens und der Gesellschaft. So befähigt sie gerade ihre Unwissenheit, unmittelbar die Wahrheit aufzu-nehmen, sobald man sie ihnen zeigt. Keinerlei Autorität hat sie unterjocht, während bei uns (Männern) die Wahrheit am Eingang unseres Gehirns Plato, Aristoteles, Epikur, Zenon als Wachen aufgestellt findet, die sie mit Spießen zurücktreiben.« (Diderot, Über die Frauen)

Diderot deklariert hier als Tugend, was von vielen Frauen als Not empfunden wurde. Während man die Unschuld von Mädchen aus gutem Hause sorgsam hütete, überließ man ihre geistige Entwicklung dem Zufall. Nicht selten hielt man sie absichtlich ungebildet, um ihre Chancen auf dem Heiratsmarkt nicht zu beeinträchtigen. Allzu kluge Frauen waren nicht gefragt. »*Nichts wird so sehr vernachlässigt als die Erziehung der Mädchen*«, kritisierte der Pädagoge Fénelon 1687. »*Die Mädchen, erklärt man, sollten nicht gelehrt sein, Wißbegier mache sie eitel und geziert; es genüge, wenn sie eines Tages ihr Hauswesen zu leiten und ihren Ehegatten ohne viele Worte zu gehorchen wüßten.*« (Fénelon, Über Mädchenerziehung, I)

Daher beschränkte sich die Unterweisung auf das Nötigste: Lesen und Schreiben, die Grundrechenarten, biblische Geschichte, ein bißchen Tanzen, Singen, Zeichnen, Handarbeiten – Schluß. Was das Mädchen sonst noch wissen mußte, schaute es sich bei der Mutter ab: wie man mit Dienstboten umging, wie man sich geschmackvoll kleidete, wie man sich kurzweilig unterhielt usw. (Zwar gab es seit 1786 ein erstes Lyzeum in Frankreich, das Stift von St. Cyr. Die Marquise de Maintenon, die zweite Frau Ludwigs XIV., hatte es für Töchter aus verarmtem Adel gegründet. Doch auch dort war nicht die geistige Entwicklung der Mädchen Ausbildungsziel, sondern Frömmigkeit und gesellschaftlicher Schliff.)

Mit dieser intellektuellen Aussteuer debütierte die junge Frau bei Hofe. Wenn sie nicht häßlich war und eine angemessene Mitgift vorweisen konnte, war sie umgehend verheiratet, nicht selten an einen Mann, der doppelt so alt war wie sie, oder noch älter. Zuneigung war Nebensache bei der Partnerwahl. Finanzielle, gesellschaftliche und dynastische Erwägungen gaben den Ausschlag. Die folgenden Jahre waren von Schwangerschaften ausgefüllt. Hatte die Frau eine Reihe von Entbindungen hinter sich gebracht und ihrem Mann einen Stammhalter geschenkt, so war ihre eigentliche Lebensaufgabe damit erledigt. Die Kindererziehung blieb weitgehend den Ammen, Domestiken und Geistlichen überlassen.

Der Rest der Lebenszeit mußte von den Damen, besonders bei Hofe, mehr oder weniger unterhaltsam totgeschlagen werden. Lieselotte von der Pfalz, die Schwägerin des Sonnenkönigs, beschreibt ihren Alltag: »*Erstlich zu Versailles, allwo wir den ganzen tag zu tun hatten, denn morgens bis umb 3 nachmittags waren wir auf der jagd, darnach, wann wir von der jagd kommen, so kleite man sich anders an und gingen* 'nauf zum spiel; dorten blieb man bis umb 7 abends; von dar ging man in die comedie, welche umb halb 11 aus war, alsdann ging man zum nachtessen, vom nachtessen zum ball, welcher bis 3 uhr morgens wehrte, und dann zu bett.« (Brief vom 14. 12. 1676)

Die interessanteste Abwechslung boten amouröse Eskapaden. Am Hof von Versailles gehörten Kuppelei, Seitensprünge und diskrete Indiskretionen ebenso zum Alltag wie das *lever* des Königs. Für die Liebesaffären galten feste Leitlinien: Männer durften fremdgehen, so oft und mit wem sie wollten, nur heiratsfähige Mädchen von Adel waren tabu. Ehefrauen durften sich, dieweil der Gatte seinen erotischen Abenteuern nachging, einen Liebhaber nehmen. Sie mußten allerdings beachten, daß es jeweils nur einer zur Zeit war, daß aus dieser Verbindung keine Kinder hervorgingen und daß gewisse Spielregeln eingehalten wurden. So gestattete es die Etikette, daß die Frau am Arm des aktuellen Liebhabers im Theater erschien, in die Oper dagegen ging sie mit ihrem Angetrauten.

An den *jours de rien*, den veranstaltungsfreien Tagen, wurden Besuche abgestattet, Romane gelesen und körbeweise Briefe geschrieben. Allein aus der Feder Lieselottes von der Pfalz sind fünftausend Herzensergüsse erhalten. In vielen davon beklagt sie ihr Schicksal, in einem fremden Land ein nutzloses, langweiliges, unausgefülltes Leben führen zu müssen: »*Es ist mir all mein leben leyd gewesen, ein weibsmensch zu sein, und kurfürst zu sein, were mir, die wahrheit zu sagen, besser angestanden, als Madame zu sein.*« (15.5.1701 – »Madame« war Lieselottes offizieller Titel als Schwägerin des Königs)

Einer Frau, die die Vergnügungen des Hofes leid war, boten sich drei Wege der Selbstverwirklichung:

• Sie konnte als Mätresse und Ratgeberin indirekte Macht ausüben. So war die Marquise de Pompadour, die Geliebte Ludwigs XV., maßgeblich daran beteiligt, daß Frankreich sich 1756 mit seinem Erbfeind Österreich gegen Friedrich II. verbündete. Aber derartige Positionen waren rar und heiß umkämpft.

• Sie konnte den Pfad der Frömmigkeit einschlagen. Zusammen mit einem persönlichen Beichtvater erforschte sie ihren Glauben und ihr Gewissen – eine Vorform der Gesprächstherapie. Ihr Vermögen steckte sie, statt es in Juwelen und Prunkroben anzulegen oder am Spieltisch durchzubringen, in wohltätige Einrichtungen. Und zu gegebener Zeit zog sie sich in ein Kloster zurück.

• Sie konnte endlich, wenn sie klug, schön und selbstbewußt genug war, als Kristallisationspunkt des kulturellen Lebens wirken, indem sie einen Salon führte. Bei den Abendgesellschaften einer Madame de Scudéry oder einer Marquise de Sévigné – beide selbst Schriftstellerinnen von Rang – wurde über die neuesten Bücher und Theaterstücke diskutiert. Man pflegte den »preziösen« Geschmack und entwickelte den hochkultivierten, pointierten Umgangston der Epoche.

Auch Ninon de Lenclos (1620–1705) führte einen Salon. Sie war die berühmteste Kurtisane ihrer Zeit. Ohne jemals verheiratet gewesen zu sein, beglückte sie eine ganze Galerie von illustren Liebhabern. Darüber hinaus gelang es ihr, sich fast alle als gute Freunde zu erhalten. Und sie konnte nicht nur mit Männern, sondern auch mit Geld umgehen. Eine geschickt angelegte Erbschaft erlaubte es ihr, in finanzieller Unabhängigkeit ihren Neigungen zu frönen, der Kunst, der Liebe und der Freundschaft. Ihr Ruf blieb, bei aller Leichtlebigkeit, makellos.

Ihre letzte Eroberung machte Ninon im Alter von 77 Jahren, als sie ihre Gunst dem Abbé de Châteauneuf schenkte, dem Freund der Marschallin de Grancey, einem ausgewiesenen Freigeist, den es nicht störte, daß er eine Generation jünger als seine Geliebte war. Wie das Schicksal es wollte, hatte der Abbé 1694 bei der Taufe eines gewissen François-Marie Arouet Pate gestanden. Eines Tages, als er die inzwischen alte Ninon besuchte, brachte er sein Patenkind mit, um es ihr vorzustellen. So kam es, daß der kleine Arouet, der als Erwachsener den Namen Voltaire annehmen sollte, mit elf Jahren einer der renommiertesten Lebedamen der Welt begegnete. Ninon war bezaubert von dem hochbegabten, ein wenig altklugen Jungen.

François-Marie war weniger angetan von dem Treffen. Anders als der Abbé hatte der Junge keinen Sinn für die schöne Seele der Greisin. Alles, was er sah, war der Zerfall eines einstmals attraktiven Körpers: »*Sie war ein verrunzeltes Wrack, und über ihre Knochen spannte sich nur noch eine gelbe, fast schwärzliche Haut. Ich kann Ihnen versichern, daß ihr Gesicht mit achtzig Jahren die scheußlichsten Spuren des Alters trug.*« (Orieux S. 34)

Immerhin, der Besuch hatte sich in anderer Hinsicht für ihn gelohnt. Als Ninon starb, erbte er 1000 Franc. Diese Summe war zum Kauf von Büchern bestimmt und bildete den Grundstock zu Voltaires Bibliothek.

Erste Amouren

Seine Pubertät durchlebte François-Marie am Pariser Jesuitenkolleg Louis-le-Grand, einer Eliteschule, in der es hart, aber nicht unmenschlich zuging. Die Zöglinge hungerten, froren und teilten ihr spartanisches Lager mit Wanzen, doch sie bekamen den für die damalige Zeit denkbar besten Unterricht. Ihnen wurde nicht nur Wissen eingetrichtert, sie lernten auch, wie man sein Wissen benutzte und in beruflichen Erfolg umsetzte, sie lernten zu schauspielern, Reden zu halten, siegreich aus Streitgesprächen hervorzugehen.

Es wurde viel Latein gesprochen in diesem Internat, Koedukation aber war selbstredend ein Fremdwort. Man(n) war unter sich. Es gibt Spekulationen, der Zögling Arouet habe im Schlafsaal homoerotische Erfahrungen gesammelt, so wie ein gewisser Donatien de Sade, der 50 Jahre nach ihm das Kolleg besuchte. Wie dem auch sei, Voltaire wurde – anders als der Marquis – von derartigen Erlebnissen nicht fürs Leben geprägt.

Ohnehin kreiste sein Denken nicht um irgendwelche Bettgeschichten. Die Studierstube und das Klassenzimmer waren die Orte, wo er sich austobte und Befriedigung fand. Er war ein gewitzter Schüler, kreativ, fleißig, frech, ausgesprochen ehrgeizig und immer charmant. Besonders beim Verseschmieden tat er sich hervor.

Châteauneuf war stolz auf sein Patenkind. Er nahm den Jungen mit in den Club seiner freidenkerischen Freunde. Hier, unter den Literaten und Intellektuellen, wurde rücksichtslos alles mit Spott überzogen, was den Stützen der Gesellschaft heilig war, oder vielmehr, was der Klerus für heilig erklärt hatte. Hier wurde hitzig debattiert und schallend gelacht, in diesem anregenden Klima keimten die Ideen der französischen Aufklärung.

Unter diesen Männern fühlte François-Marie sich heimisch, und er beschloß, einer der ihren zu werden. Ja, er wollte alle anderen an Scharfsinn und Unverfrorenheit übertreffen und ein gefeierter Mann der Feder werden. Arouet senior beobachtete diese Entwicklung mit Argwohn. Man kann sich vorstellen, daß im Hause Arouet die beiden gegensätzlichen Charaktere aufeinanderprallten, hier der biedere Jurist, der die Schreiberei seines Sohnes als anrüchige – und selbstverständlich brotlose – Kunst abtat, dort der jugendliche Heißsporn, der sein Jahrhundert in die Schranken fordern wollte.

Und nirgends eine Frau, die in diesem Krieg der Temperamente hätte vermitteln können. Die Mutter war 1704 gestorben.

Als François-Marie mit 19 Jahren immer noch entschlossen war, Dichter zu werden, verbannte Arouet senior ihn nach Den Haag. Dort sollte er als Botschaftssekretär arbeiten und zur Vernunft kommen. Doch er nutzte die Freiheit der Fremde anders, als sein Vater sich das vorgestellt hatte. Anstelle von Akten studierte er die Liebe. Humor und Charme machten ihn unwiderstehlich. Das fand auch eine gewisse Olympe Dunoyer, genannt Pimpette, die Tochter einer hugenottischen Exilantin, ein kluges, lebenslustiges und keineswegs zimperliches Geschöpf. Rasch war man sich einig. François-Marie haßte es, Zeit zu verlieren. Ein halbes Leben später beschrieb Voltaire Candides ersten Kuß folgendermaßen: *»In aller Unschuld reichte sie ihm ihre Hand, die der Jüngling, ebenfalls voller Unschuld, doch lebhaft gefühlvoll und mit ganz besonderer Anmut küßte. Ihre Lippen fanden sich, ihre Blicke flammten auf, ihre Knie bebten, ihre Hände verirrten sich ...«* (Candide, Kap. 1)

Im »Candide« findet das Tête-à-tête durch einen Tritt des Barons von Thunder ten Tronck ein schmerzliches Ende. In Den Haag intervenierte Mutter Dunoyer. Sie lief zum Botschafter, eine Affäre mit diesem Schreiberling werde den Ruf ihrer Tochter und alle Aussichten auf eine gute Partie vernichten! Skandal!

Der jugendliche Liebhaber bekam vorläufig Hausarrest und wurde schließlich nach Paris zurückgeschickt. Seine Pimpette fiel von einer Ohnmacht in die nächste. Und François-Marie beichtete: *»Ich schwöre Ihnen ewige Beständigkeit. Sie allein können mich glücklich machen, und ich bin allzu glücklich, wenn ich mir die zärtlichen Gefühle ins Gedächtnis rufe, die Sie für mich hegen ... Adieu, meine angebetete Olympe, adieu meine Liebe. Wenn man Küsse schreiben könnte, schickte ich Ihnen unzählige mit der Post.«* (Orieux, S. 51)

Die Antwort klang wie ein Echo: *»Adieu, mein angebetetes Kind, ich bete Dich an und schwöre Dir, daß meine Liebe so lange währen wird wie mein Leben.«* (Orieux, S. 52)

In Paris setzte François-Marie alle Hebel in Bewegung, um Pimpette nachkommen zu lassen. Er schrieb ihr glühende, drängende Briefe: *»Wenn Sie weiterhin so grausam sind und darauf bestehen, in Holland zu bleiben, verspreche ich Ihnen fest, mich bei der ersten Kunde, die ich davon haben werde, zu töten.«* (Orieux, S. 53)

Vater Arouet tobte. Er beantragte einen Haftbefehl gegen seinen Sohn und wollte ihn nach Amerika schicken. Amerika war damals noch nicht das Land der unbegrenzten Möglichkeiten. Die Sümpfe Louisianas waren, verglichen mit den Pariser Theatern, nur von geringem Unterhaltungswert. Der Junge kroch weinend zu Kreuze. Aus den Liebesbriefen, die er weiterhin an Pimpette sandte, wurden theatralische Stilübungen. Pimpette war der literarischen Liebe bald überdrüssig und fand Trost bei einem neuen Verehrer. Für ein paar Tage war François-Marie ein gebrochener Mann.

Ähnlich ergeht es Zadig, dem Titelhelden einer von Voltaires Prosaerzählungen, als er erfährt, daß die schöne Semira ihn betrogen hat: *»Bei dieser Nachricht brach Zadig ohnmächtig zusammen. Sein Gram brachte ihn fast an den Rand des Grabes. Lange lag er krank darnieder, endlich aber siegte seine Vernunft über den Kummer, und sein grausames Erlebnis trug sogar dazu bei, ihn zu trösten.«* (Zadig, 1. Kap.)

François-Marie war nicht dazu geschaffen, lange zu trauern. Es gab so viele aufregende Frauen in Paris. Und eine ganze Reihe von ihnen sollte er in den kommenden Jahren, während sein Ruhm als Bühnendichter beständig wuchs, erobern:

Mit der attraktiven Marquise de Rupelmonde unternahm Voltaire – diesen Künstlernamen hatte er sich 1719 zugelegt – eine Vergnügungsreise in ihre flandrische Heimat. In Paris nannte man die Dame »La Blonde«, doch es gab genügend Männer, die ihre Hand dafür ins Feuer legten, daß sie in Wahrheit rothaarig sei.

Er wurde häufig mit der gutaussehenden und intelligenten Madame de Bernières gesehen, deren Gatte Gerichtspräsident der Normandie war. Alle Welt war davon überzeugt, daß die beiden ein Verhältnis hatten; der Gerichtspräsident tat ahnungslos und bestätigte dadurch das Gerücht.

Die bezaubernde Suzanne de Livry behauptete, Voltaire sei als Liebhaber »kalt wie Schnee« gewesen. Diese Aussage scheint glaubhaft, wenn man liest, was Voltaire über seinen Helden Zadig verrät: *»In der Geheimchronik Babylons ist verzeichnet, daß er einmal den Reizen einer Frau erlag, jedoch genoß er die Freuden der Liebe ohne jegliche Wollust, und das Erlebnis ließ ihn zu seinem eigenen Erstaunen völlig kalt.«* (Zadig, 8. Kap.)

Tatsächlich war Voltaire in der Rolle des feurigen Liebhabers eine Fehlbesetzung. Und er war sich dieses Mangels bewußt. In ei-

nem Brief an die Marschallin de Villars schwor er mit dem ihm eigenen Pathos der Liebe ab: »*Ich finde, es wirkt lächerlich, wenn ich liebe,
und ich fände diejenigen noch lächerlicher, die mich liebten. Der Schritt ist
getan, ich verzichte für immer.*« (Orieux S. 98)

Damals war er vierundzwanzig Jahre alt.

Ein besonders inniges Verhältnis hatte Voltaire zu Schauspielerinnen. Er wurde Stammgast in der Garderobe der berühmten Adrienne Lecouvreur. Ihretwegen geriet er mit dem mächtigen Chevalier
de Rohan aneinander. Er forderte den Aristokraten heraus und bezog
eine schmachvolle Tracht Prügel. Der eifersüchtige Chevalier genoß
von der Kutsche aus das Schauspiel, wie seine Schläger den bürgerlichen Dichter traktierten. Voltaire schwor blutige Rache. Da wurde
er kurzerhand in die Bastille gesteckt und schließlich nach England
verbannt. Adrienne starb im Alter von vierzig Jahren und sollte – als
»gottlose« Schauspielerin – kein christliches Begräbnis bekommen.
In einem vehementen Gedicht empörte Voltaire sich darüber, daß
man seine treue Freundin auf einer Müllkippe an der Seine ver-
scharrte – umsonst.

Die Bretter, die die Welt bedeuten, waren – neben seinem Faible
für gekrönte Häupter – Voltaires zweite große Leidenschaft. Der Unterschied zwischen diesen beiden Sphären erscheint vielleicht größer,
als er damals tatsächlich war: In den Tragödien der Zeit litten Könige
und Königinnen, vorzugsweise der Antike (Voltaire hatte 1718 seinen
ersten großen Erfolg mit dem »Oedipe«), und der Hof von Versailles
war eine einzige Bühne, das höfische Zeremoniell eine grandiose
Show mit Tausenden von raffinierten Details und abertausend Möglichkeiten, einen *faux pas* zu begehen, eine Inszenierung, in der die
Akteure zugleich Publikum waren. Was Wunder, daß die Marquise
de Pompadour, die langjährige Mätresse Ludwigs XV., eine begna-
dete Schauspielerin war und zahlreiche Rollen der Theaterliteratur
auswendig deklamieren konnte. Sie ließ in das Schloß Versailles ein
kleines Liebhaber-Theater einbauen, das »Théatre de petits cabi-
nets« mit ganzen vierzehn Sitzplätzen. Hier brachte sie für den König
alle paar Wochen ein neues Stück zur Aufführung, und natürlich
glänzte stets sie in den dankbarsten Rollen.

Voltaire war sich nicht zu schade, den König in seinen Stücken zu
verherrlichen. Im »Tempel des Ruhms« (1745) zeichnete er die Gestalt des weisen und gütigen Imperators Trajan so, daß jeder darin

ein Porträt Ludwigs erkennen mußte. Allerdings schoß er dann, wie so oft, übers Ziel hinaus. Nach der Uraufführung zupfte er, berauscht vom enthusiastischen Applaus, den Monarchen am Ärmel: »War Trajan zufrieden?«

Dem König ging soviel Anbiederung auf die Nerven. Nie sollte es Voltaire gelingen, seine Gunst zu erringen. Desto besser kam er mit der Pompadour aus, die seine Begeisterung für die schönen Künste teilte und die am eigenen Leib erfahren hatte, wie anstrengend es war, aus dem bürgerlichen Milieu in die eisigen Sphären des Hochadels aufzusteigen. Sie legte, wo immer sie konnte, ein gutes Wort für ihn ein. Und Voltaire wußte es ihr zu danken, mit einem eleganten Seitenhieb auf den von der Liebe beherrschten Herrscher. Ganz Paris zitierte sein Gedicht:

> *Pompadour, Sie verschönen*
> *den Hof, den Parnaß und Kythera,*
> *Entzücken aller Herzen, Schatz eines einzigen Sterblichen,*
> *möge ein so schönes Los ewig währen!*
> *Möge mit Ludwig der Friede auf unsere Felder*
> *zurückkehren,*
> *möget Ihr beide ohne Feinde sein*
> *und alle beide Eure Eroberungen behalten.«* (Orieux S. 361)

Émilie

Voltaire verfaßte ein Bühnenstück nach dem anderen, ebenso ehrgeizige Geschichtswerke und selbstverständlich Tausende von Briefen. Er spielte Katz und Maus mit den Zensurbehörden, wurde gefeiert und verfolgt, antichambrierte bei Hof, überwachte die Aufführungen seiner Tragödien, war ständig krank und stets unterwegs und spekulierte ganz nebenbei ein Riesenvermögen zusammen. Er war reich und berühmt. Und endlich traf er mit knapp vierzig Jahren seine große Liebe.

Die Marquise Émilie du Châtelet wurde 1706 als Tochter eines Barons geboren. Schon früh unterschied sie sich von den gleichaltrigen Mädchen. »*Meine Jüngste*«, klagte der Vater, »*ist ein seltsames Geschöpf und wird zweifellos auch als Frau sehr unansehnlich bleiben. Sie hat*

Kräfte wie ein Holzfäller und ist unglaublich ungelenk. Kurz: sie ist häß-
lich wie ein Bauernrekrut aus der Gascogne.« (Edwards, S.10)

Ihr derbes Äußeres wurde für Émilie zum Vorteil. Da ihre Hei-
ratsaussichten trübe waren, trug der Vater keine Bedenken, sie wie
einen Jungen erziehen zu lassen. Sie lernte neben Englisch, Italie-
nisch, Spanisch und Deutsch auch die klassischen Sprachen Latein
und Griechisch. Sie studierte Mathematik und ließ sich in die Mysterien der Metaphysik einweihen. Dabei war sie alles andere als eine
Stubenhockerin. Sie ritt wie der Teufel und stand im Fechten keinem Mann nach. Sie hatte nicht nur den unersättlichen Kopf der
Hochbegabten, sie verfügte auch über unerschöpfliche Energie und
Lebenslust.

Dann geschah ein Wunder. Im Alter von fünfzehn Jahren verwandelte sich das häßliche Entlein in einen Schwan. Als sie bei Hofe
debütierte, war sie eine ausgesprochen attraktive Frau. Was ihr an
weiblicher Grazie und höfischen Umgangsformen fehlte, ersetzte sie
durch jugendlichen Elan und entwaffnende Unbekümmertheit. Vor
allem aber verbreitete sie niemals Langeweile um sich. Sie war für jeden Spaß zu haben, und das galt in Versailles als die beste Empfehlung.

Doch welcher Höfling hatte den Mut, eine Frau zu ehelichen, die
Vergil und Aristoteles ins Französische übersetzte und sich mit Begeisterung in Descartes' analytische Geometrie vertiefte, eine Frau,
die nach Voltaires Zeugnis »*neunstellige Zahlen durch andere neunstellige Zahlen im Kopf dividieren*« konnte (Gedenkrede, in: Kritische und
Satirische Schriften), eine Frau zudem, die in der Lage war, ihrem
Gatten bei gegebenem Anlaß das Florett auf den zuckenden Adams-
apfel zu setzen!

Émilies Mutter verzweifelte schier: »*Meine Jüngste prahlt mit ihren
Geistesgaben und verschreckt damit die Bewerber, die von ihren übrigen
Exzessen noch nicht verscheucht wurden. Wir werden sie vielleicht in ein
Kloster geben müssen, aber keine Äbtissin würde sie nehmen. Wir wissen
nicht mehr, was wir mit ihr anfangen sollen.*« (Edwards, S.17)

Die Rettung kam in Gestalt eines Offiziers, der bereits mehrere
Feldzüge überstanden hatte und auch den Gang zum Traualtar nicht
scheute. Der Marquis du Châtelet war zehn Jahre älter und einen
Kopf größer als seine Braut, ein schlichter Mann, der die pompösen
Rituale des Hofs verachtete und sich am liebsten bei seinen Soldaten

aufhielt oder auf die Jagd ging. Intellektuell war er seiner jungen Frau in keiner Weise gewachsen, doch da sein Ehrgeiz sich auf das Militärische beschränkte, kamen die beiden gut miteinander aus. Émilie erfüllte ihre Pflichten als Ehefrau: Sie richtete ein luxuriöses Stadtpalais ein, repräsentierte bei offiziellen Anlässen an seiner Seite und gebar ihm in acht Jahren drei Kinder, darunter 1727 Florent-Louis-Maire, den Erben des väterlichen Adelstitels.

Das Soll war erfüllt, und Émilie stürzte sich ins Vergnügen. An den Spieltischen von Versailles war sie schon bald wegen ihrer Kaltblütigkeit gefürchtet. Wenn sie an einem Abend ein kleines Vermögen verlor, gewann sie am nächsten Abend ein großes – und legte es umgehend in Juwelen, teuren Kleidern und Büchern an. Auf dem Gebiet der Mode wirkte sie als Trendsetterin. Keine andere Frau trug so offenherzige Dekolletés, und sie war die erste, die sich die Brustwarzen rot schminkte.

Natürlich konnte eine solche Frau, wollte sie ihren Ruf bewahren, nicht lange ohne vorzeigbaren Liebhaber bleiben. Zumal der Marquis dafür bekannt war, daß er sich die Zeit zwischen Belagerungen und Schlachten, wenn er fern von Paris weilte, mit wohlgerundeten Brünetten vertrieb.

Nach einigen Geschmacksverirrungen fand Émilie den richtigen Kavalier, den Herzog von Richelieu. Der Großneffe des berühmten Kardinals war ein Bild von einem Mann, kühn auf dem Schlachtfeld, elegant im Salon, souverän im Boudoir. Die Affäre dauerte ein Jahr an und bewirkte eine Veränderung in Émilies Wesen. Vorher hatte sie zu Launenhaftigkeit und hysterischen Ausbrüchen geneigt, unter dem Einfluß des Herzogs wurde sie ausgeglichener und selbstbewußter. Vorher hatte sie wahllos gelesen und studiert, nur von kurzlebigen Interessen geleitet, aus reiner Lust am Lernen und um die Gesellschaft mit gelehrten Zitaten zu verblüffen. Jetzt konzentrierte sie sich auf ihre Stärken, die Mathematik und die Übersetzungen aus den alten Sprachen.

Als die erotische Spannung abnahm, blieben Herzog und Marquise gute Freunde. Sie schrieben einander regelmäßig lange Briefe, auch noch, als Émilie schon lange mit Voltaire zusammenlebte.

Diese beiden außergewöhnlichen Menschen lernten einander im Jahre 1733 kennen. Sie hatten schon oft voneinander gehört. Voltaire war ein guter Freund des Herzogs von Richelieu. Seine Verse waren in aller Munde. Und Émilie machte durch eine feministische Revolte von sich reden. In Paris kam damals ein neuartiger, teurer, türkischer Trunk namens Café in Mode. Schickeria und Intelligenzija trafen sich in den großen Kaffeehäusern – dem »Procope«, dem »Gradot«, dem »Café Veuve Laurent« – um bei einem Täßchen Mokka zu diskutieren, Schach zu spielen oder auch nur unter Beweis zu stellen, daß man *en vogue* war. Damen hatten in den feineren Etablissements keinen Zutritt. Kaffeetrinken war, ebenso wie das Rauchen, Männersache. Émilie empfand dieses Verbot als Provokation und dachte nicht daran, es zu akzeptieren. Nachdem man sie aus dem »Café Gradot« komplimentiert hatte, erschien sie eine Woche später in eleganter Herrenkleidung. Diesmal hatte sie die Lacher auf ihrer Seite, und die Gäste – viele davon gute Freunde von ihr – applaudierten so begeistert, daß der Wirt klein beigab. Émilie bekam ihren Mokka und einen Stammplatz im Kreis der gelehrten Kaffeeschlürfer.

Nicht viel später begleitete Émilie ein befreundetes Paar zu Voltaire, der gerade mit seiner Tragödie »Zaire« Furore gemacht hatte. Man dinierte gemeinsam in einem Gasthof – es gab Hühnerfrikassee – und unterhielt sich blendend. Voltaire traf hier, vielleicht zum ersten und einzigen Mal, eine Frau, die ihm in jeder Beziehung gewachsen war. Und Émilie schrieb ihrem verflossenen Herzog: *»Warum haben Sie mir niemals gesagt, daß Monsieur de Voltaire der Inbegriff des idealen Mannes ist?«*

Daß die zwei voneinander fasziniert waren, ist eigentlich nicht erstaunlich. Wohl aber, daß ihre Verbindung knapp sechzehn Jahre lang halten und erst mit Émilies tragischem Tod enden sollte.

Das Glück von Cirey

Von Anfang an war klar, daß das Paar nicht vorhatte, viel Rücksicht auf die Konventionen zu nehmen. Die beiden lebten offen zusammen, als seien sie verheiratet, ja sie erschienen selbst zur Audienz beim König gemeinsam.

Als Voltaire wegen seiner *Philosophischen Briefe* Ärger mit der Zensurbehörde bekam, beschlossen sie, Paris und der Versailler Gesellschaft den Rücken zu kehren. Émilies Mann besaß einen Landsitz in

Lothringen. Schloß Cirey lag inmitten ausgedehnter Wälder, es stand seit langem leer und verwandelte sich allmählich in eine Ruine. Voltaire konnte es sich leisten, die feudale Bruchbude instandsetzen und nach Émilies Vorstellungen einrichten zu lassen. Wichtigster Teil des neuen Inventars war eine Bibliothek, die Tausende von Bänden umfaßte und in ganz Frankreich ihresgleichen suchte.

Für die *haute volée* von Paris war das selbstgewählte Exil von Cirey in jeder Hinsicht unerhört. Aus der Hauptstadt verbannt zu sein, galt gemeinhin als das größte Unglück, das einem Menschen von Rang zustoßen konnte. Voltaire und Émilie aber genossen die ländliche Idylle, das tägliche Zusammensein und vor allem die Möglichkeit, ungestört zu arbeiten. Ein normaler Tag in Cirey sah etwa so aus: Aufstehen um fünf Uhr morgens, Arbeit bis zehn, dann eine Stunde Kaffeetrinken, Rückkehr an die Arbeit oder Spaziergang, je nach Wetter und Laune. Nach dem Mittagessen, das sie gewöhnlich mit Gästen einnahmen, verschwanden die beiden alsbald wieder in den Studierstuben. Feierabend war um 21 Uhr, wenn man sich zum Souper traf. Émilie, die sehr wenig Schlaf brauchte, arbeitete oft auch noch in der Nacht.

So nahm Cirey in gewisser Weise schon den utopischen Schluß des »Candide« vorweg, mit dem Fazit des Philosophen Pangloß: *»»Als der Mensch in den Garten Eden gesetzt wurde, geschah es ut opera- retur eum – auf daß er ihn bebaue. Das beweist also, daß der Mensch nicht geschaffen wurde, um sich auszuruhen.‹ – ›Arbeiten wir also, ohne viel zu grübeln‹, sagte Martin, ›das ist das einzige Mittel, um das Leben erträglich zu machen.‹«*

Voltaire arbeitete an vielem gleichzeitig: Er feilte an seinen Dramen, er forschte für seine historischen Werke, er dichtete die frech-frivole »Jungfrau«, er beschäftigte sich intensiv mit der Newton-schen Physik, er führte seine umfangreiche Korrespondenz mit Freunden, Gelehrten und dem vielversprechenden Kronprinzen von Preußen.

Émilie studierte Leibniz und erklärte den Franzosen seine Philo-sophie in den *Institutions de Physique*. Sie lernte Englisch, um den großen Newton im Original lesen zu können, und sie las ihn gründ-lich. Bis zu ihrem Tode arbeitete sie an einem umfassenden Werk über seine revolutionäre Physik, die sich in Frankreich nur langsam gegen die Theorien Descartes' durchsetzte. Nebenbei veröffentlichte sie eine Übersetzung von Vergils *Aeneis*, die ein Jahrhundert lang gültig blieb.

Ihr erfolgreichstes Werk aber war ein praktischer Ratgeber für die vornehme Dame. Der Titel lautete *Untersuchung über das Glück*. Émilie schöpfte aus eigener Erfahrung und empfahl ihren Leserinnen Positives Denken, nimmermüdes Lernen und – als Quell der Entspannung – das Sammeln von Schnupftabakdosen. Das Buch erlebte mehrere Neuauflagen.

Wenn sie nicht las oder schrieb, experimentierte sie. Die große Schloßhalle verwandelte sich durch ihre Initiative in ein physikalisches Laboratorium. Hier überprüfte sie Newtons Aussagen oder ihre eigenen Theorien, z.B. zur Natur des Feuers. Gäste berichteten nach Paris, daß die Forscherin im Ballkleid durch das Labor rauschte und selbst am Schreibtisch ihre teuersten Brillanten trug.

Überhaupt hatte die Arbeit, wie Émilie und Voltaire sie verstanden, nicht den säuerlichen Geruch von *Ora et labora*. Arbeit war Lust. Und gemeinsame Arbeit war doppelte Lust.

Dagegen wurde die Lust für Voltaire mit den Jahren zur Arbeit. Er war von Natur aus schwach und kränklich und die Ansprüche der robusten Émilie gingen, als er die fünfzig überschritten hatte, oftmals über seine Kräfte.

Eine Zeitlang verkniff sie sich ihre erotischen Bedürfnisse, dann sah sie sich nach einem Ersatz um. Der Marquis de Saint-Lambert war einen Kopf größer als Émilie und zehn Jahre jünger. Was er an erotischer Ausstrahlung im Übermaß hatte, ließ er an Vorsicht vermissen. Émilie wurde schwanger. Mit 43 Jahren brachte sie ein Mädchen zur Welt. Wenige Tage nach der Geburt starb sie am Fieber.

Für Voltaire brach eine Welt zusammen. *»Ich habe nicht nur eine Geliebte verloren – ich habe die Hälfte von mir selbst verloren«*, schrieb er an einen Freund. Die andere Hälfte fand jedoch sofortigen Trost in den Armen von Madame Denis, seiner verwitweten Nichte.

Voltaire lebte noch knapp dreißig Jahre. Er verbrachte drei Jahre als Gast Friedrichs II. in Preußen, bis es zum großen Krach zwischen den beiden kam. Er schrieb seine satirischen Romane und Erzählungen, darunter »Candide« und »Zadig«. Ein Justizmord erregte Frankreich. Voltaire betrieb gegen den vereinten Widerstand von Kirche und Gerichtsbarkeit die Rehabilitierung des unschuldig geräderten Hugenotten Calas und trug den Sieg davon. Er kaufte das Landgut Ferney an der Schweizer Grenze und sanierte die verarmte Umgebung, indem er dort Uhrenindustrie ansiedelte. Vor seinem Tode im Jahre 1778 kehrte er noch einmal nach Paris zurück. Der 83jährige wurde im Triumphzug empfangen, schon zu Lebzeiten eine Legende.

Voltaire und die Frauen

Es ist nicht unumstritten, ob Voltaire zum Club der Großphiloso-phen gehört. Er war zugleich weniger und mehr. Weniger, weil er nie ein eigenes System entwickelte, sondern sich als Anhänger von Locke und Newton begriff. Mehr, weil er durch seine publizistische Arbeit, durch seine Bühnenwerke, Romane und Versdichtungen eine Breitenwirkung erzielte wie kaum ein Philosoph vor oder nach ihm und weil er die Weltanschauung einer ganzen Epoche prägte. Vor al-lem aber hat er seinen Überzeugungen entsprechend gelebt, frei, mutig, großherzig, tolerant und humorvoll. Voltaires wichtigstes philosophisches Vermächtnis ist seine Biographie.

Er hat kein Buch, nicht einmal einen Aufsatz gegen die Diskrimi-nierung der Frau *geschrieben*. Die »Jungfrau« ist nicht gerade ein emanzipatorisches Epos. Fénelon und Diderot waren Voltaire in die-sem Punkt voraus. Dafür hat er die Gleichberechtigung der Ge-schlechter *gelebt*. Die Gäste in Cirey waren immer wieder verblüfft davon, wie souverän Voltaire und Émilie miteinander umgingen. In den verbissenen Disputen über Sachfragen zählte das bessere Argu-ment, in persönlichen Streitgesprächen die größere Schlagfertigkeit. Jeder war für sich brillant, als Paar waren sie unschlagbar, und das wußten sie. Beide waren so von des anderen Intelligenz und Esprit angetan, daß ihre Meinungsverschiedenheiten nicht selten unvermit-telt in ein homerisches Gelächter umschlugen.

Die wichtigste soziale Trennlinie verlief für Voltaire nicht zwi-schen den Geschlechtern, sondern zwischen der Oberschicht (wozu natürlich auch Dichterfürsten gehörten) und dem gemeinen Volk. Er fühlte sich als *honnête homme*, als Ehrenmann. Ein solcher wußte, wie er sich Frauen gegenüber zu verhalten hatte: rücksichtsvoll, großzü-gig, ritterlich, ja hochachtungsvoll. Man lebte ja immerhin in einem

Jahrhundert, dessen Politik maßgeblich von Frauen bestimmt wurde: Elisabeth von Rußland und Katharina die Große, Maria Theresia und die Marquise de Pompadour regierten halb Europa.

Nein, Frauen schlecht zu behandeln, das war ein Zeichen von Pöbelhaftigkeit.

Seinen Zadig stellte der Dichter mit den folgenden Worten vor: *»Zur Zeit König Moabdars lebte in Babylon ein Jüngling …, dessen angeborene reiche Begabungen durch seine Erziehung gestärkt und günstig weiterentwickelt worden waren. Obgleich er wohlhabend und noch jung war, wußte er seine Leidenschaften zu zügeln. … Zadig brüstete sich vor allem niemals damit, die Frauen zu verachten oder sie unterjochen zu wollen.«*

Im 9. Kapitel des Romans fleht eine Frau, die gerade von ihrem Mann durchgeprügelt wird, Zadig um Hilfe an. Der edle Jüngling fällt dem Barbaren in den Arm: *»»Wenn Ihr nur das geringste Gefühl für Menschlichkeit habt, so beschwöre ich Euch, nehmt Rücksicht auf die Schönheit und Schwäche der Frau. Wie könnt Ihr ein Wunderwerk der Natur so schmähen, das vor Euch auf den Knien liegt und sich mit nichts anderem als mit Tränen verteidigen kann!‹«*

Der brutale Ehemann fordert Zadig zum Zweikampf heraus. Es geht um Leben und Tod. Die Schwerter klirren. *»Die Frau hat sich unterdessen auf dem Rasen niedergelassen, bringt ihr Haar in Ordnung und sieht den beiden zu.«* Als Zadig seinen Gegner mit dem Schwert durchbohrt, erntet er von der Geretteten nur wütende Vorwürfe: *»»Ich wollte, er schlüge mich noch. Ich habe es wohl verdient, ich habe ihm Grund genug zur Eifersucht gegeben. Wollte der Himmel, er schlüge mich noch, und Ihr wäret an seiner Stelle tot.‹ – ›Madame‹,* entfährt es dem desillusionierten Kavalier, *»so schön Ihr seid, Ihr verdientet auch von mir noch Prügel, weil Ihr so unberechenbar seid.‹«*

Die Geschichte greift ein beliebtes Schwank-Motiv auf. Nichtsdestoweniger ist sie auch typisch für Voltaires Blick auf die Moral des einfachen Volkes: Pack schlägt sich, Pack verträgt sich. Zwischen Opfer-Frau und Täter-Mann besteht eine untergründige Komplizenschaft. Wer daran etwas ändern will, erntet nichts als Verständnislosigkeit und Undank.

In den Kreisen, in denen Voltaire verkehrte, ging es in der Regel gesitteter zu. Man hatte seine Gefühle unter Kontrolle, betrachtete die Welt mit humorvoller Distanz und respektierte die Würde des anderen. Lieben und lieben lassen.

Gelegentlich war der Marquis du Châtelet zu Besuch in Cirey, meist in Begleitung seiner aktuellen Favoritin. Dann speiste man friedlich zu viert, und nach dem Essen machte der Marquis einen Spaziergang mit dem Liebhaber seiner Frau. Sie fachsimpelten über neue Waffen oder Befestigungsanlagen.

In Paris zerriß man sich die Mäuler: Eine Affäre, *pourquoi pas?* Aber in aller Offenheit zusammenleben, ja, zusammen *arbeiten*, und der gehörnte Gatte machte gute Miene dazu – das war doch wirklich schamlos. Manche Herren und noch mehr Damen wünschten sich, der Marquis möge von seinem Recht als Ehemann Gebrauch machen und Émilie in ein Kloster stecken.

Der Marquis aber dachte nicht daran. Er hielt viel von Voltaire, und er liebte Émilie, auch wenn er ganz andere Interessen hatte als sie. Eines Tages kam das Gerücht auf, Voltaire habe sich eine junge Geliebte zugelegt. Darauf, so wurde bei Hofe kolportiert, habe der Marquis Voltaire zur Rede gestellt: *»Wie kommen Sie dazu, meine Frau zu betrügen!«*

Nach Émilies Tod trauerten die beiden Männer gemeinsam. Als Voltaire Cirey nach sechzehn Jahren verließ, half der Marquis ihm wie selbstverständlich beim Umzug. Es gab auch jetzt keine üble Nachrede, kein Gefeilsche bei der Regelung des Finanziellen. Man stand über den Dingen, verbunden durch das Andenken an die geliebte Frau. Voltaire, immer für ein paar Verse gut, fand diesmal besonders schöne:

> *»L'Univers a perdu la sublime Émilie.*
> *Elle aima les plaisirs, les arts, la vérité.*
> *Les dieux en lui donnant leur âme et leur génie*
> *N'avaient gardé pour eux que l'immortalité.«*

> *»Das Universum hat die erhabene Emilie verloren.*
> *Sie liebte die Freuden, die Künste, die Wahrheit.*
> *Die Götter, die ihr ihre Seele und ihr Genie gaben,*
> *haben nur die Unsterblichkeit für sich behalten.«*

Émilie

Der romantische Robinson – Rousseau

Leben und Lieben:

1712	Rousseau wird in Genf geboren. Seine Mutter stirbt im Kindbett.
1728	»Flucht« aus Genf. *Begegnung mit Mme. de Warens.*
1734	*Er verliert seine Unschuld in »Mamas« Bett.*
1737	*Affäre mit Mme. de Larnage, einer Reisebekanntschaft.*
1743	Er geht als Botschaftssekretär nach Venedig. *Zulietta-Episode.*
1745	*Beginn des Verhältnisses mit Thérèse Levasseur.*
1750	»Diskurs über die Wissenschaften und Künste«.
1756	Er wohnt in der »Eremitage«; erste Briefe der »Julie«.
1757	*Passion für die Comtesse Sophie d' Houdetot.*
1761	Die »Julie« wird ein phänomenaler Erfolg. Arbeit am »Émile«.
1765	Kurzes, glückliches Exil auf der Petersinsel im Bieler See.
1768	*Er läßt sich mit Thérèse trauen.*
1770	Abschluß der »Bekenntnisse«, die aber erst nach seinem Tod erscheinen.
1778	Rousseau stirbt am 2. Juli, einen Monat nach seinem Feind Voltaire.

(Abkürzungen in den Stellenangaben: Bek. – Bekenntnisse; Träumereien – Träumereien eines einsamen Spaziergängers)

*

Für die Frauen des 18. Jahrhunderts war die Schwangerschaft »eine Krankheit, die manchmal tödlich endet«. Die Kunst der Ärzte beschränkte sich, 100 Jahre vor Semmelweis, weitgehend auf die bewährte Kombination von Aderlaß, Klistier und Brechmittel. In Rouen, der Hauptstadt der Normandie, wurden im 18. Jahrhundert 38 228 Babys zur Welt gebracht. Die Sterblichkeitsrate der Mütter betrug etwa 1 %. Bei einer Geburtenzahl von zehn und mehr mußte jede junge Frau, ob Bäuerin oder Herzogin, befürchten, das Zeitliche unter Qualen im Wochenbett zu segnen.

Émilie du Châtelet war eines der Opfer, ein anderes die 39jährige

Suzanne Rousseau. Die Ehefrau des Uhrmachers Isaak Rousseau aus Genf starb am 7. Juli 1712, zehn Tage nach der Geburt ihres zweiten Kindes, des kleinen Jean-Jacques.

Die Bücher

Der frühe Tod der Mutter bestimmte das Leben des Sohns. Seine Kindheit lag unter einem Schleier von Melancholie. *»Ich habe nicht erfahren, wie mein Vater diesen Verlust trug; aber ich weiß, daß er sich nie darüber tröstete. Er glaubte meine Mutter in mir wiederzusehen, konnte aber nicht vergessen, daß ich sie ihm genommen hatte. Er umarmte mich nie, ohne daß ich an seinen Seufzern, seiner krampfhaften Umschlingung fühlte, daß sich ein bitterer Kummer in seine Liebkosungen mischte.«* (Bek. Kap.1)

Beide, Vater und Sohn, flüchteten aus ihrer Trauer in das Reich der Phantasie. Sie »verschlangen« gemeinsam die Bibliothek von Romanen, die Suzanne Rousseau hinterlassen hatte. *»Bald wurde unser Interesse so lebhaft, daß wir abwechselnd unaufhörlich lasen und die Nächte damit verbrachten.«* (Ebd.)

Das exzessive Lesen zeigte Wirkung. Jean-Jacques entwickelte ein für sein Alter *»einzigartiges Verständnis der Leidenschaften. Ich hatte noch keine Vorstellung von den Dingen, als mir schon alle Gefühle bekannt waren. Ich hatte nichts begriffen, aber alles gefühlt. Diese unklaren Vorstellungen … gaben mir vom menschlichen Leben wunderliche und romanhafte Vorstellungen, von denen Erfahrung und Überlegung mich niemals ganz haben heilen können.«* (Ebd.)

Schauplatz in den meisten Büchern – wie z.B. in Honoré d'Urfés 4000-Seiten-Opus »Astrée« – war ein idyllisches Traumland, in dem Herren und Damen der feinen Gesellschaft, als Schäfer und Schäferin verkleidet, in wohlgesetzter Rede über *le vrais amour*, die wahre Liebe, parlierten. Helden des Romans »Astrée« sind ländliche »Hirten«, Aussteiger von edler Geburt, wie die schöne Astrée und ihr Geliebter Celadon. Sie haben sich, da die höfische Gesellschaft ihren Idealen untreu geworden ist, in die Natur des Loiretals zurückgezogen, um ein Leben in Tugend zu führen und der hohen Minne zu huldigen. Letztere verlangt ewige Treue und speziell vom Liebhaber unbedingten Gehorsam gegenüber der Herrin seines Herzens.

Weltflucht und Sehnsucht nach der wahren Liebe – diese Leitmotive sollten auch Rousseaus Leben durchziehen.

Nach Arkadien kam Rom an die Reihe. Plutarchs »Lebensbeschreibungen berühmter Männer« beeindruckten Jean-Jacques zutiefst und sollten bis ins hohe Alter seine Lieblingslektüre bleiben. »*Ich hielt mich für einen Griechen oder Römer, wurde die Person, über deren Leben ich las.*« (Ebd.) An den Römern begeisterten ihn vor allem die republikanischen Ideale und der Haß auf alles, was den Titel »König« trug. War er selbst nicht auch Bürger einer stolzen Republik und niemandes Untertan?

Mit der Realität hatten diese Bücher ebensowenig zu tun wie die Ritterschwarten des Don Quixote. Der hatte über dem Lesen den Verstand verloren. Jean-Jacques erging es nicht viel besser. Sein Leben lang hatte er ein Realitätsproblem, Menschen aus Fleisch und Blut waren ihm unheimlich. Nur im Reich seiner Phantasie fühlte er sich heimisch. Später war er sich dieser Fehlentwicklung durchaus bewußt. Im »Émile« wetterte er: »*Ich hasse Bücher! Sie lehren nur, von dem zu reden, was man nicht weiß.*« (Émile, 3. Buch) Kinder sollten, wenn es nach ihm ging, überhaupt nicht lesen. Einzig Defoes »Robinson Crusoe« fand Gnade vor seinen Augen.

Mama

Der Knabe Jean-Jacques wurde zu einem Graveur in die Lehre geschickt. Meister Ducommun war ein Grobian. An die Stelle von Schöngeisterei und imaginierten Römertugenden traten harte Arbeit und Prügel. Mit knapp 16 Jahren warf Jean-Jacques das Handtuch. Eines Sonntags, als er nach einem ausgedehnten Spaziergang die Stadttore verschlossen vorfand, entschied er sich, seiner Heimatstadt Genf für immer den Rücken zu kehren. Er wollte von nun an ein freies Leben führen und ein berühmter Mann werden.

Doch es gab drei Hindernisse, die der Freiheit und dem Ruhm im Wege standen: Er war nichts, er hatte nichts, er konnte nichts. Aber wie alle Bürger der calvinistischen Republik Genf war auch er protestantisch getauft, und das sollte sich auszahlen. In der Umgebung der Stadt lauerte eine ganze Legion von papistischen Geistlichen auf Ketzer, die reuig in den Schoß der *mater catholica* zurückkehren wollten. Jean-Jacques suchte einen dieser Pfarrer auf, bekam ein leckeres

Essen vorgesetzt, das seine letzten Gewissensbisse in Völlegefühl verwandelte, und wurde anschließend, zwecks weiterer Bekehrung, zu einer gewissen Baronin de Warens geschickt.

Jean-Jacques war auf eine ältliche Betschwester gefaßt. Statt dessen stand er einer Dame von 29 Jahren gegenüber. »*Ich sah ein Gesicht voll Liebreiz, schöne blaue Augen voller Sanftmut, eine blendende Gesichtsfarbe, die Umrisse eines bezaubernden Busens. Nichts entging dem raschen Blick des jungen Proselyten; denn ich wurde im Augenblick der Ihrige, da ich überzeugt war, daß eine von solchen Missionaren gepredigte Religion unfehlbar ins Paradies führen mußte.*« (Bek. Buch 2)

Das, was ihrem jungen Besucher bevorstand, die Konversion zum Katholizismus, hatte die Baronin bereits hinter sich. Dieser Schritt hatte sie nicht nur von ihrem ungeliebten Mann befreit, sondern ihr auch eine Pension von jährlich 2500 Livres aus der Schatulle des Königs von Savoyen eingetragen. Dafür sollte sie allen Protestanten, die ihrem Beispiel folgen wollten, mit Rat und Tat zur Seite stehen.

Jean-Jacques fand in Madame de Warens seine verlorene Mutter und nannte sie liebevoll »Mama«. Hingebungsvoll widmete sie sich der Aufgabe, aus dem unbeholfenen Jüngling einen Mann von Welt zu formen. Ihr pädagogischer Eros ging sehr weit. Um Jean-Jacques die Angst vor Frauen und die Lust an der Onanie zu nehmen, gab sie ihm sogar im Bett Nachhilfestunden. Rousseau hat die denkwürdige Lektion in seinen Memoiren beschrieben: »*Zum ersten Mal sah ich mich in den Armen einer Frau, und einer Frau, die ich anbetete. War ich glücklich? Nein, ich genoß nur die Lust. Ich weiß nicht, welche unüberwindliche Traurigkeit mir ihren Reiz vergiftete. Mir war, als hätte ich Blutschande begangen. Zwei- oder dreimal benetzte ich, während ich sie entzückt in meine Arme schloß, ihren Busen mit meinen Tränen. Sie war weder traurig noch lebhaft, sie war zärtlich und ruhig. Da sie wenig sinnlich war und durchaus nicht die Wollust gesucht hatte, empfand sie kein Entzücken und hat nie Gewissensbisse gehabt.*« (Bek. Buch 5)

Zum zweiten Mal hatte Jean-Jacques eine Mutter verloren. Er war hin und hergerissen zwischen Wehmut und Stolz. Daß »Mama« sich neben ihm noch einen zweiten Geliebten hielt, einen Bauernburschen namens Claude Anet, vereinfachte die Sache nicht gerade. Etwa ein Jahr lang lebte man in einer *ménage à trois*, dann verstarb der Nebenbuhler an einer Brustfellentzündung.

Alias Mister Dudding

Die große Liebe war es nicht, was Jean-Jacques und Madame de Warens miteinander verband. Dazu war er zu unreif, sie zu abgeklärt. Die körperliche Intimität bedeutete ihr nicht viel. Sie betrachtete *»die Vereinigung der Geschlechter als den gleichgültigsten Akt«* und *»die eheliche Treue als eine Scheinverpflichtung, deren ganze Moral nur die öffentliche Meinung im Auge habe.«* (Bek. Buch 5)

Jean-Jacques hingegen kam nie über den Alters- und Standesunterschied hinweg. Noch 1740 – mit 28 Jahren also – unterschrieb er die Briefe, die er ihr schickte, mit *»Ihr demütigster und gehorsamster Diener und Sohn«.*

Als Seelenführerin hatte Madame de Warens keinen durchschlagenden Erfolg. Jean-Jacques bekennt zwar, *»nie wird die ganze Moral eines Pädagogen das liebevolle und zärtliche Geplauder einer verständigen Frau aufwiegen, für die man Zuneigung hegt«* (Bek. Buch 5), doch die Maximen seiner *»Mama«* hat er kaum beherzigt. Sie ist eine selbständige und selbstbewußte Frau, sie hat ein Faible für riskante Finanzspekulationen, sie interessiert sich für die Naturwissenschaften und dilettiert als Chemikerin. Ihr Schüler dagegen wird Geld, das man nicht selbst erarbeitet hat, immer verachten; seine chemischen Experimente enden 1737 mit einer gewaltigen Explosion, die ihn fast das Augenlicht kostet; und er wird im 5. Buch des »Émile«, statt das Beispiel seiner Gönnerin zu verallgemeinern, das Recht der Frau auf Eigenständigkeit schlichtweg leugnen.

Nicht einmal seine Schüchternheit hat sie ihm nehmen können. Im Umgang mit Frauen bleibt Jean-Jacques zeitlebens unsicher. Auf einer Reise nach Montpellier lernt er eine gewisse Madame de Larnage kennen. Er ist fünfundzwanzig, sie zwanzig Jahre älter. Auch wenn sie keine Schönheit ist, gerät Jean-Jacques in Feuer oder, besser gesagt, in einen qualvollen Schwelbrand: *»Die Furcht, zu beleidigen oder zu mißfallen, die noch größere Angst, verhöhnt, verspottet, verlacht zu werden, ... hielten mich zurück. ... Ich lag auf der Folter. ... Ich blickte verdrießlich, kurz ich tat alles, was mir die Behandlung, die ich gefürchtet hatte, zuziehen mußte. Glücklicherweise benahm sich Frau von Larnage menschlicher. Sie unterbrach plötzlich dies Schweigen, indem sie einen Arm um meinen Hals legte, und im Nu sprach ihr Mund allzudeutlich auf dem meinigen, um mir meinen Irrtum zu lassen.«* (Bek. Buch 6)

Madame de Larnage holte nach, was »Mama« in all den Jahren versäumt hatte. Zum ersten Mal ließ sich Jean-Jacques völlig gehen. *»Sie hatte mir jenes Vertrauen gegeben, dessen Mangel mich fast stets gehindert hat, ich selbst zu sein. … Ich war nicht mehr derselbe Mensch.«* (Ebd.) Dazu mag beigetragen haben, daß er sich ihr gegenüber als Mister Dudding, ein reicher Engländer, ausgab. Mister Dudding konnte sich erlauben, was Jean-Jacques sich nie verziehen hätte. Die Reise wurde zu einer kurzen, unvergeßlichen *tour d'amour*: *»Dies köstliche Leben dauerte vier oder fünf Tage, während derer ich mich an den süßesten Freuden berauschte. Ich kostete sie rein, lebhaft, ohne jede Beimischung von Schmerz. Es sind die ersten und einzigen, die ich so gekostet habe, und ich kann sagen, daß ich es Frau von Larnage danke, nicht gestorben zu sein, ohne den Sinnengenuß zu kennen.«* (Ebd.)

Rousseaus »Bekenntnisse« verblüffen immer wieder durch ihre brillanten Selbstanalysen. Hellsichtig vergleicht er: *»Bei Mama war ein Genuß immer durch ein Gefühl der Trauer getrübt, durch eine geheime Beklemmung des Herzens, die ich nicht ohne Mühe überwand. Statt mich dazu zu beglückwünschen, daß ich sie besaß, warf ich mir vor, daß ich sie erniedrigte. Bei Frau von Larnage hingegen überließ ich mich, stolz darauf ein Mann zu sein und glücklich zu sein, meinen Sinnen mit Freude, mit Vertrauen. … Ich war meiner Herr genug, um meinen Triumph mit ebensoviel Eitelkeit wie Wollust zu betrachten und ihn so zu verdoppeln.«* (Ebd.)

Als ihre Wege sich trennten, verabredeten die beiden ein baldiges Wiedersehen im Haus von Madame de Larnage. Doch Jean-Jacques wurde von Gewissensbissen gequält, weil er seiner »Mama« untreu geworden war. Die Skrupel *»wurden so lebhaft auf der Rückreise, daß sie, dem Liebesgenuß die Waage haltend, mich dazu brachten, auf die Vernunft allein zu hören. … Sobald ich meinen Entschluß gefaßt hatte, wurde ich ein anderer Mensch, oder vielmehr, ich wurde wieder der, der ich vorher gewesen war und den der Augenblick der Trunkenheit hatte verschwinden lassen. Voll guter Gesinnungen und guter Entschlüsse setzte ich meinen Weg in der guten Absicht fort, mein Vergehen zu sühnen, indem ich nur daran dachte, von jetzt an mein Betragen nach den Gesetzen der Tugend zu regeln, mich rückhaltlos dem Dienst der besten der Mütter zu widmen, ihr soviel Treue zu geloben, wie ich Liebe für sie hatte, und auf keine andere Liebe mehr zu hören als auf die zu meinen Pflichten.«* (Ebd.)

Die süße Qual

Sein erstes erotisches Erlebnis hatte Jean-Jacques mit etwa zehn Jahren. Eine Mademoiselle Lambercier, die ihn für kurze Zeit in Pflege genommen hatte, versohlte ihm den Hintern. Das zeitigte unerwartete Nebenwirkungen. Jean-Jacques bekam eine Erektion. In Zukunft sah Mademoiselle Lambercier von körperlichen Züchtigungen ab, doch zu spät: Jean-Jacques war geprägt. Sein Charakter verbot es ihm, den Masochismus offen auszuleben. Statt dessen suchte er in erniedrigenden Situationen Befriedigung: *»Zu Füßen einer herrischen Geliebten zu liegen, ihren Befehlen zu gehorchen, sie um Verzeihung bitten zu müssen, waren für mich süßeste Freuden …«* (Bek. Buch 1)

Als er von seinem Montpellier-Abenteuer zurückkehrte, empfing »Mama« ihn mit kühlen Worten, und neben ihr stand ein junger, blonder Mann, Herr Wintzenried, ihr neuer Favorit. Jean-Jacques schluckte seine Eifersucht herunter und genoß die Demütigung.

Ein anderer Schwank aus seinem Leben: Jean-Jacques bekam einen Posten als Botschaftssekretär in Venedig. Dort lernte er die berühmte Kurtisane Zulietta kennen. Selbstverständlich verliebte er sich in sie, und selbstverständlich sabotierte er einen befriedigenden Verlauf des Rendezvous: Er fing an zu heulen und redete so lange dummes Zeug, bis die Schöne ihn mit einem guten Rat hinauswarf: *»Laß die Hände von den Frauen, mein Lieber, und studier Mathematik!«* (Bek. Buch 7)

Der Masochismus war nicht Jean-Jacques' einzige Vorliebe. In seiner Jugend hatte er sich auch als Exhibitionist betätigt: *»Ich suchte dunkle Alleen und abgelegene Orte auf, wo ich mich von fern weiblichen Personen in dem Zustande zeigen konnte, in dem ich bei ihnen hätte sein mögen. Was sie sahen, war nichts Unzüchtiges, daran dachte ich nicht einmal; es war nur lächerlich.«* (Bek. Buch 3)

Er gab diese riskante Praktik auf, nachdem er einmal, auf frischer Tat ertappt, nur knapp der Verhaftung entgangen war. Dafür betrieb er später in den »Bekenntnissen« Selbstentblößung im großen Stil. *»Ich will meinesgleichen einen Menschen in der ganzen Naturhaftigkeit zeigen, und dieser Mensch werde ich sein.«* Die Leser (und besonders die Leserinnen) sollen *»über meine Nichtswürdigkeit seufzen und über meine Nöte erröten.«* (Bek. Buch 1) Endlich, so scheint es, hatte Rousseau seine wahre Liebe gefunden. Es war die schockierte Öffentlichkeit.

Das Naturkind

Die Liebe zehrt an den Kräften. Für den Alltag braucht man eine weniger anspruchsvolle Gefährtin. Die fand Jean-Jacques, als er aus Venedig nach Paris zurückkehrte, in einem Gasthof. Das Hausmädchen Thérèse Levasseur war neun Jahre jünger, schüchtern und von entwaffnender Naivität. Jean-Jacques' pädagogische Bemühungen blieben weitgehend erfolglos: »*Als ich in der Rue-Neuve-des-Petits-Champs wohnte, hatte ich meinen Fenstern gegenüber am Pontchartrain-Palais eine Sonnenuhr; mehr als einen Monat lang bemühte ich mich, sie (Thérèse) zu lehren, dort die Stunden abzulesen*«, berichtet Rousseau, doch »*ihr Geist ist, wie ihn die Natur gemacht hat. Bildung und Pflege wurden ihm nicht zuteil. Ich erröte nicht, zu gestehen, daß sie nie gut zu lesen verstanden hat, obwohl sie leidlich schreibt.*« (Bek. Buch 7) Rousseaus getreue Lebensgefährtin und spätere Frau, die Mutter seiner fünf Kinder, war praktisch Analphabetin.

Rousseau lebte Romane. Eines seiner unbewußten »Drehbücher« war die »Astrée«, ein anderes der »Robinson«. Die »Flucht« aus Genf geschah ebenso spontan wie Robinsons Einschiffung in Hull. Dem sturmgepeitschten Ozean entsprachen die Erfolge und Katastrophen, die Jean-Jacques während seiner Wanderjahre und in der Pariser Gesellschaft erlebte. Die unbewohnte Insel symbolisierte ein Leben in Einsamkeit, jenseits sozialer Zwänge.

Das Bild von Robinsons Insel beherrschte Rousseaus Denken und Fühlen:

St. Preux, der Held aus seinem Briefroman »Julie«, landet während einer Weltumsegelung gleich zweimal auf einer einsamen Insel. »*Drei Monate hielt ich mich auf einer unbewohnten, anmutigen Insel auf, einem reizenden und rührenden Bild der einstigen Schönheit der Natur, die an der Welt Ende versetzt zu sein scheint, um der verfolgten Unschuld und Liebe zur Freistatt zu dienen.*« (Julie 4, 3) Bei der beschriebenen Insel handelt es sich um Juan Fernandez vor der chilenischen Küste. Dort hatte Alexander Selkirk, ein schottischer Seemann, jahrelang überlebt, bis er gerettet wurde und Daniel Defoe zu seinem Roman inspirierte. Rousseaus Quelle war in diesem Fall die Reisebeschreibung Admiral Ansons, ein Bestseller des 18. Jahrhunderts. Dort heißt es über Juan Fernandez: »*Dieser Ort ist es vielleicht, von welchem man sagen könnte, daß in demselben die ungekünstelten Wer-*

ke der ihr selbst gelassenen Natur alle erdichtete Beschreibungen der lebhaf-testen Einbildungskraft übertreffen.« An diesem Satz mußte sich Rous-seaus Phantasie entzünden.

Noch paradiesischer als Juan Fernandez erscheint St. Preux-Rousseau die Pazifikinsel Tinian: *»Ich landete auf einer zweiten unbe-wohnten Insel, die noch unbekannter, noch reizender als die erste war, und es fehlte wenig, daß uns nicht ein grausamer Zufall auf ewig dahin ver-bannt hätte. Ich war vielleicht der einzige, den eine so angenehme Verban-nung nicht erschreckte.«* (Julie 4, 3)

St. Preux wird sich an Tinian erinnern, wenn er bei seiner Rück-kehr Julies »Elysium« betritt, einen geheimnisvollen, von der Außen-welt abgeschlossenen Obstgarten, eine künstliche Robinson-Insel inmitten der Zivilisation. (Julie 4, 11)

Das Gartenhaus, in dem Rousseau von 1756 bis 1757 mit Thérè-se lebt und die ersten Kapitel der »Julie« schreibt, heißt »Eremita-ge« – »Einsiedelei«. Seine Gönnerin Madame d'Épinay hat ihm die Dichterklause vor den Toren von Paris zur Verfügung gestellt. Rousseau fühlt sich am Ziel seiner Wünsche. Doch zu seinem Kum-mer wird die »Eremitage« bald zu einem beliebten Ausflugsziel für die Pariser Gesellschaft. Der Naturprophet in seinem armenischen Gewand ist eine Sehenswürdigkeit.

Im Winter 1757/58 kommt es zum Streit zwischen Rousseau und Madame d'Epinay. Rousseau muß umziehen. Im »Kleinen Schloß« von Montmorency, wo er 1759 wohnt, nähert sich die Wirklichkeit der Phantasie an: *»Wenn man diesen Bau von der entgegengesetzten Höhe, die ihm Perspektive gibt, betrachtet, erscheint er vollkommen von Wasser umgeben, oder man glaubt eine verzauberte Insel oder die hübsche-ste der drei Borromeischen Inseln, die Isola Bella im Lago Maggiore, zu se-hen.«* (Bek. Buch 10)

Ein paar Jahre später, 1765, hat Rousseau es geschafft: *»Unter al-len Orten, die ich bewohnt habe, hat mich keiner so wahrhaft glücklich ge-macht und so zärtliche Sehnsüchte in mir zurückgelassen wie die Petersin-sel in der Mitte des Bieler Sees.«* (Träumereien 5) Auf diesem Eiland steht nur ein Haus. An schönen Tagen rudert Rousseau allein auf den See hinaus, streckt sich im Boot aus und schaut stundenlang, von den Wellen gewiegt, den Wolken nach, die über ihm dahinziehen.

Zu seinem Leidwesen kann er sein idyllisches Asyl nur zwei Mo-nate lang genießen, dann wird er auch von dort vertrieben.

Die Insel aber ist längst zum Spiegel seiner Seele geworden.

»I am divided from mankind, a solitaire, one banished from human society«, hatte der gestrandete Robinson notiert: *»Ich bin von der Menschheit ausgeschlossen, ein Einsiedler, aus der menschlichen Gesellschaft verbannt.«*

»So bin ich denn allein auf dieser Erde«, sinniert der greise Philosoph in den *»Rêveries du promeneur solitaire«*, *»habe keinen Bruder mehr, keinen Nächsten, keinen Freund, keine Gesellschaft außer mir selbst.«* (Träumereien 1)

Am Ende seines Lebens ist er ein verzweifelter Schiffbrüchiger, gescheitert an den Klippen der zwischenmenschlichen Beziehungen, und erwartet auf der Insel der Selbstbespiegelung den Tod. Und dabei ist er niemals allein. Denn Thérèse hält zu ihm, seit er sie in dem Gasthaus, wo sie arbeitete, vor den anderen Gästen in Schutz genommen hat. Sie ist sein getreuer Freitag, er ihr liebevoller Herr und Meister.

Rousseau lernte Thérèse Levasseur zu einer Zeit kennen, da sich die Kernpunkte seiner Philosophie herauszukristallisieren begannen. In seinem preisgekrönten »Diskurs über Kunst und Wissenschaft« (1750) griff er das Bildungsideal der Aufklärung an: Alle Büchergelehrsamkeit führe über kurz oder lang zu Laster und Entartung, das Glück der Menschen aber wachse allein aus der Tugend, und diese wiederum finde den besten Nährboden in einem schlichten, unverbildeten und naturnahen Leben.

So läßt sich die seltsame Liaison zwischen Genie und Beschränktheit auch als Verwirklichung seines weltanschaulichen Ideals deuten: Der Naturbursche Jean-Jacques – er hatte im Gegensatz zu Voltaire nie eine reguläre Schule besucht – kehrte, nachdem er in der Welt der Reichen, Mächtigen und Gebildeten nur Falschheit, Pomp und Eitelkeit gefunden hatte, reumütig *zurück zur Natur*, verkörpert durch ein unwissendes, grenzenlos geduldiges Geschöpf namens Thérèse.

Vielleicht ist die Sache auch weniger kompliziert. Thérèse war noch viel schüchterner als er, so daß er sich in ihrer Gegenwart sicher fühlen konnte, sie war eine gute Hausfrau, sie stellte keinerlei Forderungen an ihn, weder finanzieller noch anderer Art, und sie war immer für ihn da.

Noch etwas sprach für sie: Die biologische Seite des Geschlechtsverkehrs hatte Jean-Jacques seit seiner Kindheit im puritanischen Genf angewidert. Er empfand ihn als tierhaft, als ekelerregend, als erniedrigend, besonders für die Frau. Dadurch geriet er, was sein Liebesleben betraf, in eine Zwickmühle. Mit einer Frau, die er verehrte, konnte er nicht ins Bett gehen, ohne den Heiligenschein, mit dem er sie umgeben hatte, zu zerstören. Und Frauen, mit denen er ohne Gewissensnöte schlafen konnte, wurden eben dadurch zu Huren. Der Koitus war gleichzeitig Erfüllung und Zerstörung der Liebe. Nur bei Thérèse war alles anders. Sie hatte ihm zum Beginn ihrer Beziehung gebeichtet, daß sie keine Jungfrau mehr war, und er hatte ihr mit Erleichterung seine Absolution erteilt. Was bei klügeren Frauen Schamlosigkeit gewesen wäre, war bei ihr »Natur«.

Solange sein Ruhm in Blüte stand und er in den höchsten Kreisen herumgereicht wurde, bezeichnete er sie schamhaft als »meine Haushälterin«. Doch je weiter er sich aus der Welt entfernte, desto enger wurde sein Verhältnis zu ihr. Im Sommer 1762, nach dem Erscheinen des »Émile«, mußte er überstürzt aus Frankreich fliehen, weil die Zensur das Buch verdammt und einen Haftbefehl gegen den Autor erwirkt hatte. Aus seinem Schweizer Zufluchtsort schrieb Rousseau Thérèse einen Brief: »... *Ich habe mich bei der Abreise und während der ganzen Fahrt mit Ihnen beschäftigt; augenblicklich beschäftigt mich die Sorge, wieder mit Ihnen zusammensein zu können. Überlegen Sie, was Sie zu tun gedenken, und folgen Sie dabei allein Ihrer Neigung: Denn wieviel Widerwillen ich auch habe, mich von Ihnen zu trennen, nachdem wir so lange zusammen lebten, ich kann es dennoch, ohne Schaden, freilich aber mit Bedauern. ... Gehen Sie mit sich zu Rate, mein teures Kind, prüfen Sie, ob Sie meine Zurückgezogenheit zu ertragen vermögen; sollten Sie kommen, werde ich versuchen, sie Ihnen angenehm zu gestalten ... Wenn Sie aber lieber bleiben wollen, tun Sie es ohne Bedenken, ich werde mit meiner ganzen Kraft dazu beitragen, Ihnen das Leben behaglich und angenehm zu gestalten.«* (Brief vom 17.6.62)

Sie reiste ihm nach und teilte sein Exil. Am Anfang ihrer Affäre hatte er Thérèse versprochen: »*Ich werde Sie nie verlassen, aber auch niemals heiraten.*« (Bek. Buch 7) 1768, als er längst von der Welt geächtet und in seiner Paranoia gefangen war, brach er diesen Eid: Nach 23jähriger Bedenkzeit machte er Thérèse offiziell zu seiner Frau.

Sie hat nach seinem Tod noch 13 Jahre zurückgezogen gelebt und ist 1801 an Altersschwäche gestorben, wurde also noch Zeugin, wie während der Französischen Revolution seine Gebeine auf einen Ehrenplatz im Panthéon überführt wurden.

Émile und die Emanzen

Rousseau fühlte sich, je älter er wurde, desto mehr verpflichtet, seine Vorstellungen vom einfachen, vernünftigen, tugendhaften Leben in die Tat umzusetzen. Um unabhängig zu bleiben, schlug er eine Pension Ludwigs XV. aus und verdiente den Lebensunterhalt für sich und Thérèse, indem er Noten kopierte. Er ignorierte die Höflichkeitsrituale des Rokoko. Er legte seine Taschenuhr ab, die er als Symbol einer widernatürlichen Zeiteinteilung empfand.

In puncto Ehe aber bewies er Mut zur Inkonsequenz: *»Für einen Mann von Bildung schickt es sich nicht, eine Frau ohne Bildung zu heiraten, und folglich auch nicht aus einem Stande, wo man keine erwarten darf«*, schrieb er in seinem Essay über die Erziehung. Denn *»für einen Familienvater, dem es zu Hause gefällt, ist es traurig, wenn er gezwungen ist, sich gerade dort in sich zu verschließen und sich mit niemandem verständigen zu können«.* (Émile, Buch 5)

Unter diesem Gesichtspunkt war Thérèse nicht erste Wahl. Aber Frauen ließen ja in intellektueller Hinsicht immer etwas zu wünschen übrig: *»Jenes himmlische Feuer, welches die Seele erhitzt und entflammt, jenes um sich greifende, verzehrende Genie, jene brennende Beredsamkeit … wird stets den Schriften der Frauen fehlen.«* (Brief an d'Alembert) Und *»die Kunst zu denken ist den Frauen nicht fremd, aber die logischen Wissenschaften dürfen sie nur streifen.«* (Émile, Buch 5) Folglich mußte auch Émiles Gefährtin Sophie, diese Zierde des weiblichen Geschlechts, ihre Probleme mit dem Lernen haben: *»Sophie versteht alles, behält aber wenig davon. Ihre größten Fortschritte macht sie in der Sittenlehre und in den Fragen des Geschmacks.«* (Ebd.)

Nein, keine Frau würde imstande sein, die Tiefe des männlichen Verstandes ganz auszuloten. Doch es gab Schlimmeres. Hatten nicht auch die Menschen im Naturzustand jeder für sich, sich selbst genügend, gelebt? Der wahre Schrecken hatte ein anderes Gesicht:

»Mir wäre ein einfaches und grobschlächtig erzogenes Mädchen hundertmal lieber als ein Blaustrumpf und Schöngeist, der in meinem Haus einen literarischen Gerichtshof einrichtet und sich zur Präsidentin macht.

Ein Schöngeist ist eine Geißel für ihren Mann, ihre Kinder, ihre Freunde, ihre Diener, für alle Welt.« (Ebd.)

Die Hölle, das war für Rousseau der literarische Salon, wo Frauen wie Ninon de Lenclos den Ton angaben. Solche Damen, die in der Gesellschaft das große Wort führten, stellten die Ordnung der Natur auf den Kopf, so wie altklug daherschwätzende Kinder oder dressierte Pudel, die auf den Hinterbeinen herumstolzierten. Hinter seiner Ablehnung der Salons stand eine ganz konkrete Angst: Man muß sich den gehemmten Jean-Jacques nur einmal im Salon vorstellen, wie er, umzingelt von lachlustigen Grazien, krampfhaft nach witzigen Formulierungen sucht und den ganzen Abend keine findet. Für ihn waren die »Schöngeister« tatsächlich eine Qual.

Und deshalb kam er zu der Überzeugung, *»daß die Frau geschaffen ist, um dem Mann zu gefallen«.* Das sei ein Gesetz der Natur. Und *»wenn die Frau dazu geschaffen ist, zu gefallen und sich zu unterwerfen, dann muß sie sich dem Mann liebenswert zeigen, statt ihn herauszufordern«.* (Ebd.)

Gegen etwaige Proteste führte er einen Präventivschlag: *»Wenn sich die Frau darüber beklagt, daß die Ungleichheit zwischen ihr und dem Mann ungerecht ist, so hat sie unrecht. Diese Ungleichheit ist keine menschliche Einrichtung, zum mindesten nicht das Werk eines Vorurteils, sondern das der Vernunft.«* (Ebd.) Die Vernunft war es, die das Natürliche erkannte, und die Natur hatte immer recht. *»Die ganze Erziehung der Frauen muß daher auf die Männer Bezug nehmen. Ihnen gefallen und nützlich sein, ihnen liebens- und achtenswert sein, sie in der Jugend erziehen und im Alter umsorgen, sie beraten, trösten, und ihnen das Leben angenehm machen und versüßen: das sind zu allen Zeiten die Pflichten der Frau, das müssen sie von ihrer Kindheit an lernen.«* (Ebd.)

Alles in allem war Thérèse wohl doch erste Wahl. Dem Prinzen de Conti, der Rousseau in Montmorency besuchte, stellte er Thérèse als *»mein anderes Ich«* vor, als ein Wesen, *»das nicht meine Frau, nicht meine Geliebte, nicht meine Bedienerin, nicht meine Mutter und nicht meine Tochter ist, und doch alles zusammen.«* (Casanova, Geschichte meines Lebens, 5. Buch)

Die Rollenverteilung erscheint ungerecht: Das Dasein der Frau ist ausschließlich auf den Mann bezogen, sie erfüllt all seine Bedürfnisse, er lebt auf ihre Kosten, wie ein Parasit. Doch der Schein trügt, meint Rousseau. Unterschwellig nämlich sei es die Frau, die den

Mann beherrsche. Ihr Regiment stütze sich nicht auf Körperkraft und Gesetze, sondern auf Zärtlichkeit, Schönheit, Witz und moralische Überlegenheit. Je fraulicher sie sich gebe, desto williger würden ihr die Männer gehorchen.

»Jeder muß den Ton seines Geschlechts wahren. Ein Mann, der zu nachgiebig ist, kann eine Frau unverschämt machen. Ist aber der Mann nicht gerade ein Ungeheuer, so bringt ihn die Sanftmut der Frau wieder zur Vernunft, und früher oder später triumphiert sie über ihn.« (Émile, Buch 5)

Émile bekommt von seinem Erzieher daher den Rat: *»Wenn es also wahr ist, daß du der Liebhaber deiner Frau sein willst, so muß sie immer über dich und sich selbst herrschen. Sei ein glücklicher, aber ehrerbietiger Liebhaber. Laß dir alles von der Liebe geben und verlange nichts von der Pflicht. Betrachte die geringste Gunst niemals als ein Recht, sondern als ein Geschenk.«* (Ebd.)

Es waren Gedanken wie diese, die den »Émile« und besonders die »Julie« bei den Frauen des achtzehnten Jahrhunderts zu einem triumphalen Erfolg machten. In der feministischen Philosophie werden sie aber kaum je zitiert; sie passen nicht in das Bild, das man sich von Rousseau macht. Dabei sind sie von entscheidender Bedeutung. Seine Bemerkungen über die naturgegebene Herrschaft des Mannes waren nicht neu. Man kannte dergleichen aus unzähligen Traktaten und Predigten. Sie gehörten gleichsam zur Geräuschkulisse des Jahrhunderts. Aber was er über das innige Verhältnis zwischen Ehemann und Ehefrau sagte, über die wechselseitigen Pflichten der Liebenden, über die Bedeutung der Gefühle in der Ehe, das ließ aufhorchen. Noch wichtiger als das, was er sagte, war die Art, wie er es sagte: Er selbst zeigte Gefühle. Nicht das künstlich aufgeregte Theater, das Voltaire zu inszenieren pflegte, sondern die Innerlichkeit der Romantik, die Sehnsucht nach dem Verschmelzen mit der Natur, die Lust an der unglücklichen Liebe. Er stieß die aufgeklärte, männlich geprägte, oft zynische Vernunft vom Thron und proklamierte die Herrschaft von Tugend, Intuition und Empfindung. Die Mehrheit der Frauen fühlte sich von ihm nicht diskriminiert, sondern verstanden.

So schrieb die junge Madame de Stael, eine glühende Verehrerin des Philosophen: *»Obwohl Rousseau sich bemühte, die Frauen daran zu hindern, daß sie sich in öffentliche Angelegenheiten mischen und in der Po-*

*litik eine hervorragende Rolle spielen, hat er doch so von ihnen gesprochen,
daß sie ihren Gefallen daran fanden. Wenn er auch wünschte, ihnen einige Rechte zu entziehen, die ihrem Geschlechte nicht angemessen sind, so
gab er ihnen doch dafür alle diejenigen, auf die das Geschlecht ihnen Anspruch verleiht. Indem er versuchte, den Einfluß der Frauen auf die Ent-
schließungen der Männer zu vermindern, hat er ihnen dafür die Herrschaft über deren Glück geweiht! Als er sie von einem angemaßten Thron
herabsteigen ließ, half er ihnen wieder auf den Thron, den die Natur ihnen angewiesen hat. Obwohl er voll Entrüstung ist, wenn die Frauen es
versuchen wollen, den Männern ähnlich zu werden, so steigt seine Hochachtung für sie fast zur Anbetung, wenn sie vor ihn treten mit all den
Reizen, den Schwächen, den Tugenden und Fehlern ihres Geschlechts.«*
(Briefe über J.-J. Rousseau, I)

Sophie

Als Rousseau in der »Eremitage« am Konzept der »Julie« arbeitete,
bekam er unerwartet Damenbesuch. Die Gräfin Sophie d'Houdetot
*»näherte sich den Dreißigern und war keineswegs schön. Ihr Gesicht war
durch Blatternnarben entstellt. Ihr Teint war unrein, sie war kurzsichtig,
und die Augen waren ein wenig zu rund. ... Ihr Wuchs war klein, und in
all ihren Bewegungen lag Unbeholfenheit und Anmut zugleich. Sie war
sehr natürlich und sehr angenehm im geselligen Verkehr. Heiterkeit, Aus-
gelassenheit und Kindlichkeit vermählten sich glücklich in ihr. ... Ihr Charakter war engelhaft. Seinen Grund bildete die Sanftmut ihrer Seele. ...
Sie konnte ihre Gedanken niemandem verhehlen noch auch nur eins ihrer
Gefühle bezwingen, und ich bin überzeugt, daß sie von ihrem Geliebten
selbst zu ihrem Mann sprach, wie sie von ihm zu ihren Freunden, ihren Bekannten und zu aller Welt ohne Unterschied sprach.«* (Bek. Buch 9)

Rousseau kannte die Gräfin d'Houdetot, eine Schwägerin von
Madame d'Épinay, bereits seit längerem. An diesem Tag aber sah er
sie plötzlich mit anderen Augen. Er hatte sich so tief in seinen Roman eingelebt, daß seine Besucherin die Züge von dessen Heldin an-
nahm. Sogar die Blatternnarben verschwanden. *»Ich sah meine Julie in
Frau d'Houdetot, aber bekleidet mit allen Vollkommenheiten, mit denen
ich den Abgott meines Herzens* (d.i. die Romanfigur Julie) *geschmückt
hatte.«* (Ebd.)

So erwachte die imaginierte Liebe zwischen St.Preux und Julie unwillkürlich zu wirklichem Leben: Rousseau, 18 Jahre älter als die kleine Gräfin, fing Feuer. Sophie d'Houdetot erzählte ihm von einer Affäre, auf die sie sich eingelassen hatte. Je leidenschaftlicher sie von ihrem Geliebten sprach, desto höher schlugen die Flammen in seinem Herzen. Zuerst war ihm gar nicht bewußt, was vorging. *»Erst nach ihrer Abreise, als ich an Julie denken wollte, war ich darüber betroffen, daß ich nur noch an Frau d'Houdetot denken konnte.«* (Ebd.)

»Man wähne nicht, daß mich hier meine Sinne so ruhig ließen wie bei Thérèse und Mama. Ich habe es schon gesagt, diesmal war es Liebe, Liebe in ihrer ganzen Kraft und in ihrer ganzen Raserei.« (Ebd.)

Aber er wäre nicht Rousseau, wenn er sich nicht glücklich preisen würde, daß sie in festen Händen ist. Das bringt ihn nicht in die Verlegenheit, zwischen Anbetung und Entweihung wählen zu müssen. *»Ich schwöre, daß, wenn ich auch manchmal durch meine Sinne verwirrt sie zur Untreue zu verleiten suchte, ich sie in Wahrheit nie begehrt habe. … Der Glanz aller Tugenden schmückte in meinen Augen den Abgott meines Herzens. Die Besudelung des göttlichen Bildes wäre seine Zerstörung gewesen. Ich hätte das Verbrechen begehen können, es ist in meinem Herzen hundertmal begangen worden, aber meine Sophie erniedrigen? Wäre das je möglich gewesen? Nein, nein. … Ich liebte sie zu sehr, um sie besitzen zu wollen.«* (Ebd.)

Es geht ihm wie Lord Bomston in der »Julie«: *»Glücklicher durch die Freuden, die er sich versagte, als der Wollüstige durch die, die er genießt, liebte er länger, blieb frei und genoß sein Leben mehr als die, die es auskosten.«* (Julie, Bomstons Liebschaften)

Das Besitzen und »Erniedrigen« überließ er dem Geliebten der Gräfin, dem Marquis de Saint-Lambert, eben jenem Frauenhelden, der beim Tode Émilie du Châtelets eine so unglückselige Rolle gespielt hatte. Er selbst beschränkte sich auf die Rolle des Schmachtenden. Als Saint-Lambert von der Armee zurückkam, da fand Rousseau es *»ebenso süß, der Vertraute wie der Gegenstand ihrer Liebe zu sein, und keinen Augenblick habe ich je ihren Geliebten als meinen Nebenbuhler, sondern stets als meinen Freund betrachtet.«* (Ebd.)

Er möchte wieder, wie damals bei Madame de Warens und ihrem Favoriten Claude Anet, der Dritte im Bunde sein, nur diesmal – als der Ältere – in der Position des väterlichen Ratgebers, eine Wunschvorstellung, die er im »Émile« wenigstens auf dem Papier verwirklicht: Der Erzieher wird der Vertraute von Émile und Sophie, er arrangiert und kontrolliert ihre Zusammenkünfte, er ist der allwissende Regisseur ihrer Liebe.

Madame de Warens war zu dominant gewesen, Thérèse zu beschränkt. In Sophie d'Houdetot hatte Rousseau sein Ideal gefunden. Sie war weder von einschüchternder Schönheit noch übermäßig gebildet, und ihr Charakter war durchsichtig wie Kristall. Ihre naive Offenheit bot keinen Ansatzpunkt für Rousseaus Wahn, hintergangen und insgeheim verspottet zu werden. Sie trug, wie Émiles Sophie, »*Gesichtszüge, die eine Seele verraten und die nicht lügen.*« (Émile, Buch 5) Sie hatte sich in der höfischen Gesellschaft, diesem Babylon von Intrigen und Affären, ihre weibliche Natürlichkeit, ihre kindliche Unschuld – oder jedenfalls den Schein davon – bewahrt.

Und Rousseau konnte seinen Gefühlen freien Lauf lassen, weil er wußte, daß seine Leidenschaft ohne Folgen bleiben würde. Er verliebte sich in die Gräfin erst, als sie ihm von Saint-Lambert erzählte. Neben dem großen, gutaussehenden, selbstsicheren Offizier war er – bei aller Berühmtheit, bei aller Eloquenz, bei allem Überschwang der Gefühle – nur ein armer, alternder Eremit, und das wußte er genau.

Aber was er suchte, war ja seit jeher nicht erwiderte Liebe gewesen. Er brauchte die berauschenden Stürme des Herzens, die Träume von seliger Zweisamkeit, das qualvolle Hin- und Hergerissensein zwischen Tugend und Lust, schließlich die Pose des heroischen Verzichts.

Es kam, wie es kommen mußte. Rousseau, der nichts für sich behalten konnte, machte der Gräfin eine Liebeserklärung und kompromittierte sie so lange, bis sie mit ihm brach. Sie forderte ihre Briefe zurück, und Rousseau, der sich einmal mehr mißverstanden fühlte, beklagte sich – ausgerechnet bei Saint-Lambert.

Julie

Die Beziehung zu Sophie d'Houdetot verschaffte Rousseau den emotionalen Gegenwind, den seine Phantasie brauchte, um abzuheben. In den Monaten nach dem Zerwürfnis entstand der Hauptteil jenes Werkes, das ihn zum Lieblingsautor der europäischen Frauen machen sollte.

»Julie oder Die neue Héloise« ist ein Briefroman. Die Erweiterung des Titels spielt auf die verhängnisvolle Affäre zwischen dem mittelalterlichen Philosophen Peter Abälard und seiner Schülerin Heloisa an. Der Original-Abälard wurde für seine Liebe bestraft, indem man ihn kastrierte. Bei Rousseau fand die Kastration im Herzen statt:

Der junge Hauslehrer St. Preux, ein schwärmerischer und impulsiver Typ von einfacher Herkunft, verliebt sich in seine Schülerin, die schöne, vornehme Julie. In dieser spiegeln sich sowohl Madame de Warens als auch Sophie d'Houdetot wieder. Von letzterer hat Julie die Jugend, von »Mama« das dominante Wesen und die goldblonden Haare. Schauplatz des Romans ist die Gegend um den Genfer See.

Julie erwidert St. Preux' Liebe, und die beiden verbringen eine Nacht zusammen, denn *»wahre Liebe weiß den Begierden alles zu gestatten, ohne der Schamhaftigkeit das geringste zu nehmen«* (Julie, 1, 50). Nur eine Heirat erscheint ausgeschlossen. Der Standesunterschied wäre zu groß, und Julies Vater hat seine Tochter bereits dem beträchtlich älteren Grafen Wolmar versprochen. Julie heiratet den Grafen, und St. Preux begibt sich auf eine Reise um die Welt. Als er nach Jahren zurückkehrt, lädt Wolmar ihn auf seinen Landsitz Clarens ein. Er weiß, daß er sich auf Julies Treue und St. Preux' Integrität verlassen kann. St. Preux ist tatsächlich zu einem verantwortungsbewußten Mann gereift, und auch Julie ist kein verliebter Teenager mehr, wie am Anfang des Romans. An die Stelle der leidenschaftlichen, fordernden Liebe treten tugendhafter Verzicht und gegenseitige Hochachtung. St. Preux wird Wolmars Freund und der Erzieher von Julies Kindern. So leben die drei einträchtig auf dem idyllischen Landsitz. Clarens bildet einen idealen Mikrokosmos, in dem Vernunft und Leidenschaft von der Liebe versöhnt werden.

Ein solches Glück darf jedoch nicht andauern, soll es ein Bild für die Ewigkeit werden. Eines Tages rettet Julie einen ihrer Söhne aus dem eiskalten Genfer See. Kurz darauf stirbt sie an der Unterkühlung, die sie sich dabei zugezogen hat.

Mit dem Tod seiner Heldin schließt Rousseau den Kreis. In Julie, die ihren Sohn aus dem Wasser zieht, lebt Suzanne Rousseau wieder auf, die den kleinen Jean-Jacques zur Welt bringt und kurz darauf im Wochenbett stirbt. Und Wolmar und St. Preux, die gemeinsam an

Julies Grab trauern, sind die Gespenster von Isaac Rousseau und seinem Sohn, die in den Romanen der verstorbenen Suzanne Vergessen suchen. Ganz rein ist nur die Liebe zu den Toten.

»Mama«

Sowohl Voltaire als auch Rousseau starben im Frühsommer 1778, der eine als Dichterfürst, der andere als Verfemter. Die Revolution vereinnahmte sie beide als Propheten der bürgerlichen Freiheit. 1791 öffnete man ihre Gräber – Rousseau lag auf einer Insel (!) im Park von Ermenonville, Voltaire auf einem Kirchhof in der Champagne – und bettete die sterblichen Überreste des ungleichen Paares nebeneinander auf einem Ehrenplatz im Panthéon. Im selben Jahr schrieb die 32jährige Mary Wollstonecraft ihre »Verteidigung der Rechte der Frauen« mit einer ausführlichen Kritik an Rousseau. Und die 43jährige Olympe de Gouges formulierte ihre »Erklärung der Rechte der Frau und Bürgerin«. Artikel I lautete: »*Die Frau ist frei geboren und bleibt dem Manne gleich an Rechten. Die sozialen Unterschiede dürfen allein im Gemeinwohl begründet sein.*« Doch die Autorin mußte die Erfahrung machen, daß die Gleichberechtigung vorläufig nur unter der Guillotine galt. Sie wurde während der Schreckensherrschaft 1793 geköpft.

Die Französische Revolution veränderte an der Lebenssituation der Frauen nicht viel. Die wenigen Verbesserungen, z.B. das egalitäre Scheidungsrecht, wurden unter Napoleon wieder rückgängig gemacht. Gleichzeitig vollzog sich jenseits des Kanals in den Industriezentren Englands eine ökonomische Umwälzung, die langfristig auch zur Emanzipation der Frau führen sollte. In London wurde Mitte des 19. Jahrhunderts der Feminismus zu einer ernstzunehmenden, politischen Bewegung ...

Der Feminist – John Stuart Mill

Leben und Lieben:

1806   John Stuart Mill wird als ältester Sohn des Historikers James Mill geboren.

1820   Reise nach Frankreich.

1823   Eintritt in die Ostindische Handelsgesellschaft. Verhaftung wegen »Verbreitung obszöner Schriften«.

1826   Seelische Krise.

1830   *Erste Begegnung mit Harriet Taylor.*

1849   John Taylor stirbt.

1851   *Mill heiratet Harriet Taylor.*

1858   Harriet Taylor stirbt an Tuberkulose.

1867   Mill hält im Unterhaus die erste Rede für das Frauenwahlrecht.

1869   »Die Hörigkeit der Frau« erscheint.

1873   Mill stirbt und wird neben seiner Frau beerdigt. Seine Stieftochter Helen gibt die »Autobiographie« heraus.

(Abkürzungen in den Stellenangaben: CW – Collected Works, Toronto/London 1963-1990; Autob. – John Stuart Mill, Autobiographie; Hörigkeit – Die Hörigkeit der Frau; Packe – Michael St. John Packe, The Life of John Stuart Mill, 1954)

*

John Stuart Mill gilt hierzulande nicht gerade als besonders origineller Philosoph. Tatsächlich bewegten sich seine Gedanken in der Tradition von Empirismus und Utilitarismus. Welträtsel hat er nicht gelöst und nicht lösen wollen. Nietzsche nannte ihn einen »Flachkopf«. Mill war dennoch einer der einflußreichsten politischen Denker des 19. Jahrhunderts, ein reformerischer Sozialist, ein unbestechlicher Verteidiger von Recht und Freiheit.

Wenn sein Name heute auch vielen Nicht-Historikern und Nicht-Politologen ein Begriff ist, dann deshalb, weil er sich im Kampf um die Emanzipation kompromißlos auf die Seite des Fortschritts gestellt hat.

Er war nicht der erste Frauenrechtler in Europa. In Frankreich hatten Condorcet (Sur l'admission des femmes au droit de cité, 1790) und Olympe de Gouges (Déclaration des Droits de la Femme et de la Citoyenne, 1791) ihre Stimmen erhoben, in Preußen Theodor Gottlieb von Hippel (Über die bürgerliche Verbesserung der Weiber, 1792), in England Mary Wollstonecraft (A Vindication of the Rights of Woman, 1792) und William Thomson (Appeal of One Half of the Human Race, 1825). Aber diese Vorstöße waren ohne Folgen geblieben. Von einer breiteren Öffentlichkeit wurden sie kaum zur Kenntnis genommen. Die Zeit war noch nicht reif. Olympe des Gouges' revolutionäre Erklärung geriet ebenso in Vergessenheit wie Leonardo da Vincis Fahrradskizze oder das heliozentrische Weltbild des Aristarch.

Siebzig Jahre später lagen die Dinge anders. Mills Abhandlung »Die Hörigkeit der Frau«, 1869 veröffentlicht, erregte Aufsehen und löste eine heftige Kontroverse aus. Das lag zum einen daran, daß Aufklärung, industrielle Revolution, die Sklavenbefreiung in den USA und das Heranwachsen einer breiten Schicht von alleinstehenden Frauen in Europa das gesellschaftliche Klima verändert hatten. Zum anderen war Mill als Unterhausabgeordneter (1865–68) und Wortführer der Liberalen allgemein geachtet und für seinen Scharfsinn berühmt.

Die Diskussion verlief nicht unbedingt sachlich. Die einen (beileibe nicht nur Männer) verspotteten das Buch als Alterstorheit eines Pantoffelhelden, die anderen (nicht nur Frauen) zitierten es wie eine Bibel.

Ein Jahrhundert später ist Mills Vision der freien Frau – anders als die Utopien von Comte und Marx – in vielerlei Hinsicht Wirklichkeit geworden. 1969, genau hundert Jahre nach der »Hörigkeit der Frau«, erschien »Sexus und Herrschaft« von Kate Millett. In diesem Standardwerk des Feminismus werden Mills Aussagen zur gesellschaftlichen Stellung der Frau fast ohne Einschränkung gutgeheißen.

Ein Wunderkind?

»Ich wurde am 20. Mai 1806 in London geboren, als ältester Sohn von James Mill, dem Verfasser der ›Geschichte Britisch-Indiens‹.«

Der einleitende Satz von Mills Lebensbeschreibung verrät manches: 1806 war das Jahr nach Trafalgar, das Jahr, in dem Napoleon die Kontinentalsperre über England verhängte und es damit von den Absatzmärkten auf dem Festland abschnitt. Erst 1815 bei Waterloo konnten die Engländer den Korsen in die Knie zwingen, und der Sieg war sie teuer zu stehen gekommen. Besonders die unteren Schichten der Bevölkerung hatten unter der Wirtschaftskrise zu leiden. Nach Mißernten kam es in den Jahren 1811/12 zu einer Hungersnot, während gleichzeitig die Fabrikanten mit der Produktion von Kriegswaffen und maschinell gefertigten Baumwollstoffen Vermögen anhäuften. Die Schere zwischen Arm und Reich öffnete sich gefährlich. Die Oberschicht, gewarnt durch die Vorkommnisse der Französischen Revolution, war zu keinen Zugeständnissen bereit. Statt die Not zu lindern, bekämpfte sie die Notleidenden mit restriktiven Gesetzen und drakonischen Strafen.

London stand im Brennpunkt der Entwicklung. War Paris im 18. Jahrhundert die Hauptstadt Europas gewesen, so wurde London im 19. Jahrhundert zur Hauptstadt der Welt. Hier liefen die Fäden des britischen Kolonialreichs zusammen, von hier aus eroberte die englische Industrie die Märkte in Übersee. Wer im Vereinigten Königreich Karriere machen wollte, den zog es nach London.

So auch James Mill, den Sohn eines armen schottischen Schuhmachers. Dank seiner praktischen Begabung und seines Fleißes wurde er in wenigen Jahren ein angesehener Publizist. Aus seiner Freundschaft mit dem utilitaristischen Philosophen Jeremy Bentham (1748–1832) entwickelte sich eine fruchtbare Zusammenarbeit. Mill gründete eine Familie und nahm ein Werk in Angriff, das seinen Namen unsterblich machen sollte, die erste umfassende Geschichte Britisch-Indiens. Altertümlich im Charakter, modern in den Ansichten, war er ein leidenschaftlicher Gesellschaftsreformer mit liberalen Grundsätzen – nach außen. In den eigenen vier Wänden regierte er patriarchalisch streng. Seine Frau hatte nichts zu sagen, die Kinder wuchsen in einem Klima der Furcht heran.

James Mill hatte einen bemerkenswerten sozialen Aufstieg geschafft, doch er wollte mehr. Er wußte, wie unvollkommen seine eigene Ausbildung geblieben war. An seinen Kindern wollte er experimentell beweisen, wie weit eine didaktisch und methodisch durchdachte Erziehung einen Menschen bringen kann. John, als der älteste Sohn, wurde zum bevorzugten Versuchskaninchen. Hatte der Philosoph Locke nicht erklärt, daß das Hirn eines Neugeborenen einer *tabula rasa*, einem unbeschriebenen Blatt, gleiche? Man durfte sich also nicht – wie Émiles Erzieher – darauf beschränken, der Natur ihren Lauf zu lassen. Rousseaus Bücher-Verbot war Blödsinn. Die *tabula rasa* mußte gefüllt werden, und das möglichst rasch, möglichst gründlich, nach den richtigen Prinzipien.

Mit drei Jahren beginnt Johns Unterricht: Altgriechisch, Arithmetik und Geschichte sind die ersten Fächer. Der Kleine büffelt in der Studierstube seines Vaters, wo er einen festen Arbeitsplatz hat. Auf den allmorgendlichen Spaziergängen muß er James Mill referieren, was er tags zuvor gelesen hat. Statt mit Brummkreisel und Holzpferdchen amüsiert er sich mit Xenophon und Herodot. Gleichaltrige Spielkameraden sind unerwünscht. Sie würden das Experiment nur stören, den Jungen ablenken und verderben.

Als John sieben ist, kommen die Fächer Nationalökonomie und Philosophie hinzu. Und natürlich das A und O der klassischen Bildung, Latein. *Docendo discimus* – Durch Lehren lernen wir. Sobald John sich etwas angeeignet hat, muß er es umgehend an seine jüngeren Geschwister weitergeben. Für deren Fortschritte ist er seinem Vater verantwortlich.

Zwölf Jahre schreibt James Mill an seiner »Geschichte Britisch-Indiens«, Jahre der Entbehrung für ihn und seine Familie. Doch die Plackerei hat sich gelohnt. Als das sechsbändige Werk 1818 erscheint, wird es begeistert aufgenommen, und der Autor – der niemals in Indien gewesen ist – bekommt eine lukrative Stellung im *India House*, dem Verwaltungssitz der Ostindischen Handelskompanie.

Zu diesem Zeitpunkt ist auch seine zweite große Aufgabe abgeschlossen, die Erziehung seines Sohnes. John verfügt über Kenntnisse, wie sie ein gewöhnlicher Sterblicher nur in einem langen Studium erwirbt, und sein Verstand ist durch das tägliche Training geschärft wie ein Skalpell, ein perfektes Instrument zum Sezieren von Problemen, zum Bloßlegen von Fehlschlüssen, zum Herausschneiden von faulen Argumenten.

Doch dieses kognitive und methodische Plus hat ein praktisches Defizit mit sich gebracht, wie John selbst bald erkennt: *»Die Erziehung, die mein Vater mir gab, schulte mich eher darin, etwas zu wissen, als etwas zu tun.«* (Autob. Kap. 1) In Dingen des täglichen Lebens bleibt der frühreife Gelehrte zeitlebens hinter seinen Altersgenossen zurück. Der Champion einer jeden Diskussionsrunde scheitert kläglich, sobald er sich mit einem Alltagsproblem konfrontiert sieht, z.B. in der Eisenbahn. Seine Frau wird später klagen: *»Tatsache ist, daß wir immer die schlechtesten Plätze im Zug bekommen, weil ich nicht schnell laufen kann, und wenn er (Mill) vorgeht, nützt das nichts, denn er läuft nur hin und her wie ein kopfloses Huhn, so daß ich die Hoffnung aufgegeben habe, jemals andere Plätze als die letzten noch freien zu bekommen.«*

Noch eine Nebenwirkung hat die einseitige Erziehung: Johns Gefühlsleben kann sich nicht entwickeln. Er ist eine Denkmaschine, die Emotionen sind verkümmert. Von seinem Vater spricht er mit Hochachtung und Dankbarkeit, aber nicht mit Liebe. Seinen Geschwistern, seiner Mutter begegnet er bestenfalls mit Höflichkeit. Wärme und Begeisterung kommt in der Schilderung seiner Jugend nur dort auf, wo er sich über Bücher ausläßt, über den »Robinson Crusoe«, den Reisebericht Admiral Ansons, Popes Übersetzung der »Ilias«.

»Ich wurde am 20. Mai 1806 in London geboren, als ältester Sohn von James Mill, dem Verfasser der ›Geschichte Britisch-Indiens‹.« Auch durch Verschweigen kann man etwas ausdrücken. John ist »ganz der Papa«, der Sohn des Patriarchen. Daß er auch eine Mutter hatte, übergeht er. Man kann seine 200seitige Autobiographie lesen, ohne ein einziges Mal auf Harriet Mill, geborene Burrow, zu stoßen. So sehr wurde diese Frau von der Persönlichkeit ihres Mannes in den Schatten gestellt.

Szenen einer Ehe

Harriet Burrow war dreiundzwanzig gewesen, als sie den zehn Jahre älteren James Mill heiratete. Von ihrer Mutter, die ein florierendes Irrenhaus betrieb, mit einer ansehnlichen Mitgift ausgestattet, war sie für James Mill eine gute Partie. Was sie nicht mit in die Ehe brachte, war eine fundierte Bildung.

Nach der Hochzeit versuchte ihr Mann, das Versäumte nachzuholen. Anfangs ging sie willig auf ihn ein, doch Erfolge blieben aus, und er erlebte die gleiche Enttäuschung wie Rousseau bei Thérèse. Harriet konnte ihrem Mann nicht folgen, und er war zu ungeduldig, um ihr auf halbem Weg entgegenzukommen. So war die Entfremdung vorprogrammiert. James Mills Liebe verwandelte sich in Geringschätzung, die sich bis zur Feindseligkeit steigerte. Statt eine tüchtige Assistentin zu heiraten, hatte er sich an eine Frau gebunden, die ihn nicht verstand, nicht verstehen wollte. So sah er es, und entsprechend behandelte er Harriet. Die meisten seiner Bekannten übernahmen sein Urteil. Mrs. Grote, eine Freundin der Familie, kommentierte: »*James Mill heiratete eine törichte Frau, mehr ein Dienstmädchen als eine Frau. Seine Liebe zu ihr erkaltete, und er behandelte sie wie eine Squaw, wenn er ihr auch immer treu blieb.*« (Packe, 33)

Die Treue blieb nicht folgenlos. Im Ehebett vergaß James Mill gelegentlich seine klugen Prinzipien. In den Jahren zwischen 1806 und 1825 brachte Harriet Mill neun Kinder, fünf Töchter und vier Söhne, zur Welt.

Eine der Töchter beschrieb die häusliche Atmosphäre, in der John und seine Geschwister aufwuchsen, folgendermaßen: »*Das Eheleben meiner armen Mutter muß von Anfang bis Ende schrecklich hart gewesen sein. ... Es war das Beispiel zweier Menschen, Ehemann und Frau, die unter dem gleichen Dach so weit entfernt voneinander lebten wie Nordpol und Südpol; sicherlich nicht durch die ›Schuld‹ meiner armen Mutter, denn wie konnte eine Frau mit einer wachsenden Familie und sehr geringen finanziellen Mitteln (in den frühen Jahren der Ehe) irgendetwas anderes sein als eine ›deutsche Hausfrau‹ [im Original deutsch]? Wie konnte sie ›intellektuell‹ einem Geist wie meinem Vater eine Gefährtin werden? Was ihm völlig fehlte, war ›Gemüt‹.*« (Packe, 33)

Auch John selbst hat die Disharmonie zwischen Vater und Mutter beklagt. Er bescheinigte James Mill eine generelle Gefühlsarmut: »*Er glich den meisten Engländern darin, daß er sich schämte, seine Gefühle zu zeigen, und daß er – durch das Fehlen einer Ausdrucksmöglichkeit – die Gefühle selbst abwürgte.*« (Autob. Kap. 2) Den Vater traf die Schuld, daß er eine Frau geheiratet hatte, die nicht zu ihm paßte. Aber letzten Endes blieb der Schwarze Peter doch bei der Mutter. In einem Entwurf zu seiner Autobiographie vermerkte John: »*Diese Seltenheit in England, eine wirklich warmherzige Mutter, hätte an erster Stelle mei-*

nen Vater zu einem vollkommen anderen Wesen gemacht und an zweiter Stelle die Kinder liebend und geliebt werdend aufgezogen. Aber meine Mutter wußte – mit den besten Absichten – nur, ihr Leben im Abplacken für sie zu verbringen. Was immer sie für ihre Kinder tun konnte, tat sie, und sie mochten sie, weil sie freundlich zu ihnen war, doch sich selbst Liebe, Respekt oder auch nur Gehorsam zu verschaffen, erforderte Qualitäten, die sie unglücklicherweise nicht besaß.« (CW, I 612)

Sie hatte es versäumt, in ihrem Mann tiefe Gefühle für sie selbst und die Kinder zu wecken, sie hatte es nicht verstanden, aus dem gestrengen Zuchtmeister einen liebevollen Vater zu machen. Sie hatte somit nicht nur intellektuell versagt, sondern auch emotional, in der traditionellen Frauenrolle der gütigen, einfühlsamen Vermittlerin. So jedenfalls sah es ihr ältester Sohn.

Bezeichnend, daß John Stuart Mill nur überlegt, was aus seinem Vater hätte werden können, wenn seine Mutter eine andere gewesen wäre, und nicht auch umgekehrt, wie sich seine Mutter hätte entwickeln können, wenn sie einen anderen Mann geheiratet hätte. Er übernahm die Gedanken, die er sich in dem Entwurffragment über seine Mutter gemacht hatte, nicht in die endgültige Version seiner Autobiographie. Ja, er ging noch weiter: Das Bild von Harriet Mill, geb. Burrow, wurde restlos aus seiner Lebensbeschreibung herausretuschiert. Der Mann, der so vehement für die Rechte der Frauen eintrat, strich die eigene Mutter – eine Frau, die ihr Leben für ihren Mann und ihre neun Kinder aufgeopfert hatte – aus seinen Erinnerungen.

Über die Gründe kann man nur spekulieren:

Es ist unbestritten, daß James Mill seine Frau schlecht behandelte. Er schlug sie nicht, doch es gibt Schlimmeres als Schläge: lebenslänglich Sarkasmus, Gefühlskälte und Verachtung. Im gesellschaftlichen Umgang zeigte er sich stets höflich und umgänglich. Den Kindern war er, bei aller Strenge, ein verantwortungsbewußter, mit zunehmendem Alter sogar zärtlicher Vater. Enttäuschungen ließ er an seiner Frau aus, selbst in Gegenwart von Gästen demütigte er sie. Er warf ihr vor, ihn in die Falle gelockt zu haben: Ihretwegen saß er nun auf der Familiengaleere und mußte sich abrackern, um die wachsende Zahl seiner Kinder zu ernähren.

Ein Kind, das sich zwischen zwei so unterschiedliche Elternteile gestellt sieht, muß sich entscheiden. Mitleid mit der Mutter wäre gleichbedeutend mit Haß auf den Vater gewesen. John wählte die Alternative und identifizierte sich vollständig mit James Mill. Vielleicht hätte er sich als junger Mann mit der Mutter verbündet, wenn sie selbst rebelliert hätte, sei es offen, sei es durch Krankheit. Doch sie ertrug ihr Schicksal mit einer Demut, die ihrem Sohn keine Achtung abnötigte.

Ein erfolgversprechender junger Mann

Mit 14 Jahren hat John Stuart Mill sich alles eingetrichtert, was sein Vater als Bildungsfundament für notwendig und nützlich erachtet. Er wird vom Schüler zum Mitarbeiter befördert. Sein Arbeitsgebiet ist vorgezeichnet. Er soll das Lebenswerk des greisen Jeremy Bentham vollenden und die utilitaristische Philosophie weiterentwickeln.

Doch da man in England traditionell großen Wert auf Erfahrung legt, wird er zuvor in die große, weite Welt geschickt. Er fährt für 14 Monate nach Frankreich, wo er bei einer befreundeten Familie lebt und zum ersten Mal seit seiner frühen Kindheit ohne seine geliebten Bücher auskommen muß. Die Entzugserscheinungen werden abgemildert, da er einen gleichaltrigen Freund findet.

Nach seiner Rückkehr wird er zum Assistenten Jeremy Benthams. Als er siebzehn ist, verschafft James Mill ihm zusätzlich einen untergeordneten Job im *India House*. Wieder arbeitet er unter der Aufsicht seines Vaters. Am Ende seiner Karriere bei der Ostindischen Handelskompanie, im Jahre 1856, wird John Stuart Mill für die gesamte Korrespondenz mit der Kolonie verantwortlich sein, und sein Rang wird dem eines Staatssekretärs entsprechen.

Fast hätte diese Erfolgsstory ein frühes und schmähliches Ende gefunden. Der siebzehnjährige Mill wurde wegen »Verbreitung obszöner Schriften« verhaftet und verbrachte eine Nacht in Polizeigewahrsam. Hatte der Musterschüler heimlich Pornographie vertrieben? Schlimmer, er hatte zur Geburtenkontrolle aufgerufen! Er sah, wie viele seiner liberalen Bekannten, in der hohen Geburtenrate einen Grund für das Massenelend und die Kriminalität in England. Wollte man das Übel an der Wurzel packen, reichte es nicht aus, an die Vernunft oder die Moral der Arbeiterklasse zu appellieren. Man mußte sie auch über Verhütungsmethoden aufklären. Deshalb hatte er ein Flugblatt mit der Überschrift »To the Married Working People« verteilt, zu jener Zeit kein Kavaliersdelikt. Zum Glück konnte James Mill seine Beziehungen spielen lassen. Die Sache wurde vertuscht und hatte keinerlei Konsequenzen. Sie zeigt aber, unter welchem Aspekt schon der junge John Stuart Mill Sexualität betrachtete. Nicht als bequemen Weg zu einem kurzen Glück, nicht als Feld der liebenden Intimität zwischen zwei Menschen, sondern als die Wurzel allen Übels. In seinem Fall hatte das keine religiösen Gründe. Der heilige Paulus bedeutete ihm nichts. Wie sein Vater mißtraute er allen Glaubenslehren.

Der Heilige, an den er glaubte, hieß Malthus. 1798 hatte der anglikanische Geistliche Thomas R. Malthus eine Studie über das Bevölkerungswachstum veröffentlicht. Die Hauptaussage des Büchleins: Da sich die Bevölkerung unter optimalen Bedingungen in geometrischer Reihe – 1, 2, 4, 8, 16 usw. – vermehre, die Nahrungsmittelproduktion aber nur in arithmetischer Reihe – 1, 2, 3, 4, 5 usw. – anwachse, und da sich an der »Leidenschaft zwischen den Geschlechtern« nichts Entscheidendes ändern werde, könne es unmöglich einen Wohlstand für alle geben. Es werde notwendig *immer* eine breite Schicht von Menschen geben, die am Hungertuch nagten. Denn sobald diese Schicht auch nur annähernd genug zu essen habe, werde sie sofort wieder eine Unmenge von Kindern – d.h. von zusätzlichen Essern – in die Welt setzen und somit sich selbst ins Elend stürzen. Malthus' Traktat beeinflußte Generationen von Nationalökonomen und verpaßte der Fortschrittsgläubigkeit des 18. Jahrhunderts einen schweren Dämpfer.

Das »Bevölkerungsgesetz« war keine graue Theorie, sondern düstere Wirklichkeit. Die rasante Zunahme der Bevölkerung, bewirkt vor allem durch ein Absinken der Sterberate, stellte in der Tat ein Problem des 19. Jahrhunderts dar. Großbritanniens Einwohnerzahl stieg zwischen 1801 und 1901 von 11,9 Millionen auf 38,2 Millionen.

Das einstmals beschauliche London war zu einem brummenden, aus allen Nähten platzenden Moloch geworden. Wenn Mill morgens zur Arbeit ging dann konnte er das Elend mit eigenen Augen sehen: abgehärmte Kinder, die mit dem Verkauf von Wasserkresse oder durch »Müllrecycling« ein paar Pence am Tag verdienten, unglückliche Familien auf dem Weg ins Arbeitshaus, Taschendiebe und Halsabschneider, wie Dickens sie in »Oliver Twist« beschrieben hat, nicht zuletzt die allgegenwärtigen Straßenprostituierten. Ihre Zahl wurde auf vierzigtausend allein in London geschätzt. Die meisten von ihnen waren bettelarm, geschlechtskrank und alkoholabhängig.

Schuld an dem ganzen Elend war neben dem Zusammenbruch der feudalen Ordnung und dem hemmungslosen Manchester-Kapitalismus als dritter Faktor der ungezügelte Sexualtrieb der unteren Klassen. So sah Mill es. Die Sexualität bewirkte, wenn man sie nicht durch Vernunft und Erziehung in Schach hielt, millionenfach privates Unglück und ruinierte letztendlich auch die Gesellschaft. Sie war im Zeitalter der Dampfmaschinen ein Anachronismus, ein unheilvolles Relikt aus vorrationalistischen Zeiten.

Zu Hause hatte Mill studieren können, welch verheerende Auswirkungen die Sexualität selbst im Mikrokosmos der bürgerlichen Familie hatte. Die Anwandlungen von Fleischeslust, die seinen Vater gelegentlich heimsuchten, hatten zur Folge gehabt, daß in der Haushaltskasse ewig Ebbe herrschte und das Klima umso eisiger wurde, je weiter sich der Bauch von Mrs. Mill bei jeder neuen Schwangerschaft vorwölbte.

Ob John Stuart Mill zu dieser Zeit selbst ein nennenswertes Sexualleben hatte, ist nicht bekannt. Es wäre erstaunlich, wenn sein Vater es versäumt hätte, ihn vor den Gefahren des Geschlechtstriebes zu warnen. Aber die übliche Sozialisation des englischen Mittelschichtsprößlings war ihm versagt geblieben: sexuelle Belästigung von irischen Hausmädchen, Schlafsaal-Fummeleien in der *public school*, der verstohlene Antrittsbesuch im Bordell.

Aber John Stuart Mill war ohnehin, mehr noch als sein Vater, kopfgesteuert. Immer wieder wurde er von Zeitgenossen als perfekt funktionierender Argumentationsautomat beschrieben.

Wer sein Triebleben jedoch so vollkommen verleugnet, der muß früher oder später – sofern er kein Heiliger ist – psychisch oder psychosomatisch erkranken. Und tatsächlich: 1826 – Mill war 20 Jahre alt – erfuhr sein bis dahin geradliniges Leben einen scharfen Bruch. Er durchlebte eine Sinnkrise, die er selbst so wichtig nahm, daß er ihr in seiner Autobiographie ein Extrakapitel widmete. Ausgelöst wurde der Zusammenbruch durch eine banale Reflexion. Er stellte die Frage: »Würde es mich glücklich machen, wenn alle meine reformerischen Ziele erreicht wären?« Und die Antwort aus seinem Herzen lautete »Nein!«.

Unvermittelt erschien alles in einem anderen Licht: Sein Leben war hohl, keine seiner vielfältigen Aktivitäten war in einem tieferen Glauben verankert, er hatte bisher – existenzphilosophisch gesprochen – ein Dasein ohne eigentliche Existenz geführt.

Und er wußte, wem er seine psychische Deformation zu verdanken hatte. Gleichwohl kam es nicht zum Bruch mit dem Vater, noch nicht einmal zu einem offenen Aufbegehren. Der Denkautomat funktionierte weiter wie gewohnt und erledigte seine tägliche Arbeit. Allerdings begann er sich innerlich von seinem Herrn und Meister zu distanzieren. Nicht mehr jedes Wort von James Mill war ein Evangelium für ihn, und manche Ansichten des Vaters fand er schlicht unlogisch.

1828 erschien James Mills *Essay on Government*, in dem er dafür eintrat, den Frauen kein Wahlrecht zuzubilligen. *»Es ist ganz klar«*, schrieb er: *»daß alle diejenigen Individuen problemlos ausgeschlossen werden können, deren Interessen in denen anderer Individuen eingeschlossen sind. … In diesem Licht muß man die Frauen sehen, deren Interessen fast immer entweder in denen ihrer Väter oder in denen ihrer Ehemänner eingeschlossen sind.«*

Der streitlustige Historiker Macaulay stellte als erster die Absurdität dieses Arguments bloß: *»Ohne eine einzige Tatsache anzuführen, ohne sich die Mühe zu machen, das Problem durch Sophismen zu vernebeln, stellt er* (James Mill) *seelenruhig ein Dogma auf, das der halben menschlichen Rasse ihre eigenen Interessen abspricht. Wenn es eine Wahrheit in der Geschichte gibt, dann die: Frauen waren immer und sind noch heute fast überall auf dem Globus demütige Gefährtinnen, Spielzeuge, Gefangene, Dienerinnen, Sündenböcke. Abgesehen von einigen wenigen glücklichen und hochzivilisierten Gemeinwesen, sind sie nichts weiter als persönliche Sklavinnen.«* (Packe, 89)

John Stuart Mill – mit seinem geschulten Blick für historische Entwicklungen – teilte Macaulays Einschätzung. Noch lebte er zu Hause und konnte täglich beobachten, wie sich das Verhältnis zwischen Ehemann und Ehefrau gestaltete und daß von »eingeschlossenen Interessen« nun wirklich keine Rede sein konnte.

Was ihn in seinem Standpunkt zur Frauenfrage noch mehr bestärkte, war die Bekanntschaft mit Gustave d'Eichthal, einem jungen Franzosen, der sich zur philosophischen Sekte der Saint-Simonisten bekannte und als Missionar dieser sozialutopischen Bewegung nach England gekommen war.

Der Namensgeber der Sekte, der Graf de Saint-Simon (1760–1825), eine der skurrilsten Gestalten der Philosophiegeschichte, war von dem Gedanken beseelt, die Menschheit mittels Erziehung ins Gelobte Land der Industriegesellschaft zu katapultieren. Er propagierte ein geeintes Europa, ersetzte während der Revolution König, Dame und Bube des Kartenspiels durch die Symbole von Genius, Freiheit und Gleichheit und behauptete, Gott habe ihm offenbart, der Papst sei abgesetzt und an seiner Stelle solle Isaac Newton über »die Bewohner aller Planeten« herrschen. In seinem Leben wie in seinen Schriften hielten Genie und Wahnsinn einander die Waage.

Die »Apostel« des Grafen lebten in quasi-religiösen Kommunen, trugen spezielle weiß-blaue Gewänder, und hatten die Gleichberechtigung der Frau zu einem ihrer Glaubensartikel erhoben. Die Frau sei die bessere Hälfte der Menschheit, und durch die Aufwertung der Frau werde ein neues goldenes Zeitalter anbrechen. Als Heilsbringerin erwarteten die Saint-Simonisten einen weiblichen Messias, die *femme-messie*. Diese sollte das Werk Jesu vollenden. Von ihr sollte eine moralische Erneuerung des ganzen Menschengeschlechts ausgehen, eine sanfte Revolution der Gerechtigkeit, die auch die Gleichstellung der Frauen und die freie Liebe mit sich bringen würde. Die weiblichen Mitglieder der Sekte brachten 1832 die erste feministische Zeitschrift der Welt heraus, »*La femme libre*«, ein Blatt von Frauen für Frauen, das nicht nur für Gleichberechtigung, sondern auch für ewigen Frieden und universelle Harmonie eintrat.

Als im feierlich proklamierten »Jahr der Mutter« 1833 die Wochen vergingen, ohne daß eine Frauen-Erlöserin in Paris aufgetaucht wäre, unternahmen einige Apostel Expeditionen nach Istanbul und Ägypten, um dort, im messiasträchtigen Morgenland, eine passende Dame aufzuspüren. Sie kehrten mit leeren Herzen zurück, und die Sekte löste sich sang- und klanglos auf. Vielleicht wären sie besser nach London gepilgert. Denn zu dieser Zeit hatte John Stuart Mill seine persönliche *femme-messie* bereits gefunden.

Harriet

Harriet Taylor, geborene Hardy, hatte auf den ersten Blick nichts Messianisches an sich. 1807 als viertes von sieben Kindern eines Londoner Arztes zur Welt gekommen, wuchs sie im Gehege ihres liberalen und einigermaßen wohlhabenden Elternhauses zu einer aparten Schönheit heran. Im März 1826 gab sie dem elf Jahre älteren Kaufmann John Taylor das Jawort. Wahrscheinlich hatte ihr Vater die Ehe eingefädelt, und mit Sicherheit hatte die junge Braut keine Ahnung von den *facts of life*.

Taylor erwies sich als liebevoller, großzügiger, seiner Frau treu ergebener Gatte. Doch scheint die Hochzeitsnacht für Harriet kein Vergnügen gewesen zu sein. Wie so viele höhere Töchter des viktorianischen Zeitalters wurde sie unsanft aus ihren Mädchenträumen gerissen, um sich in einem dunklen Schlafzimmer den unbegreiflichen Wünschen eines Mannes ausgeliefert zu sehen, von dem sie nicht viel mehr wußte, als daß er eine respektable Partie darstellte. Eine Welt brach für sie zusammen: Man hatte sie verraten und verkauft!

Etwas von der ohnmächtigen Empörung, die die viktorianischen Frauen erfüllte, kommt in einem Brief zum Ausdruck, den Queen Victoria 1859 an ihre frisch verheiratete Tochter Vicky schrieb: »*Ja, Liebstes, es ist ein schrecklicher Augenblick, wenn man sein unschuldiges Kind einem Manne geben muß, selbst einem noch so netten und guten, und sich vorzustellen hat, was es alles durchmachen wird! Ich kann gar nicht beschreiben, was ich alles auszustehen hatte, was ich empfand, welche Kämpfe ich durchleiden mußte – ich habe das immer noch nicht ganz überwunden, und dann jene letzte Nacht, als wir dich zu Bett brachten und Du so sehr weintest, sagte ich zu Papa, als wir allein waren: ›Eigentlich ist es, als schleppe man ein Opferlamm zum Altar.‹ Du weißt inzwischen, was ich meine, Liebes.*«

Es war die alte Geschichte von Abraham und Isaak. Nur daß Isaak ein Brautkleid trug, und der Gott Konvention hieß. Immerhin war es eine gottgewollte Konvention. Noch einmal Victoria: »*Ich weiß, daß Gott das alles so will und daß dies die Heimsuchungen sind, die wir armen Frauen durchmachen müssen; kein Vater, kein Mann kann das nachempfinden. Papa würde sich da nie hineinversetzen können! Wie er überhaupt meine heftigen Gefühle selten begreift. Ich muß richtig schaudern, wenn ich*

Deine lieben, glücklichen, ahnungslosen Schwestern sehe – und daran den-
ke, daß ich sie aufgeben muß, eine nach der anderen!! Unsere liebe Alice
(Victorias zweite Tochter) *hat mehr gesehen und gehört als Du (natür-*
lich nichts von dem, was man erst durch Heiraten und Kinderkriegen er-
fährt), auch durch Deine Heirat – jedenfalls genug, um ihr einen Horror
vor der Ehe zu geben.«

Und das aus der Feder einer Frau, die erklärtermaßen glücklich
verheiratet war.

Auch Harriet Taylor kam mit der Zeit über den Schock hinweg.
Sie entwickelte sogar eine echte Zuneigung zu John Taylor, doch die
Entrüstung über die gesellschaftlichen Zustände blieb. Ein Vorgehen, das im Wirtschaftsleben als sittenwidrig, ja als Betrug bezeichnet worden wäre, hatte, wenn es um die Verheiratung eines
Mädchens ging, Sitte und Recht auf seiner Seite: *»Im gegenwärtigen*
System von Gewohnheiten und Meinungen treten die Mädchen ahnungslos
über seine Bedingungen in das ein, was man einen Vertrag nennt, und daß
sie so ahnungslos sind, wird als absolut wesentlich für ihre Eignung angese-
hen.« (Harriet Taylor-Mill, Über Ehe und Scheidung) Die Mädchen waren in einer Zwickmühle gefangen. Ihre sexuelle Aufklärung hätte
ihre Verheiratung unmöglich gemacht, so oder so. Entweder würde
die Braut aus Ekel über die Zumutung des tierhaften Geschlechtsverkehrs die Ehe von sich aus verweigern. Oder sie würde die Ehe
trotzdem eingehen wollen; damit hätte sie sich aber als lüsternes
Weib entlarvt, als potentielle Hure, und als solche war sie nicht mehr
wert, von einem anständigen Mann geheiratet zu werden. Es war daher für das Allgemeinwohl unabdingbar, daß ein Mädchen auch im
Kopf »unberührt« in die Ehe ging. Die Beteiligung am Geschlechtsverkehr konnte ihr nur verziehen werden, wenn er ihr durch Über-
rumpelung abgerungen worden war.

Achtzehn Monate nach der Hochzeit kam Harriets erstes Kind
zur Welt, ein Sohn, der auf den Namen Herbert getauft wurde. Ihm
folgten zwei weitere Kinder, Algernon und die Tochter Helen.

Damit hatte Harriet ihre ehelichen Pflichten erfüllt, und sie dürfte froh darüber gewesen sein. Das Kindbettfieber forderte immer
noch zahlreiche Opfer. Außerdem hatte sie keinen Spaß »daran«,
und das war nichts Außergewöhnliches zu ihrer Zeit. Tugendhafte
Frauen galten im England des 19. Jahrhunderts als Wesen, die sich
etwas von der Geschlechtslosigkeit des Paradieses bewahrt hatten.

Unbefleckt von sündigen Gelüsten, waren sie Ikonen der Sublimierung, unendlich gütig, körperlich unnahbar, engelhafte Richterinnen ihrer sündhaften Männer.

Harriet konstatierte, wie immer schicklich umschrieben: »*Ob die Natur einen Unterschied zwischen dem männlichen und dem weiblichen Wesen angelegt hat oder nicht, es sieht jetzt so aus, als seien alle Männer, mit Ausnahme einiger fein Gesonnener, mehr oder weniger Sensualisten – während die Frauen, ganz im Gegensatz dazu, diesen Charakterzug nicht aufweisen, auch wenn es in einigen Fällen anders erscheinen mag.*« (Harriet Taylor-Mill, Über Ehe und Scheidung)

»Sensualisten«, das war ein Euphemismus für »Lüstlinge«. Es fällt schwer zu glauben, daß die Autorin dieser Zeilen jemals Vergnügen am Geschlechtsverkehr gehabt hat. Und mit Sicherheit wäre sie niemals auf die Idee gekommen, einen Orgasmus vorzutäuschen. Das verbot ihr nicht nur die Erziehung, sondern auch der Stolz. Die Konventionsehe, das erkannten Harriet und ihre Freundinnen, war eine verkappte Form der Prostitution. Die Frau gab ihre Geschlechtsorgane hin, um ihren Lebensunterhalt zu sichern und eine Rolle in der Gesellschaft spielen zu können. Und wie bei der Hure gehörte es auch bei der Ehefrau zum Ehrenkodex, keine Lust zu empfinden und Lust nur dann zu gewähren, wenn notwendig oder opportun.

Harriet gehörte den Unitariern an, einer protestantischen Glaubensrichtung, die die Lehre von der Dreieinigkeit Gottes verwarf und dafür von der englischen Staatskirche verfolgt wurde. Intellektueller Führer der Sekte, zu der sich viele Wissenschaftler und reiche Geschäftsleute bekannten, war William Johnson Fox, ein begnadeter Prediger und Freund des Hauses Taylor. Ihm beichtete Harriet im Frühsommer 1830, nach der Geburt ihres zweiten Kindes, sie habe gewisse Probleme philosophischer Art, die sie mit ihrem biederen Gatten nicht besprechen könne.

Fox überlegte kurz und schlug dann vor, er werde sie mit einem jungen Gelehrten bekanntmachen, einem gewissen Mill, der ein Experte im Erfassen und Lösen von philosophischen Problemen aller Art sei. Über die Motive des alten Fuchses ist viel gerätselt worden. Wußte er, was er tat, als er die beiden zusammenbrachte? Benutzte er Harriet als Lockvogel, um den vielversprechenden jungen Publizisten in den Kreis der Unitarier hineinzuziehen?

Wie dem auch sei, bald darauf saßen sich bei einem Abendessen im Hause Taylor Harriet und John Stuart Mill zum ersten Mal gegenüber. Anwesend waren außerdem John Taylor und drei weitere Gäste. Mills damaliger Freund und späterer Gegner Thomas Carlyle spottete: »*Dieser Mann, der bis zu dieser Zeit nie einem weiblichen Geschöpf, nicht einmal einer Kuh, ins Gesicht geschaut hatte, fand sich diesen dunklen Augen gegenüber, die unäußerbare Dinge funkten, während er selbst die äußerbaren abhandelte, die alle Arten von hohen Themen betrafen.*«

Harriets unergründliche Augen hatten eine verheerende Wirkung auf Mills seelisches Gleichgewicht. Auch er hatte in letzter Zeit unter »philosophischen Problemen« gelitten. Die akute Sinnkrise war zwar überstanden, doch es war ein Gefühl von Vereinsamung und Melancholie zurückgeblieben, dem weder durch harte Arbeit noch durch vielfältige intellektuelle Kontakte beizukommen war. Was ihm fehlte, war ein Mensch, mit dem er sein Leben und seine Arbeit teilen konnte, ein Mensch, dem er all seine aufgestauten Gefühle schenken konnte, ein Mensch, der seinem Leben einen Sinn gab.

Als Mill an jenem Abend bei den Taylors tafelte, begriff er, daß er diesen Menschen gefunden hatte, daß mit Harriet sein eigentliches Leben erst begann. Was spielte es da schon für eine Rolle, daß ein Mann mit am Tisch saß, dem sie ewige Treue geschworen hatte, daß im ersten Stock ihre beiden kleinen Kinder schlummerten und daß die viktorianische Moral in punkto Ehebruch kein Pardon kannte.

Der Viktorianismus

Eine einheitliche Werteordnung gab es auch im Viktorianismus nicht. Dafür war die Klassengesellschaft zu ausgeprägt. Adlige Großgrundbesitzer, Bürgertum, Arbeiterklasse, Subproletariat – jede Schicht hatte ihre eigenen Normen. Die *working class* – dazu gehörten nicht nur die Proletarier in den Zentren der Industriellen Revolution, sondern auch die Landarbeiter und die zahllosen Dienstboten – hatte weder Zeit noch Energie für erotische Finessen. In den überfüllten Elendsquartieren Manchesters, in den Lehmhütten der Pachtbauern ging es Tag für Tag ums nackte Überleben. Da blieb kein Platz für Empfindlichkeiten. Ein Stubenmädchen, das vom

Hausherrn verführt oder vergewaltigt wurde, tat gut daran, den Mund zu halten, sonst fand es sich mittellos auf der Straße wieder und hatte nur noch die Wahl zwischen Prostitution und Selbstmord. Die Ehen in den Arbeiterquartieren waren Notgemeinschaften. Die Frauen mußten froh sein, wenn ihr Mann kein Trinker und Schläger war. Kinder trugen von klein auf mit zum Familieneinkommen bei. In manchen Grubengebieten begann die Untertage-Arbeit für Mädchen und Jungen mit vier Jahren. Ein offizieller Untersuchungsbericht stellte fest: »*In den Gegenden, in denen auch Frauen unter Tage beschäftigt sind, üben beide Geschlechter zusammen die gleiche Tätigkeit aus und haben die gleiche Zahl von Arbeitsstunden ... Die Mädchen und Jungen, die jungen Männer und jungen Frauen, und auch verheiratete Frauen und Schwangere, arbeiten meist fast nackt, und die Männer in vielen Gruben völlig nackt.*«

Henry Mayhew, der Chronist des Londoner Elends, schrieb über die Straßenhändler: Sie »*zeigen, was die Behandlung ihrer Frauen angeht, eine große Ähnlichkeit mit den nordamerikanischen Indianern. Sie verstehen, daß es die Pflicht der Frau ist, zum Glück ihres Mannes beizutragen, haben aber kein Gefühl dafür, daß auch umgekehrt der Mann eine Verpflichtung gegenüber der Frau hat. Die Frau wird als billige Dienerin betrachtet, und wenn sie ihm den Gehorsam verweigert, setzt es Schläge.*«

Dem stand die Aristokratie gegenüber, Familien mit klangvollen Namen, deren Reichtum in riesigen Latifundien bestand. Ihre Vertreter saßen im Oberhaus und beherrschten, direkt oder indirekt, auch vier Fünftel des Unterhauses.

Lord Palmerston, ein Schulfreund des auch nicht gerade keuschen Lord Byron, hatte 1839, als er zu Gast in Schloß Windsor war, versucht, eine Hofdame zu vergewaltigen. Queen Victoria und Prinzgemahl Albert zeigten sich *not amused*. Das hinderte den Politiker jedoch nicht daran, ein paar Jahre später zum Premierminister ernannt zu werden.

Der Prinz von Wales, der später als George IV. zum König gekrönt wurde, hielt sich bereits Mätressen, als er noch mit seiner Frau Karoline zusammenlebte. Diese tröstete sich in Italien mit einem Papagallo namens Pergami. Trotzdem wurde sie vom Volk bejubelt, als sie 1820 zu den Krönungsfeierlichkeiten nach London zurückkehrte und den Titel einer Königin von England für sich beanspruchte.

Zwischen den unermeßlich Reichen und den hoffnungslos Armen

lavierte die *middle class*, zu der auch John Stuart Mill und die Taylors zählten. Um sich selbst zu definieren, vor der Aristokratie aufzuwerten und von den Besitzlosen abzugrenzen, »erfand« sie die sogenannte viktorianische Moral. Diese war von Geschäftstüchtigkeit und Selbstdisziplin charakterisiert, sowie von der Verbannung alles Sexuellen aus dem Schoß der Familie. Anständige Frauen und wohlerzogene Kinder wurden zur lustfreien Zone erklärt. Oder besser: – nicht erklärt, denn die Schicklichkeit verbot es, im Zusammenhang mit Hausfrauen und Kindern das Wort Lust überhaupt in den Mund zu nehmen.

Frauen waren – so die stillschweigende Propaganda – entweder Heilige oder Huren. Die »Heiligen« schufen ihrem Mann ein trautes Heim, in dem er sich vom schmutzigen Konkurrenzkampf der Geschäftswelt erholen konnte, sie hüteten die Harmonie der Familie und waren die oberste Instanz in Fragen des Geschmacks und der Moral. Durch Domestiken von der routinemäßigen Hausarbeit befreit, konnten sie sich ganz ihrem Dienst als Schutzengel widmen. Die »Hure« wurde von der Gesellschaft ausgestoßen. Sie verdiente nur dann Mitleid, wenn sie sich als reuige Magdalena erwies. Dann konnte sie Aufnahme in einem Heim für gefallene Mädchen finden und vielleicht in Übersee ein neues Leben beginnen, wie Little Emily in Dickens' »David Copperfield«. Es gab jedoch auch Frauen, die nicht in dieses Schwarz-Weiß-Raster paßten: eine beständig wachsende Zahl weiblicher Singles ohne Berufsausbildung, die sich als Gouvernanten oder Gesellschafterinnen durchschlagen mußten. Aus dieser Schicht rekrutierten sich am Ende des Jahrhunderts die meisten Suffragetten.

Die Männer sollten nach den Vorstellungen des Viktorianismus harte Geschäftsleute, sorgende Familienväter und keusche Ehegatten sein, doch aufgrund ihrer sinnlicheren Natur – so die vorherrschende Meinung – schlugen sie leicht einmal über die Stränge. Deshalb konnte ein gelegentlicher Seitensprung beim Mann entschuldigt werden, solange er seinen Fehltritt am Morgen danach durch Selbstvorwürfe büßte.

Selbstredend gab es Unterschiede, was die Auslegung und Befolgung dieser Regeln anging. Im Hause Mill nahm man es traditionell sehr ernst damit. James Mill machte sich seiner Frau gegenüber zwar der seelischen Grausamkeit schuldig – darüber stand nichts im viktorianischen Kodex –, betrog sie jedoch kein einziges Mal. Auch John dürfte, als er sich an jenem Abend im Sommer 1830 in Harriet verliebte, nicht im Traum daran gedacht haben, bei nächster Gelegenheit, wenn John Taylor auf Geschäftsreise war, sich ihr heimlich zu nähern. Sie war eine tugendhafte Frau, und er konnte sich ihrer nur würdig erweisen, wenn er ebenso tugendhaft war wie sie.

Die große Liebe

Die Liaison gestaltete sich, wie so oft in dieser Zeit, zunächst als ein pädagogisches Verhältnis.

Harriet hatte, um der intellektuellen Einöde ihrer Ehe zu entkommen, angefangen zu schreiben. Die Literatur bildete einen der wenigen Bezirke geistigen Lebens, die den Frauen nicht von vornherein verschlossen waren. Hier konnten sie sogar auf anerkannte Vorbilder verweisen, z.B. Jane Austen in England oder George Sand in Frankreich. Wie jede Kunst, so will auch Schreiben gelernt sein. Mill, der ideale Lehrer, redigierte Harriets erste Buchbesprechungen, er las ihre Gedichte, er assistierte ihr beim Abfassen von Zeitungsartikeln. Im Mai 1832, nach der Geburt des Nesthäkchens Helen, erschienen erste Beiträge von ihr im *Monthly Repository*, einer Unitarier-Zeitschrift.

Allerdings dauerte diese Phase nicht lange. Ab 1833 erschienen keine Artikel von Harriet mehr, stattdessen schrieb nun Mill für das Blatt. Wahrscheinlich ist dadurch auch eine Veränderung in der Beziehung zwischen den beiden markiert. Aus dem Lehrer-Schülerin-Verhältnis wurde eine gleichberechtigte Zusammenarbeit, in der Mill sein enzyklopädisches Wissen und seinen analytischen Verstand einbrachte, Harriet ihre Weltanschauung und ihr persönliches Engagement. Mill war die Denkmaschine, Harriet lieferte den Kraftstoff. Harriet hatte ein Ziel, Mill wußte, wie man es erreichte.

Hinzu kam die Liebe. Das Interesse der beiden wandte sich schließlich Themen zu, die ihr Schicksal bestimmten: Ehe, Scheidung und Frauenrechte. Sie verabredeten, jeder solle seine Ansichten dazu in einem Essay darlegen, anschließend würden sie die Essays austauschen und vergleichen. Gesagt, getan. Sie waren entzückt von der grundsätzlichen Übereinstimmung ihrer Ansichten:

• Mann und Frau haben von Natur aus gleiche Rechte und Pflichten.

• Also sollte auch in der Ehe Gleichberechtigung herrschen.

• Eine unabdingbare Voraussetzung dafür ist, daß man auch Frauen die Möglichkeit gewährt, durch bezahlte Arbeit ihren Lebensunterhalt selbst zu bestreiten.

• Das wiederum setzt einen freien Zugang zu Schulen und Universitäten voraus.

Besonders für Harriet waren dies keine akademischen Probleme, sondern ganz persönliche Lebensfragen. Mit unüberhörbarer Angst vor der eigenen Courage fragte sie: *»Wäre nicht der beste Vorschlag eine Scheidung, die jeder ohne Angabe von Gründen und zu geringen Kosten erwirken könnte, die aber endgültig erst nach einer langen Frist ausgesprochen würde?«* (Über Ehe und Scheidung)

Ihre Situation war nicht beneidenswert. Durch Konvention und Kinder an einen ungeliebten Mann gebunden zu sein, wurde in dem Moment unerträglich, da sie in Mill ihren Erlöser gefunden zu haben glaubte. Eine Scheidung kam nicht in Frage. Taylor war ein Mustergatte, weder untreu noch brutal. Ihn »böswillig« zu verlassen, hätte auch den Verlust der Kinder bedeutet und das Ende von Harriets bürgerlicher Existenz.

Ein heimliches Verhältnis war gleichfalls ausgeschlossen. Mill und Harriet fühlten sich auch an jene gesellschaftlichen Regeln gebunden, die sie nicht gutheißen konnten. Und als »höhere Naturen« waren sie zu bedingungsloser Aufrichtigkeit verpflichtet.

Also ging Harriet zu ihrem Mann und ließ die Katze aus dem Sack. John Taylor reagierte besonnen. Er verlangte von Harriet, sie müsse den Verkehr mit Mill abbrechen. Vielleicht werde ihre Leidenschaft dann abkühlen. Harriet gehorchte. Für einige Wochen herrschte Funkstille zwischen ihr und Mill. Der vergrub sich in seine Arbeit. Schließlich hielt Harriet es nicht länger aus. Sie bestand darauf, ihn wiederzusehen. Schweren Herzens stimmte Taylor einem Arrangement zu: Mill durfte Harriet mehrmals in der Woche besuchen, möglichst dann, wenn Taylor nicht zu Hause war.

Das funktionierte einige Monate lang mehr schlecht als recht. Dann stellte Taylor seine Frau erneut vor die Wahl: Entweder-oder. Und Harriet antwortete, wie schon beim ersten Mal, mit einem entschlossenen Sowohl-als-auch.

Endlich kam man zu einer Regelung, von der sich alle Beteiligten Vorteile versprachen: Harriet sollte für ein halbes Jahr nach Paris gehen. Taylor erwartete, dort werde sie Mill vergessen und sich vor Sehnsucht nach ihrem trauten Heim verzehren. Harriet war überzeugt, Taylor würde es nicht ertragen, von ihr getrennt zu sein, und letztlich doch den Nebenbuhler als das kleinere Übel in Kauf nehmen. Mill schließlich glaubte, die Trennung auf Zeit sei der erste Schritt zum endgültigen Bruch zwischen den Ehegatten. Frohgemut reiste er Harriet nach und blieb mehrere Wochen bei ihr in Paris, in allen Ehren, versteht sich.

Nach einem halben Jahr kehrte Harriet zurück. Eigentlich hatte sich nichts an dem prekären Dreiecksverhältnis verändert, und doch erschien nun alles in einem anderen Licht. Die Gemüter hatten sich beruhigt. Mill und Taylor sahen einander nicht länger nur als lästige Konkurrenten, sie entwickelten Respekt füreinander und konnten sich verbunden fühlen in ihrer Liebe zu Harriet. Es ging nicht mehr um Triumph oder Kapitulation, sondern um einen Kompromiß, der es jeder der beteiligten Parteien erlaubte, das Gesicht zu wahren.

Man kehrte zum alten Arrangement zurück, und diesmal glückte es. Zwanzig Jahre lang ließen sich die drei weder von ihren eigenen Gefühlen noch von dem unvermeidlichen Klatsch aus der Fassung bringen. John Stuart Mill arbeitete, von Harriet inspiriert und beraten, an seinem »System der Logik« und anderen Werken. Harriet erfüllte die Rolle der Hausfrau und Mutter, und John Taylor führte erfolgreich seine Geschäfte, bis er 1849 an einem Krebsleiden starb.

Schon ihre Zeitgenossen haben sich die Frage gestellt: Ist die Beziehung zwischen Harriet und Mill in dieser Zeit wirklich *immer* platonisch-puritanisch geblieben? Oder gab es ein paar epikureische Ausrutscher? Vielleicht auf den Reisen nach Italien und Südfrankreich, die die beiden gemeinsam unternahmen? Hatten sie nicht in Sorrent, im Hotel La Sirena, Zimmer auf dem gleichen Flur genommen?

Selbstverständlich wurde spekuliert. Beide waren gesund und Mitte zwanzig, als sie einander kennenlernten, Harriet sah hinreißend, Mill ganz passabel aus. Ein gefundenes Fressen für die Londoner Gerüchtebörse und Mills politische Gegner. John Taylor, als der vermeintlich Gehörnte, mußte besonders viel einstecken, spöttische Blicke, süffisante Bemerkungen, beredtes Schweigen. Aber auch die beiden Liebenden hatten es nicht leicht. Als sie gemeinsam zu einer Soirée erschienen und ihre Namen vom Türsteher aufgerufen wurden, verstummten schlagartig alle Gespräche im Saal, sekundenlang herrschte eine peinliche Stille, hier und da wurde hinter vorgehaltener Hand gekichert. Die Gastgeberin, eine Mrs. Buller, wollte die Situation retten und eilte ihnen mit aufgesetzter Fröhlichkeit entgegen, doch der Giftstachel stak. Daß man ihn selbst beleidigte, hätte Mill noch achselzuckend hingenommen, aber daß jemand über die unvergleichliche Harriet etwas Anstößiges auch nur zu denken wagte, erbitterte ihn.

Die Brüskierung dieses Abends bestärkte ihn in seiner Abneigung gegen das engherzige Großbürgertum. Die Liebe zu Harriet wurde zur Trutzburg, zur utopischen Insel der Ideale. Sie zeigten sich kaum noch in der Öffentlichkeit und verbrachten viel Zeit zusammen in Keston Heath (Kent), einem Landhäuschen, das Taylor den beiden zur Verfügung gestellt hatte. (Es kommt nicht häufig vor, daß ein Ehemann seiner Frau und ihrem Verehrer ein diskretes Refugium besorgt. Aber Taylor blieb, wie die Dinge lagen, nur die Wahl zwischen zwei Übeln. Und Mill jeden Tag in seinem Stadthaus sehen zu müssen, war entschieden die größere Kröte.)

Skandale sind in der Regel kurzlebig. Mit der Zeit verlor die Gesellschaft das Interesse an der Affäre. Einige Jahre später hatte sich die Meinung durchgesetzt, daß Mill und Harriet nur eine keusche Seelenfreundschaft verbinde – das allerdings sei kein Beweis für ihre Tugendhaftigkeit, nur eine für Mills mangelnde Männlichkeit.

Was sich wirklich zwischen ihnen abspielte, kann niemand mit Sicherheit sagen. Harriet war, bei aller Liberalität, eine »anständige« Frau und betrachtete den Geschlechtsverkehr als ein notwendiges Übel, um Kinder zu bekommen. Mill teilte diese Ansicht, und anders als sein Vater erlaubte er sich keine schwachen Momente. Die Überbetonung der Sexualität, fanden beide, sei nicht nur verantwortlich für die Überbevölkerung und ihre Folgen, sondern auch ein Hauptgrund für die Unterdrückung der Frau. Denn wie sollte eine Frau mit neun Kinder, wie Mills Mutter oder Königin Victoria, je zu sich selbst kommen? Empfängnisverhütung war keine Patentlösung, würde sie doch auch den sexuellen Appetit der Männer vergrößern und die Frauen aus dem letzten koitusfreien Asyl, der Schwangerschaft, vertreiben. Der einzige Ausweg aus dem Dilemma blieb – wenigstens für »höhere Wesen« – die Enthaltsamkeit.

Im gleichen Geiste forderten die englischen Suffragetten nicht nur: »*Votes for Women!*« sondern auch: »*Purity for Men!*« Zweifellos malten sich viele Feministinnen die zukünftige Gesellschaft so aus, daß die physische Geschlechtsbeziehung der Seelenfreundschaft und der geistigen Harmonie Platz machen würde. Die neue Frau verlangte nach dem neuen Mann.

Entsprechend wurden offenbar auch einige Passagen aus der »Hörigkeit der Frau« interpretiert. Ein Mediziner schrieb 1875, sechs Jahre nach dem Erscheinen des Buches: »*... viele Ehemänner haben sich bei mir über das Ungemach beklagt, unter dem sie leiden, weil sie mit Frauen verheiratet sind, die sich als Märtyrerinnen betrachten, wenn sie ihre Pflicht als Ehefrau erfüllen sollen. Dieser Geist der Insubordination ist noch unerträglicher geworden – versichern die Ehemänner –, seit die Aussagen von John Stuart Mill ihm eine Rechtfertigung geben.*«

Schon Mills Zeitgenossen haben sich darüber mokiert, wie abgöttisch er Harriet verehrte. Sie war in seinen Augen nicht nur eine Schönheit, sondern auch »*eine Frau von tiefen und starken Gefühlen, von durchdringender und intuitiver Intelligenz, und sie besaß eine ausgesprochen meditative und poetische Ader.*« (Autob. Kap. 6) Dagegen attestierte Thomas Carlyle ihr nur das Talent, große Augen zu machen und »*immer wieder dieselben dummen Fragen zu stellen*«. (Packe, 315) Harriet war der Typ Mensch, an dem sich die Geister scheiden. Entweder man haßte sie, oder man verfiel ihr bedingungslos.

Mills Gefühle waren klar: »*Meine Frau und ich sind eins.*« Er rühmte ihre »unvergleichliche Weisheit« und setzte dem Essay »Über die Freiheit« folgende Worte voran: »*Dieses Buch widme ich dem liebenden und trauernden Andenken an sie, die all das, was in meinen Schriften hervorragend ist, inspiriert, bisweilen sogar formuliert hat – der Freundin und Gattin, deren untrüglicher Sinn für das Wahre und Rechte mein stärkster Ansporn und deren Zustimmung meine schönste Belohnung war.*«

Die Heirat

Die beiden warteten das Trauerjahr ab und heirateten 1851 in aller Stille. Beide fühlten sich unbehaglich dabei. Harriet, die Feministin, weil sie in der Ehe ein Instrument zur Unterdrückung der Frau sah. Mill, weil ihm die Ehegesetze Rechte über seine Frau einräumten, die er nicht wollte und prinzipiell ablehnte. So wurde er z.B. Herr über das beträchtliche Vermögen, das John Taylor hinterlassen hatte. Außerdem mußte die bloße Tatsache der Eheschließung die Gerüchte wiederaufleben lassen, die Mill zu Beginn der Beziehung so gequält hatten.

Aber der gesellschaftliche Druck war zu stark. Sie wollten endlich ohne Heimlichkeiten zusammenleben, und dazu brauchten sie den Trauschein. Beide waren Reformer, keine Revolutionäre: Harriet besaß nicht die Kühnheit einer George Sand, und Mill wollte sich vor seinen politischen Gegnern keine Blöße geben.

Um jeder Verdächtigung, er habe aus Geldgier geheiratet und sein Eintreten für die Gleichberechtigung sei nichts als eine billige Pose gewesen, den Wind aus den Segeln zu nehmen, gab er eine schriftliche Erklärung ab: *»Ich verwerfe und kündige uneingeschränkt jeden Anspruch, kraft einer solchen Eheschließung irgendwelche Rechte erlangt zu haben.«*

Die Ehe stand unter keinem glücklichen Stern. Nicht, daß es zum Krach zwischen Mill und Harriet gekommen wäre. Das war undenkbar. Mill unterwarf sich stets dem Urteil seiner Frau. Differierten ihre Ansichten tatsächlich einmal, was nach zwanzig Jahren des Zusammenlebens selten genug vorkam, warf Mill umgehend das Handtuch und entschuldigte sich für seine Dummheit.

Das Problem waren zuerst einmal »die anderen«. Mills Mutter versäumte es, als sie von der bevorstehenden Hochzeit erfuhr, die Schwiegertochter sofort zu sich einzuladen. Das empfand Mill als absichtlichen Affront, als unverzeihliche Beleidigung. Er reduzierte die Kontakte zu seiner Familie auf ein Minimum. Man wird, wenn man den betreffenden Briefwechsel liest, das Gefühl nicht los, daß Mill das Zerwürfnis bewußt oder unbewußt wünschte und provozierte. James Mill, dem der soziale Aufstieg aus einer schottischen Kate ins *India House* gelungen war, hatte die Ärmlichkeit seiner Herkunft selbst vor der eigenen Ehefrau verheimlicht. John Stuart Mill, der sich als ethischer Aufsteiger fühlte, zog einen Schlußstrich unter seine Vergangenheit, indem er die Verbindung zu Mutter und Schwestern abbrach. Sie waren Frauen ihrer Zeit, von den bigotten Vorstellungen des Viktorianismus beherrscht.

Mill wies alle späteren Bemühungen seiner Mutter, den Kontakt wieder aufzunehmen, mit einer an Grausamkeit grenzenden Härte zurück. Nur wenige Personen, darunter der alte Vertraute Fox, wurden in dem Refugium empfangen, das die beiden sich in Blackheath Park, etwa sieben Kilometer von London entfernt, gepachtet hatten. Es war ein kleines Haus mit Garten. Hier lebten sie, ihrer gemeinsamen Arbeit hingegeben, zusammen mit den Kindern Helen und Algernon, einer Köchin und einer Perserkatze. Das Idyll währte nur zwei Jahre. Dann verschlimmerte sich Mills chronische Tuberkulose, und auch bei Harriet kam die tückische Krankheit zum Ausbruch. Im neunzehnten Jahrhundert hielt man die Schwindsucht, wie sie damals genannt wurde, noch für eine Erbkrankheit und dachte nicht daran, die Infizierten zu isolieren. So hatte Mill die Krankheit von seinem Vater »geerbt« und sie seinerseits an Harriet weitergegeben.

Die Jahre, die ihnen noch vergönnt waren, standen im Schatten des Todes. Aber wenn ihre Körper schon sterben mußten, dann sollten wenigstens ihre Ideen überleben. Sie stellten eine Liste der Bücher auf, die sie unbedingt noch schreiben wollten. Ganz oben standen ein Essay über die Freiheit, ein Werk über die Unterdrückung der Frau in der Familie, sowie Mills Autobiographie, die eine Gesamtschau ihrer gemeinsamen Ansichten beinhalten sollte.

Ganz hoffnungslos war die Lage nicht. Mit neuen Behandlungsmethoden war die Tuberkulose in den Griff zu bekommen. Luftveränderung und Lungentraining wirkten manchmal Wunder. Sie reisten nach Südfrankreich, und wirklich stellte sich dort eine Besserung ein. Mill schaffte es durch ausgedehnte Wanderungen sogar, sich ganz zu kurieren. Harriet allerdings wurde immer wieder von Rückfällen überrascht. Anfang November 1858 – das *India House* war geschlossen worden, Mill wurde mit einer komfortablen Pension in den Ruhestand versetzt, und die beiden reisten wieder einmal durch Südfrankreich – wurde Harriet in Avignon das Opfer einer besonders schweren Attacke. Sie starb nach tagelangem, qualvollem Todeskampf in ihrem Hotelbett, gerade fünfzig Jahre alt.

Der Witwer

Mill war gebrochen. Harriet war mehr gewesen als »die Hälfte seiner Seele«. Sein eigentliches Leben wurde mit ihr begraben. Vielleicht wäre er Harriet gefolgt, wenn er nicht bei ihr im Wort gestanden hätte. Er mußte weiterleben, um *ihre* Gedanken in Bücher zu fassen, zu veröffentlichen, gegen entstellende Interpretationen zu schützen.

Um der toten Geliebten nahe zu sein, kaufte er ein Häuschen mit dem klangvollen Namen *Hermitage de Monloisir.* Von dort hatte er einen unverstellten Blick auf den Friedhof von St. Véran, wo man Harriet beerdigt hatte. Jeden Tag, den er in Südfrankreich verbrachte, pilgerte er zu ihrem Grab.

Er sollte noch knapp 15 Jahre leben. Und Harriet hatte ihm nicht nur eine Menge Ideen hinterlassen, sondern auch ihre Tochter. Helen war mittlerweile siebenundzwanzig Jahre alt, also nach damaligen Vorstellungen eine alte Jungfer. Sie hatte sich, nachdem sie gut zwanzig Jahre unter der Dominanz ihrer Mutter gelebt hatte, einen langgehegten Traum erfüllt und eine Ausbildung zur Schauspielerin gemacht. Tatsächlich errang sie unter dem Bühnennamen Miss Trevor Achtungserfolge auf englischen Bühnen.

Als ihre Mutter starb, entschied sie sich jedoch dafür, bei Mill zu bleiben, ihm den Haushalt zu führen und bei seiner Arbeit zu helfen. Sie lernte darüber hinaus, Briefe in seinem Stil zu schreiben, und konnte ihm viel von seiner umfangreichen, oftmals lästigen Korrespondenz abnehmen.

Die Verehrung, die Mill für Harriet empfunden hatte, übertrug er nach und nach auf seine Stieftochter. *»Sicher war niemals zuvor jemand so glücklich«*, schreibt er in seiner Autobiographie, *»daß er nach einem Verlust wie dem meinen noch einen anderen solchen Gewinn in der Lotterie des Lebens zog – noch ein Kamerad, Anreger, Ratgeber und Lehrer der seltensten Qualität. Wer immer, entweder jetzt oder später, an mich und an mein getanes Werk denken mag, darf niemals vergessen, daß es nicht das Produkt eines Verstandes und Gewissens ist, sondern das von dreien, wobei das am wenigsten zu berücksichtigende und vor allem das am wenigsten originelle dasjenige ist, dessen Name damit verknüpft ist.«* (Autob. Kap.7)

Allmählich erschienen jetzt die Bücher, deren Fertigstellung Harriet ihm ans Herz gelegt hatte: »Über die Freiheit« (1859), »Utilitarismus« (1863), »Die Hörigkeit der Frau« (1869). Die »Autobiographie« kam erst nach seinem Tode heraus (1873). Welchen Anteil an diesen Werken Harriet und Helen im einzelnen gehabt haben, wird nie endgültig zu klären sein und ist vielleicht auch nebensächlich. Mill wollte, daß seine späten Werke als Produkte der Teamarbeit betrachtet würden.

In den Jahren 1865–68 saß Mill als Abgeordneter im Unterhaus. Man hatte ihn gewählt, obwohl – oder weil – er praktisch keinen Wahlkampf geführt und seinen Wählern nur eines versprochen hatte: daß er stets nach bestem Wissen und Gewissen abstimmen werde. 1866 brachte er eine von 1500 Personen unterzeichnete Petition ins Parlament ein, in der das Wahlrecht auch für Frauen gefordert wurde. Am 20. Mai 1867 hielt er eine denkwürdige Rede mit dem Thema »Zulassung der Frauen zum Wahlrecht«. Er entkräftete die absurden Argumente, die gegen das Frauenwahlrecht ins Feld geführt wurden, betonte, daß auch und gerade die Männer von der politischen Mündigkeit der Frauen profitieren würden, und stellte den Antrag, im Reformgesetz »*die Wörter zu streichen, die darauf zielen, das Wahlrecht auf Männer zu beschänken, und damit das Wahlrecht allen Frauen zuzubilligen, die als Haushaltsvorstände oder in anderer Hinsicht die gleichen Voraussetzungen besitzen wie männliche Wähler*«.

(Es war ja nicht so, daß alle Männer wählen durften. Das Wahlrecht war lange an Landbesitz gebunden. Noch 1860 durfte nur jeder sechste Mann seine Stimme abgeben. Die gesamte Arbeiterklasse war ohne parlamentarische Vertretung.)

Mill war der erste Politiker überhaupt, der sich in einem Parlament für das Frauenstimmrecht einsetzte. Am 9. November 1869 wurde im Repräsentantenhaus des frischgebackenen US-Staates Wyoming ein ähnlicher Antrag eingebracht und zur allgemeinen Verblüffung angenommen, so daß am 6. September 1870 erstmals auch Frauen zur Wahl schreiten durften. Aber Wyoming war Pionierland und noch kaum besiedelt. Das Echo im altehrwürdigen britischen Unterhaus bestand, wie zu erwarten, aus »Hört, hört!«-Rufen und Gelächter. Die überwältigende Mehrheit von 196 Abgeordneten hielt Mills Engagement für eine Marotte und stimmte gegen den Antrag, nur 73 Abgeordnete waren dafür. Mill nahm das Ergebnis der Abstimmung gelassen hin. Er wußte, daß die Zeit für seine Sache arbeitete. Für die sich formierende Frauenbewegung war seine Rede eine Ermutigung, ja das Signal zum Aufbruch. Die englischen Suffragetten rüsteten sich zum Kampf. Helen Taylor stellte sich in die vorderste Linie, als sie die nationale *Women's Suffrage Society* ins Leben rief und so prominente Mitstreiterinnen wie Florence Nightingale, die Reformerin der Krankenpflege, anwarb.

Der Kampf für die Rechte der Frau erforderte im 19. Jahrhundert

großen Mut. Feministen und friedlich demonstrierenden Suffragetten drohte zwar nicht Haft oder Geldstrafe, aber das amüsierte Kopfschütteln der Arrivierten und die Häme des Pöbels waren kaum weniger schlimm. Vierzig Jahre nach Mills Rede hatte sich daran nichts geändert. Bertrand Russell, den Mills Schriften tief beeindruckt hatten (und der nebenbei Helen Taylors Patenkind war), bewarb sich 1907 um einen Sitz im Unterhaus, mit dem erklärten Ziel, das Frauenstimmrecht durchzusetzen. In seinen Memoiren blickt er zurück auf diese Zeit: »*Die jüngere Generation kann sich nicht vorstellen, wie erbittert die Opposition gegen die Gleichstellung der Frau damals war. … Die ganze Frage wurde vom überwiegenden Teil der Bevölkerung nur als Anlaß zu Späßen behandelt. Die Volksmenge erging sich in spöttischen Zurufen wie ›Geh heim und paß auf die Kinder auf‹, zu den Frauen, und zu Männern etwa: ›Weiß deine Mutter, daß du nicht daheim bist?‹, wie alt der Betreffende auch sein mochte. Ich wurde mit faulen Eiern beworfen, die auch meine Frau nicht verschonten. Bei meiner ersten Versammlung wurden Ratten losgelassen, um die Damen zu erschrecken, und Damen, die mit den Gegnern verbündet waren, stießen fingierte Schreckensschreie aus, um ihr eigenes Geschlecht zu blamieren.*«*
(B.R., Autobiographie I, Kap. Princ. math.)

Besonders frustrierend mußte es auf die Frauenrechtler wirken, daß die Opfer der Unterdrückung Partei gegen ihre Befreier ergriffen. Noch einmal Bertrand Russell: »*Die Wut der Männer, die ihre Vorherrschaft bedroht sahen, war verständlich. Der Wille überaus zahlreicher Frauen jedoch, bei der verächtlichen Stellung des weiblichen Geschlechts zu beharren, war merkwürdig. Ich kann mich nicht erinnern, daß Negersklaven oder russische Leibeigene gegen ihre Emanzipation heftig agiert hätten. Die prominenteste Gegnerin der politischen Gleichberechtigung der Frauen war Königin Victoria. Ich meinerseits war, seit ich in jungen Jahren Stuart Mills Ausführungen darüber gelesen hatte, ein leidenschaftlicher Verfechter der Gleichberechtigung der Frauen gewesen.*« (Ebd.)

Auch Mill und Harriet hatten dieses Problem gesehen: Woher nahm man sich das Recht, Frauen zu »befreien«, die großenteils ihre Unmündigkeit akzeptiert hatten und das Patriarchat verteidigten, die lieber unfrei sein als »unweiblich« erscheinen wollten? Und wie sollte man die Frauen zur Mündigkeit erziehen, wenn man sie seinerseits bevormundete?

Als Empirist war Mill davon überzeugt, daß alles Erziehung und

Erfahrung sei. Die *tabula rasa* des Mädchens werde mit den Idealen der Demut und Passivität gefüllt, so wie die des Jungen mit den Idealen von Herrschaft und Aktivität. Es genüge dem Mann nämlich nicht, mit Gewalt über die Frau zu herrschen, er wolle von ihr auch geliebt und geachtet werden. Daher müsse er die Unterdrückten – wie jeder tüchtige Diktator es tut – einer permanenten Gehirnwäsche unterziehen:

> *»Jede Frau wird von frühester Jugend an erzogen in dem Glauben, das Ideal eines weiblichen Charakters sei ein solcher, welcher sich in geradem Gegensatz zu dem des Mannes befinde; kein eigener Wille, keine Herrschaft über sich durch Selbstbestimmung, sondern Unterwerfung, Fügsamkeit in die Bestimmung anderer. Jede Sittenlehre predigt ihnen, die Pflicht der Frau sei, für andere zu leben, sich selbst vollständig aufzugeben und keine andere Existenz als in ihrer und durch ihre Liebe zu haben, und die hergebrachte Sentimentalität behauptet sogar, daß dies der Zustand sei, welcher der eigentlichen Natur der Frau gemäß ist.«* (Hörigkeit, Kap. 1)

Daß die meisten Frauen nicht nach politischer Macht strebten, sei ganz selbstverständlich. Denn *»es ist ein politisches Naturgesetz, daß diejenigen, die sich seit langer Zeit unter irgendeiner Gewalt oder Herrschaft befinden, niemals damit beginnen, daß sie sich über die Herrschaft selbst beklagen, sondern nur über die drückende Ausübung derselben. Und es fehlt wahrlich nicht an Frauen, die sich über schlechte Behandlung seitens ihrer Männer beklagen.«* (Ebd.)

Dieser Teufelskreis zwischen Konvention und Erziehung lasse sich, so Mill und Harriet, nur mit Geschick und Hartnäckigkeit durchbrechen. Die Festung Patriarchat erweise sich als uneinnehmbar, solange man es mit Sturmangriffen versuche. Die Besatzung müsse belagert und durch unablässigen Beschuß von allen Seiten demoralisiert werden. Für eine solche Aufgabe war John Stuart Mill der richtige Mann. Er hatte einen langen Atem und verfügte über das nötige intellektuelle Rüstzeug, und selbst seine Gegner bescheinigten ihm absolute Integrität. Und noch etwas kam hinzu. Die Gleichberechtigung der Frau wurde ihm zur Herzenssache, denn auf diesem Feld kämpfte er nicht nur für das Wohl der Menschheit, sondern auch für Harriet, als weißer Ritter, ohne Furcht und Tadel, wenn auch von zunehmend trauriger Gestalt:

• Er machte sich dafür stark, daß Frauen mit der Heirat das Recht auf ihr Eigentum nicht an den Mann abtreten mußten.

• Er stritt für eine Erleichterung der Ehescheidung, und zwar – getreu Harriets Ideen – nach dem Zerrüttungsprinzip.

• Er forderte, die Aufklärung über Geburtenkontrolle zuzulassen, ein altes Anliegen der Liberalen. Als Harriet noch lebte, hatte er sich in diesem Punkt zurückgehalten. Die Öffentlichkeit wäre mit Vergnügen über sie hergefallen. Und der Fall Bradlaugh/Besant im Jahre 1877 zeigte, wie heiß das Thema immer noch war: Der Politiker Charles Bradlaugh und die Sozialreformerin Annie Besant, die öffentlich für Empfängnisverhütung eintraten, wurden aufs übelste verleumdet und gerichtlich verfolgt. Annie Besant verlor das Sorgerecht für ihre Tochter.

• Er trat dafür ein, daß auch für Mädchen höhere Schulen gegründet wurden. Bei seinem Tode vermachte er die für damalige Zeiten enorme Summe von 3000 Pfund derjenigen Universität, die auch Frauen graduieren würde. Weitere 3000 Pfund waren reserviert, um speziell Frauen durch Stipendien zu fördern.

• »Die Hörigkeit der Frau« trat, als das Buch 1869 erschien, eine Lawine in der öffentlichen Diskussion los, und das nicht nur in England.

• Er unterstützte Helen bei der Gründung der *Women's Suffrage Society*.

• Auch auf Nebenschauplätzen war er präsent. So protestierte er vehement, als ein Gesetz den Verkauf von Arsen an Frauen verbot, nur weil *eine* Ehefrau ihren Gatten damit ins Jenseits befördert hatte.

• Das »Gesetz gegen Geschlechtskrankheiten« *(Contagious Diseases Act)* erlaubte es jeder Polizeistreife, eine Frau, die an bestimmten Orten ohne Begleitung unterwegs war, zu verhaften und einer gynäkologischen Zwangsuntersuchung zuzuführen. Auf diese Weise wollte man Tripper und Syphilis eindämmen und dadurch den Krankenstand in der Marine senken. Als Mill 1870 von einer Untersuchungskommission zu dieser Frage gehört wurde, argumentierte er: *»Das Ziel des Gesetzes, wie ich es verstehe, ist nicht der Schutz derer, die willentlich Befriedigung ihrer Lust suchen, sondern derer, die unschuldig von anderen angesteckt werden. Eine Frau nun kann die Krankheit nur an jemanden weitergeben, der sich wissentlich diesem Risiko aussetzt. Eine Frau kann die Krankheit nur durch einen Mann übertragen. Es muß also der Mann sein, der sie später an unschuldige Frauen und Kinder weitergibt. Mir scheint daher, wenn das Gesetz zum Ziel hat, die Keuschheit zu*

Harriet

schützen, wäre es der richtige Weg, nicht den Frauen, sondern den Männer die Beweislast zu geben. – Ich sehe nicht ein, warum der Staat nicht seine eigenen Soldaten und Matrosen medizinisch untersuchen lassen und diejenigen bestrafen sollte, die sich eine Geschlechtskrankheit zugezogen haben.« (Packe, 502)

Da die Kommission ausschließlich aus Männern bestand, hatte er keine Chance, mit seinen Gründen durchzudringen. Er kämpfte trotzdem weiter.

Der Tod kam plötzlich, an einem Maimorgen in Avignon. Mills letzte Worte waren an Helen gerichtet: »Du weißt, ich habe mein Werk getan.« Er wurde neben Harriet begraben.

Helen verwaltete den Nachlaß und setzte den Kampf dort fort, wo Mill aufgehört hatte. Aber man machte es ihr nicht leicht. Die männliche Forschung versuchte, Mill für sich zu vereinnahmen. Sein Engagement in der Frauenfrage, ein zentrales und das eigentlich zukunftweisende Anliegen seiner Philosophie, wurde marginalisiert. Professor Theodor Gomperz, der sich einst, als junger Mill-Übersetzer, in Helen verliebt hatte und abgewiesen worden war, besorgte die erste 12-bändige Werkausgabe in Deutsch. Er nahm die »Hörigkeit der Frau« nicht mit in den Kanon der wichtigsten Schriften auf. Er versuchte auch den Einfluß von Harriet Taylor auf Mills Schriften herunterzuspielen, und viele Forscher sind ihm darin gefolgt. Gegen Mills ausdrücklichen Willen wurde Harriets Anteil an den gemeinsamen Arbeiten ignoriert. Jahrzehntelang galt John Stuart Mill als alleiniger Autor der »Hörigkeit der Frau«. Erst im Zuge der feministischen Mill-Rezeption hat man begonnen, Harriet Taylor ernstzunehmen.

Rückblick und Ausblick

Misogyn oder philogyn?

Die hier vorgestellten Philosophen stammen aus unterschiedlichen Kulturen und repräsentieren über zweitausend Jahre abendländische Geschichte. Drei von ihnen – Aristoteles, Augustinus und Rousseau – gelten dem Feminismus als besonders frauenfeindliche Philosophen. Voltaire und Mill schneiden relativ gut ab. Platon rangiert irgendwo dazwischen, und Nietzsche ist »jenseits von Gut und Böse«.

Am Beispiel Augustinus wird die Problematik einer solchen Beurteilung klar. Ute Ranke-Heinemann schreibt über den Kirchenvater: »*Augustinus, der große Schöpfer des weithin bis heute gültigen christlichen Gottes-, Welt- und Menschenbildes, war es, der zur Sexualverachtung, von der die Kirchenväter vor ihm und neben ihm erfüllt sind, ein neues Moment hinzufügt: die Sexualangst, eine persönliche und eine theologische.*« Und weiter: »*Die Bekehrung des Augustinus zum Christentum, von der Lust zur Lustfeindlichkeit, vollzog sich in der Form der Einordnung der Frau unter die Genußmittel und in der Ignorierung der Frau als Partnerin*«. (U. Ranke-Heinemann, Eunuchen für das Himmelreich)

Dagegen zieht Silvia Soenneken in ihrer Augustinus-Dissertation die Bilanz: »*Trotz zeitweiliger androzentrischer Zwischentöne und trotz seiner sexualfeindlichen Einstellung kann man ihm jedoch philogyne Tendenzen nicht absprechen. Dies zeigt sich zum einen in seinem persönlichen Umgang mit Frauen, zum anderen in seiner Feststellung, daß auch die Frau Anteil am Ebenbild Gottes hat und ihr Intellekt dem des Mannes ebenbürtig ist. Solche Ansichten waren beachtlich in einer patriarchalisch orientierten Gesellschaft und bedeuteten für die frühchristliche Theologie einen enormen Fortschritt bzw. das Maximum an Zugeständnissen gegenüber den Frauen.*« (S. Soennecken, Misogynie oder Philogynie? Frankfurt/Main 1993)

Diese Zitate machen klar, daß die Frage »Misogyn oder philogyn?« mehrere Teilfragen enthält und dadurch Verwirrung stiftet. Solche Teilfragen wären z.B.:

1) Wie sah Augustinus persönlich »die Frau«, als Freundin oder als Bedrohung?

2) Wie behandelte er die Frauen, mit denen er zusammenlebte, gut oder schlecht?

3) Wie wirkten seine Lehre und sein Verhalten gegenüber Frauen auf seine Zeitgenossen, progressiv, restaurativ oder konventionell?

4) Welche Folgen hat die augustinische Lehre bis heute für das weibliche Geschlecht gehabt, hat sie den Frauen Vor- oder Nachteile gebracht?

5) Wie ist seine Lehre, gemessen an den emanzipatorischen Standards von heute, zu bewerten, frauenfeindlich oder frauenfreundlich?

Jede dieser Teilfragen birgt ihrerseits neue Probleme:

Wenn wir z.B. den Geist des Bischofs Augustinus heraufbeschwören und fragen könnten: »Was hältst du persönlich von ›der Frau‹?«, dann würde er vermutlich seufzen: »*Odi et amo*. Die Töchter Evas, die Huren, die Ehebrecherinnen und die herrschsüchtigen Weiber sind mir ein Greuel – ebenso wie die Sünder unter den Männern. Die züchtigen Ehefrauen und Mütter aber, die keuschen Witwen und ganz besonders die Jungfrauen achte und verehre ich als meine Schwestern in Christo. Und hier im siebenten Himmel – denn von dort spreche ich – gibt es Gott sei Dank keinen Unterschied der Geschlechter mehr.« Augustinus bekämpft nicht das weibliche Geschlecht, sondern die menschliche Geschlechtlichkeit allgemein; er will sie transzendieren, weil sie seiner Meinung nach der spirituellen Entwicklung im Wege steht, bei Frauen wie bei Männern.

Und wie sollen wir sein Verhalten gegenüber Frauen werten? Auf seine Mitmenschen dürfte es keinen besonders negativen Eindruck gemacht haben. Er hatte eine Konkubine gehabt und sie verlassen, um zu heiraten, aber das war nichts Außergewöhnliches. Er behandelte seine Mutter mit Ehrerbietung. Bevor er sich taufen ließ, legte er ein Keuschheitsgelübde ab. Nichts, was aus dem christlich-spätantiken Rahmen gefallen wäre. Nur eines findet Possidius, sein Biograph, erwähnenswert: »*Keine Frau hat jemals* (nach der Bischofsweihe) *in seinem Haus verkehrt, keine hat jemals dort gewohnt, nicht einmal seine eigene Schwester, eine Nonne, die nach dem Tode ihres Mannes Gott diente und bis zu ihrem Todestag als Oberin eines Klosters lebte.*« (Vita Augustini, 26) Wenn das ein Ausdruck von Mißtrauen war, dann richtete sich dieses Mißtrauen gegen seine eigene Schwäche. Ein »trockener«

Alkoholiker tut gut daran, alle Flaschen aus seinem Haus zu verbannen. Kann man das Sexualangst nennen? Muß man von Sexualangst nicht eher im Zusammenhang mit Nietzsche sprechen? Und hatten nicht auch Mill und Harriet Taylor Angst »davor«?

Nicht einmal die Frage nach der Wirkungsgeschichte ist einfach zu beantworten: Kein Zweifel, daß man aufgrund der Erbsünden-Lehre bei schwierigen Geburten den Tod der Mutter in Kauf nahm, um dem Kind die Nottaufe zu sichern. Kein Zweifel, daß die Verteufelung der Sexualität insbesondere die Frauen getroffen hat. Möglich sogar, daß ein direkter Weg von Hippo zum »Hexenhammer« führte. Selbst dann ist nicht klar, wo Augustinus unheilvolle Entwicklungen *ausgelöst* hat, wo er vorhandene Strömungen *verstärkt* hat und wo er nur dazu benutzt wurde, frauenfeindliche Haltungen im nachhinein zu *rechtfertigen*. Außerdem müßte man die negativen Seiten der Wirkungsgeschichte gegen die positiven Seiten abwägen. Die Mutterrolle z.B. hat durch Augustinus eine Aufwertung erfahren, und er hat sich für den Schutz der Kinder starkgemacht, die im Römischen Reich nicht selten getötet, mißbraucht oder verkauft wurden, ein Schicksal, das vor allem kleine Mädchen traf. Und schließlich hat er gepredigt, daß im Reich Gottes alle Menschen gleich viel wert seien, junge und alte, Männer und Frauen. Heute klingt das möglicherweise nach Heuchelei und Zynismus. Doch Augustinus war kein Heuchler, der die Frauen nur mit schönen Worten aufs Jenseits vertrösten wollte. Er glaubte fest an das, was er predigte. Dasselbe gilt für die anderen Philosophen. Aristoteles stellte seine Theorien nicht mit dem Vorsatz auf, die Frauen zu unterdrücken, sondern er suchte nach der Lösung eines naturwissenschaftlichen Problems. Wer Rousseau für einen Zyniker hält, kennt ihn nicht. Sein Programm war Naivität, sein »Émile« ein utopischer Entwurf. Man kann ihm seine Naivität vorhalten, aber war nicht auch Jesus naiv? Und hat nicht dessen Vermächtnis, *»Demut, Keuschheit, Armut, Heiligkeit mit einem Wort, dem Leben bisher unsäglich viel mehr Schaden getan als irgendwelche Furchtbarkeiten und Laster«?* (Nietzsche, Antichrist, 8)

Nur eine der oben aufgeführten Teilfragen läßt sich relativ leicht klären, diejenige nach der »Frauenfeindlichkeit« aus heutiger, feministischer Sicht.

Die Philosophietradition wird zum größten Teil als androzentrisch und sexistisch entlarvt, ihre Vertreter werden als böswillige

Agenten oder gedankenlose Mitläufer des Patriarchats vorgeführt. Da ist offensichtlich etwas Wahres dran. Aber ist es die ganze Wahrheit?

Ein ähnliches Unbehagen wie es Frauen beim Lesen männlicher Philosophie befällt – Ärger darüber, wie man sie zum Objekt, zum Anderen, zum sekundären Wesen degradiert hat – empfinde ich beim Lesen mancher feministischer Kritik, nämlich dann, wenn dort verurteilt wird, ohne daß auch nur der Versuch gemacht wurde, den betreffenden Philosophen in seiner historischen Gebundenheit, in seiner persönlichen Eigenheit zu verstehen.

Alles Ansichtssache?

Das Titelbild zeigt einen Stich von Albrecht Dürer: »Der Zeichner des liegenden Weibes«. Unser Blick fällt in ein Atelier. Links sehen wir das Modell, eine Frau von beeindruckender körperlicher Präsenz, aus unserer Perspektive halb entblößt; sie scheint geistesabwesend. Rechts sitzt der Zeichner, ganz Aufmerksamkeit, ganz Auge. Er blickt über die Spitze eines Obelisken und durch einen Rasterrahmen, um das Bild der Frau Quadrat für Quadrat auf sein Zeichenbrett zu übertragen.

Der Stich läßt viele Deutungen zu: Er kann uns zeigen, daß Frauen und Männer in unterschiedlichen Welten leben. Er stellt die Objektivierung der Frau durch den Mann dar. Er könnte auch den Gegensatz Körperlichkeit – Geist illustrieren.

Mir geht es hier um etwas anderes: Der Zeichner reduziert sein dreidimensionales Modell auf die zwei Dimensionen seines Zeichenbretts. Die Frau ist für ihn in diesem Moment nichts als eine handwerkliche Herausforderung. Er sieht sie als einen Körper im Raum, nicht als weiblichen Körper, schon gar nicht als Mitmenschen. Es interessiert ihn nicht, wer sie ist, was sie denkt, ob sie sich vielleicht langweilt. Ihm ist nur wichtig, daß die Proportionen in seiner Zeichnung dem entsprechen, was er durch das Raster sieht.

Der Blick der traditionellen Philosophie entspricht dem Blick des Dürerschen Zeichners. Als Aristoteles schrieb, die Frau sei ein verkümmerter Mann, interessierte ihn die Frau ausschließlich als biologisches Phänomen, das es zu erklären und in ein wissenschaftliches

System einzuordnen galt. Dank Thomas S. Kuhn wissen wir, welch enorme emotionale Bedeutung das Paradigma für den Wissenschaftler hat. Es ist seine geistige Heimat, sein Territorium, das er mit allen Mitteln verteidigt. Es gab auch zu Aristoteles' Zeiten schon genug Beispiele für kluge, couragierte, ihren Männern überlegene Frauen. Doch Aristoteles wertete dies nicht als Argument *gegen* sein androzentrisches Paradigma, sondern als noch ungelöstes Rätsel *innerhalb* desselben (so z.B. Pol 1259b2). Er war offenbar nicht in der Lage, einen neuen Standpunkt einzunehmen.

Auch Dürers Zeichner wäre sicherlich ungehalten, wenn man ihn auffordern würde, seinen Platz zu verlassen und aus einer anderen Perspektive weiterzuzeichnen. »Aber dann war meine ganze Arbeit umsonst!« würde er protestieren. Und was ist eine kleine Zeichnung gegen ein Weltbild?

Die Neigung, Informationen, die nicht ins Konzept passen, zu ignorieren oder als »Meßfehler« abzutun, ist nicht auf die männlich geprägte Wissenschaft beschränkt. Auch Frauen bewachen ihre Paradigmen und nehmen Fakten, die im Widerspruch dazu stehen, ungern zur Kenntnis. Das Paradox der Rousseau-Rezeption – die Begeisterung so vieler zeitgenössischer Frauen für einen Mann, dessen Thesen heute als frauenfeindlich gelten – ist solch ein Widerspruch. Die Rousseau-Expertin Heide von Felden kritisiert (in H.v.F., Die Frauen und Rousseau, 1997; S. 10f.) »das Vorgehen einiger feministischer Forscherinnen, sich überwiegend auf bestimmte Textstellen aus Schriften Rousseaus zu stützen und sie häufig aus dem textuellen Zusammenhang zu reißen«, und verlangt eine umfassende, unparteiische Neubewertung des Natur- und Tugendpropheten. Denn »einzelne männliche Philosophen als Urheber weiblicher Unterdrückung anzuklagen«, verweise »auf ein personalisierendes Vorgehen« und diene »zu sehr politischer Argumentationshilfe im Geschlechterkampf.«

Dem habe ich wenig hinzuzufügen: die Überzeugung, daß die feministische Philosophie von einer sachlichen Auseinandersetzung mit der männlichen Tradition nur profitieren kann, und die Hoffnung, daß auf die – vielleicht notwendige – Phase der Schuldzuweisung bald eine Zeit des kritischen Dialogs folgen möge. Es ist an der Zeit, daß das Gitter zwischen Zeichner und Modell verschwindet, daß beide ihre Plätze verlassen und sich in der Mitte begegnen.

Übersicht der wichtigsten Quellen

Zu Nietzsche:
1) Die dreibändige, von Karl Schlechta besorgte Werkausgabe samt Indexband, 1956
2) Die dreibändige Biographie von C. P. Janz: »Friedrich Nietzsche« (Hanser), 1978
3) »Nietzsche, Über die Frauen«, hrsg. u. komm. von Klaus Goch (it), 1992

Zu Griechenland:
1) »Platons sämtliche Dialoge«, hrsg. von Otto Apelt (Meiner), nachgedruckt 1993
2) Aristoteles, »Die Lehrschriften«, hrsg. von Dr. Paul Goelke (Schöningh), 1949 u.a.
3) Sarah B. Pomeroy, »Frauenleben im klassischen Altertum« (Kröner), 1985

Zu Augustinus:
1) Texte in der Patrologia Latina
2) Des Heiligen Augustinus »Bekenntisse«, lat.-deutsch (Herder), 1959
3) Peter Brown, »Augustinus von Hippo« (Societäts-Vlg.), 1973
4) Elaine Pagels, »Adam, Eva und die Schlange« (Rowohlt), 1991

Zu Voltaire:
1) Voltaire, »Sämtliche Romane und Erzählungen« (it), 1976
2) ders., »Kritische und satirische Schriften« (Winkler), 1970
3) Jean Orieux, »Das Leben des Voltaire« (it), 1994
4) Samuel Edwards, »Die göttliche Geliebte Voltaires« (Engelhorn), 1989

Zu Rousseau:
1) J.-J. Rousseau, »Bekenntnisse« (Winkler), 1978
2) ders., »Emil oder über die Erziehung« (Schöningh), 1971
3) Jean Starobinski, »Rousseau – eine Welt von Widerständen« (Hanser), 1988

Zu Mill:
1) J. St. Mill, Collected Works, 1963 ff.
2) John Stuart Mill, Harriet Taylor Mill, Helen Taylor, »Die Hörigkeit der Frau, Texte zur Frauenemanzipation« (syndikat), 1976
3) Michael St. John Packe, »The Life of John Stuart Mill«, 1954